世界金融百年沧桑记忆 3

姜建清 著

中信出版集团 | 北京

图书在版编目（CIP）数据

世界金融百年沧桑记忆．3 / 姜建清著．-- 北京：
中信出版社，2020.4（2020．6 重印）
ISBN 978-7-5217-1516-3

Ⅰ．①世… Ⅱ．①姜… Ⅲ．①银行史－研究－世界
Ⅳ．① F831.9

中国版本图书馆 CIP 数据核字（2020）第 025645 号

世界金融百年沧桑记忆 3

著　　者：姜建清
出版发行：中信出版集团股份有限公司
（北京市朝阳区惠新东街甲 4 号富盛大厦 2 座　邮编　100029）
承 印 者：北京通州皇家印刷厂

开　　本：880mm×1230mm　1/32　　印　　张：14.75　　字　　数：326 千字
版　　次：2020 年 4 月第 1 版　　印　　次：2020 年 6 月第 4 次印刷
广告经营许可证：京朝工商广字第 8087 号
书　　号：ISBN 978-7-5217-1516-3
定　　价：76.00 元

序言 1

《世界金融百年沧桑记忆 1》和《世界金融百年沧桑记忆 2》在面世后受到不少读者的喜爱。一些读者认为，此系列书从币章角度切入探讨金融史，内容新颖独特，具有可观、可读性。一些读者赞赏此系列书信息量大、史料性强。许多读者问我：为何你会对金融史和银行史感兴趣呢？回想 20 世纪 80 年代，在中国工商银行上海市分行当办公室主任时，每逢春节前后，我都会例行慰问一些中华人民共和国成立前银行业的董事长、总经理，这些八九十岁风度翩翩的老银行家常会聊起旧银行的往事。我当时才 30 多岁，对旧中国的银行史并不了解。这促使我去寻书、读书，也确立了我对金融史和银行史的浓厚兴趣。1995 年，在担任上海城市合作银行行长时，我提议并资助了原信用社的老同志撰写了上海信用合作社史。受参观英格兰银行博物馆的启发，我在任中国工商银行上海市分行行长时，提议并实施了上海银行博物馆的建设。2000 年后，我担任了中国工商银行行长和董事长。在与许多国外银行家会面时，我常听他们聊起自身银行的历史，深感每家银行受其历史与文化的影响很大。历史研究的意义在于，提醒人们不要忘记过去，银行史是让银行家警醒的学问。我们在金融史的学习与研究中，回顾银行业的兴衰成败，剖析惊心动魄的风险案例，追思危机酿成的深层原因，进而对银行经营及风险有了更深的领悟。从中国工商银行董事长岗位退下后，我一直想做一件力所能及又感兴趣的事情，于是接续了对银行史和金融史的研究和写作。在本系列第二册出版一年后，我再次向读者呈上了《世界金融百年沧桑记忆3》。与前两册一样，第三册秉承了我以往的写作风格，以币章为索引展开金融史的漫谈。有所区别的是，第三册有了我更多的冷静思考——我在从微观视角研究金融个体发展及运营规律的同时，也从更开阔和久远的历史视野来探索金融本源，思考金融从哪来、为了谁、往哪去的宗旨与目标。

我写本书的时候正是全球金融危机10周年之际。回想2008年那场刻骨铭心的危机，我至今心有余悸。人们在风平浪静的时候往往会忘记惊涛骇浪的时刻。正如黑格尔所说，人类从历史中学到的唯一教训就是，人类无法从历史中学到教训。在全球金融危机10周年后，人们依然看到，全球经济和金融结构不平衡没有改变，经济和金融的发展模式没有调整，消费、储蓄、投资和贸易失衡的现象仍广泛存在，“大而不能倒”的现象愈演愈烈，债务杠杆仍居高不下。被惩罚的借款人和债权人并没有因担心和害怕而降低其债务水平。2018年首季，全球债务已攀升至247万亿美元新高，占全球GDP（国内生产总值）的比重上升到了318%——远超出150%的警戒线水平。全球过度信用扩张的货币政策加剧了经济结构和资产价格的失衡，以邻为壑的贸易保护主义、单边主义、霸权主义政策为下一次全球金融危机爆发点燃了导火索。

货币超发与债务激增的根源还要从早期的金匠说起。我在文中讲到，由于金匠的获利动机，存放金银的收据成为最早的银行券或纸币，成为银行信用货币创造机制的起源。金匠的收据演变为银行纸币，全额准备金演变为部分准备金，金匠演变为银行家。真正意义上的银行被这些富于冒险精神的金匠创造出来了，不过风险也蕴含其中。头破血流的金匠和“断裂（rupt）”的“长凳（bank）”给英语留下了一个生动的词语——“破产”（bankrupt）。2018 年，全世界政府债务、企业债务以及家庭和个人债务的总和已达 247 万亿美元，全世界流通硬币、纸币、股票账户资金、活期存款、定期存款、汇票等广义货币的总量约为 90 万亿美元。而全世界已经开采的黄金只有 18 万吨，折算约 8.6 万亿美元。这一巨大的差额，就是从 17 世纪开始由现代金匠偷偷“签发”出来的。在货币发行完全脱离黄金储备和将国家信誉作为“储备”的现代金融时代，遭遇破产及头破血流的是“脱锚”滥发货币国家的中央银行和政府。

通货膨胀，归根结底是一个货币现象。为了让人们深入了解通货膨胀，我引用了许多罕见的“通货膨胀”实物材料，介绍了各国通胀出台的历史背景，以让人加深印象。1923 年，德国发行的 1 万亿马克面值的硬币和 10 万亿马克面值的纸币，记载了纳粹登台前的奇特金融史。然而，大面值纸币的“冠军”还轮不上德国。1946 年，匈牙利发行的帕戈（Pengö）更令人眩晕，其面值是 10 的 21 次方，成为当之无愧的世界最大面值的纸币。老“病”新传的故事还在继续：5 000 亿面值的南斯拉夫第纳尔纸币发行于 1993 年的波黑战争时期，若加上第纳尔在之前几年的货币更换和币值调整，最后的 1 单位超级第纳尔等于 100 万万亿旧第纳尔——1 后面有 18 个 0，几乎可以比肩匈牙利的通货膨胀了。2009 年，津巴布韦发行了 100 万亿津巴布韦元面值的纸币，当年的通货膨胀率达到了惊人的 231 万倍。近年来，资源丰富的委内瑞拉深陷通胀泥沼，2018 年，其通货膨胀率突破 1 万倍。通货膨胀从表面来看是与纸币印刷机相联系的经济现象，而其背后则是错综复杂的政治、经济和社会因素或政策的失误。在令人咂舌的天文通胀数字背后，真正值得我们同情的是那些无辜人民，他们承受着无法承受之重。

在分析金融危机和通货膨胀等背后原因的同时，人们还意识到当今金融业目标迷失、发展失衡和经营异化的问题。许多贫困、低收入人群及小微企业无法通过正规途径获得金融服务，被排斥在金融体系之外。诺贝尔奖获得者斯蒂格利茨说过："1% 群体的人们摄取了社会财富，留给 99% 群体的人们只有焦虑和不安。"西方金融业把逐利作为唯一追求，摒弃了以人为中心的宗旨，慢慢见物（财富）而不见人了。在跨入 21 世纪，特别是经历了惨烈的金融危机后，人们开始反思唯利是图的华尔街金融模式的弊病，愤怒于金融资本主义的贪婪，反对少数人群占有巨额金融财富导致的社会不公平、不均衡发展。在发展中国家，人们还关注金融的扶弱济贫、共同富裕问题，呼吁关注弱势群体，反对新形态的高利贷。人们开始重新思考金融业的初衷和使命，并将普惠金融写在金融业的旗帜上，其目的是要求金融业回归到为人们美好生活服务的宗旨上，以确立金融业更崇高的社会价值观。

从古希腊、古罗马的银行业、典当业到高利贷者和金匠银行家，人类发现金融的实践功能很早，但对资本的理论认知却很晚。经过千年的宗教禁锢，金融在狭缝中艰辛生长，受到极度抑制，储蓄转化为投资的通道被堵塞。尽管欧洲中世纪一直在黑暗中徘徊，但金融的曙光终于在佛罗伦萨初现。如果把意大利中世纪银行比作夏夜的璀璨星空，那么美第奇银行显然是其中最耀眼的一颗。从 1397 年建立到

1494 年被其政治对手充公，美第奇银行因为三个重要人物而维系了它的百年传奇。美第奇家族让存款人通过参与投资的方式获得分红，用巧妙的贸易来隐藏利息，从而形成了独具特色的控股公司形式，并在世界金融史上留下了深深的痕迹。

17 世纪后，欧洲的商业银行快速发展，其受益者中增加了跨国公司、贸易商人和工业厂商等新兴资产阶级，但银行的高门槛仍将众多中小企业和穷人拒之门外。在互助合作理论和实践的推动下，近两百年后，储蓄银行终于向穷人打开大门，在存款和支付领域实现了金融普惠。合作金融的诞生剑指更深层次的金融不公平现象，让穷人得到低成本贷款。储蓄银行和合作银行两大银行体系一度与商业银行并肩成为银行的三大体系。然而，“使命漂移”现象又出现了。储蓄银行和合作银行逐渐从扶贫济困、合作互助转向财务利润最大化，从偏向于弱势群体转向偏好富裕人群，从支持弱势群体的小额贷款转向热衷于富裕客户的大额贷款，从而与普惠金融的方向渐行渐远。2005 年，新的普惠金融观念很快在全球达成共识，因为它切中了世界的痛点。社会呼吁金融要包容性增长，金融追求的目标并不仅是效益最大化，还有最大限度地为社会创造价值，为人类幸福赋能，为实体经济服务，让更广泛的人群以负担得起的成本享受质量更优、效率更高的金融服务，并能实质性控制风险。当今金融发展面临着观念、理论和实践的一系列改变与突破，这关系到资源配置和财富分配的优化和公平，关系到金融是服务多数人还是少数人的问题。但是，普惠金融仍走在探索与争论的过程中。争议的焦点涉及普惠金融与商业可持续的平衡发展，以及金融“普”与“惠”、公平与效率平衡发展的难题。普惠金融的产生和发展具有强烈内生性，具有因市场需求而诱导性变迁的特性，银行业复制历史上的金融普惠模式已经不具有现实可行性。前方并没有现成可仿效的道路，现今中国蓬勃发展的小微企业贷款、微型金融、三农信贷等普惠金融实践，尤其是在金融科技模式下的普惠金融实践，都可被视为对普惠金融发展的新探索。新的金融发展道路将在探索中完善，新的金融理论也会在实践中创新。

在关注金融发展包容性的同时，我也将目光注视到殖民地国家的金融史。相比历史悠久的欧美大型银行，对非洲银行史的研究一直是金融史上的薄弱一环。究其原因，早期的非洲跨国银行通常伴随着殖民统治的渗透扩张。究其原因：首先，殖民地国家政治、社会的剧烈变动导致历史档案收集保管缺失；其次，殖民地银行多少有些不光彩的过去，银行及企业档案存储于原宗主国，原宗主国并不愿意公布其历史档案以供研究；最后，殖民地银行存续期短、兼并重组多且不重视修史，从而形成金融史研究的大段空白，导致研究著作和学者较少。但是，包括非洲银行业在内的新兴市场国家的银行和企业史，对于研究殖民地和新兴市场国家的社会及经济发展极有意义。百年来殖民地银行的兴衰成败、是非功过，给人留下了难以磨灭的金属记忆。长久以来，法国政坛流行一句话："如果没有了非洲，法国就会成为二流国家。"法国人强调自己是使非洲成长为现代文明社会的"乳娘"。我在书中从阿尔及利亚银行的系列铜章谈起，揭示了19世纪中叶法国政府控制殖民地金融的历程。"征服过后，行善者的时代跃然而至"，法兰西政治家们希望在殖民地金融领域开辟另一战场，期盼金融软实力能比枪炮起到更大、更久的作用。

在欧元诞生之后，法国告别了承载着法兰西历史、文化、情感和"自由"精神的法郎。令人慰藉的是，法郎依然在非洲流通。原来，欧盟并不是废除主权货币的第一个吃螃蟹者。在欧元诞生之前，非洲大陆已经率先实行了货币与主权国家相脱离的政策，而且至今依然正常运行。这便是流通于西非和中非的非洲金融共同体货币——非洲法郎，它是非洲两个跨主权货币区、15 个国家的共同货币。非洲法郎区各国自愿放弃独立主权货币和独立货币政策，付出了影响经济增长、贸易发展和国际竞争的代价，得到的是货币稳定、汇率稳定和信贷稳定，并保持了对非洲法郎可兑换性的信任。走过 150 年漫长历程的非洲法郎，其最后的归宿是什么呢？在非洲统一组织改为非洲联盟之后，非洲中央银行成立了。非洲未来会不会成立整个非洲的货币联盟，从而实现非洲货币统一呢？这个进程还需经历多么漫长的道路才会实现呢？它又会“钉住”什么货币呢？人们盼望早日翻开“明天”的一页。

南非标准银行是非洲南部地区最古老的银行，其在南非从事营业活动长达一个半世纪。在非洲开普敦初创的英资贸易融资银行，因抓住了 19 世纪七八十年代钻石和黄金的发现契机，成长为非洲资产规模最大、机构网络最广和最有影响力的银行集团。只有阅读过 150 多年的标准银行历史，我们才会领悟彩虹之国的曲折历史，领悟非洲殖民地的深重灾难。本书还揭秘了中国工商银行与南非标准银行世纪握手的前因后果，这一划时代的投资交易为中、非之间的经贸合作架起了一座宽阔的金融桥梁。

本书介绍了人们不甚熟悉的刚果比利时银行，掀开了非洲殖民银行历史的一幕。19 世纪末，欧洲列强加快了入侵非洲的步伐。1876 年，欧洲列强只占领了非洲 10.8% 且主要分布在非洲沿海的土地。但到了 1900 年，欧洲列强已经瓜分了非洲 90.4% 的土地。其中，比利时是积极的倡导者和参与者。虽然时间已过百年，但金属币章让人们记忆犹存。对于比利时国王利奥波德二世（Leopold Ⅱ，1835—1909）及刚果银行的是非功过，人们一直存在争议。虽然英国自身的殖民历史不见得光彩，但BBC（英国广播公司）对利奥波德二世的统治给予了严厉指责。时空不能穿越，历史也无法重演，历史与历史人物只能留待后人评价了。

在本系列的第二、三册中，我着手对中东欧金融历史和转型的案例做了介绍。在罗马尼亚银行“三巨头”变迁的故事中，我通过币章回溯了其金融历史及转变。经历了150年金融沧桑的罗马尼亚国有储蓄银行今天依然存在。在罗马尼亚的百年巨变中，不论政权更迭还是战争肆虐，积少成多的储蓄存款及安宁的家庭生活始终是罗马尼亚人最后的期盼，储蓄银行始终是他们记忆中的一部分。这家罗马尼亚国有银行在1990年还占有罗马尼亚银行业市场份额的32.9%，但到了2006年，其市场份额剧降至4.03%。捷克最早的商业银行和最早的储蓄银行同样有着跌宕起伏的历史。年轻又古老的捷克国家银行有着处在欧洲砧板上的中东欧小国金融的困苦经历。经济危机侵袭，纳粹德国蹂躏，计划经济解体，贸易体系被打破，国际市场冲击，经济危机凸现，恶性通胀和严重失业并行，当时运行僵硬的国有银行的体制、观念、人才及技术都不适应转变中的市场经济。当时，多数银行出现巨亏，政府企图卸掉包袱，国有股权纷纷易主，欧盟甚至将银行私有化作为各国加入欧盟的前提条件。在银行私有化后，中东欧国家缺失本国金融机构，独立货币政策的传导机制开始失效。在欧洲主权债务危机时，外资银行母行则要求中东欧国家分行限贷，这无疑是雪上加霜。转型中的新兴市场经济国家，既希望提升国有银行的效率和效益，又希望国有银行发挥宏观调控、提供社会福利的效用，但两者如何平衡以及国家如何参与银行体系的股权却是迫切而又两难的命题。中东欧国家对欧盟资金的依赖度较高，16 国中的 11 个国家已经加入了欧盟。2007—2013 年，欧盟结构性基金及欧洲投资银行贷给中东欧国家的资金占中东欧国家年均 GDP 的 11%~25%。2014—2020 年，中东欧国家得到上述贷款资金约 2 000 亿欧元，但仍不能满足中东欧国家的建设需求。中东欧国家在习惯于期限长、利率低的欧盟政策性长期贷款后，对利用商业性资金反而变得不习惯和不擅长了。如果欧盟给予的支持资金递减，那么这势必会给中东欧的金融业带来挑战。

世界金融沧桑变迁，成功银行的故事大致相同，失败的银行却各有各的故事。美国伊利诺伊大陆银行曾是美国第六大银行，被评为美国“最优秀的银行”——穆迪 AAA 评级。该银行也是一家普通的“邻家”银行，走的是司空见惯的传统银行套路——追求规模扩张，追求市场份额。然而，该银行过量的信贷投放和急剧的资产扩张造成了银行资产负债和流动性失衡。在外部因素的激发下，流动性危机形成并爆发，该银行成为“大而不能倒”的首个案例。直到 20 年后，美国金融危机爆发，人们才明白美国伊利诺伊大陆银行危机是预警、前奏。当时，美国联邦存款保险公司拯救美国伊利诺伊大陆银行就是“大而不能倒”的危险开端，因为保险公司愚蠢地拯救了不该拯救的投资者，以至让人们对风险“无所畏惧”，这是 2008 年的世纪金融悲剧的诱因之一。危机爆发 10 年后，没想到率先批评“大而不能倒”的欧美金融界却“南辕北辙”、逆势而行，持续提高本国银行业的集中度。除中国外，全球主要经济体前五大银行的市场占比均提高到 50% 以上。有些国家的前五大银行的市场占比甚至高达 90%。不仅是银行，各国的主要产业也无一例外，甚至刚诞生的电商行业、快递行业和即时通信行业都在“大而不能倒”的道路上一往无前。产生这一悖论的根源是什么呢？我在书中对竞争理论进行了回顾和反思，并呼吁竞争理论应在新的竞争实践下进行创新。

具有160多年历史的美国富国银行曾是头顶耀眼光环的金融“模范生”，受到全球“富强粉”的热捧，站在粉丝最前排的就是著名投资家巴菲特。然而，这家以马车为图腾的银行却忘记了马车需要缰绳，汽车需要刹车，银行需要管控。这家银行忽视了银行的信托责任，私开“幽灵账户”，挪用客户资金，跌进了危机旋涡，导致其董事长惨淡下课。富国银行奉为圭臬的“交叉销售”激励也受到质疑。这一案例告诫银行家们，要避免短期和单一激励导致的道德风险和逆向选择。银行家要提升激励需求层次，协调银行的文化愿景、战略定位和目标考核，推行综合激励和多元激励。典型的道德风险案例还有葡萄牙圣灵商业银行案例。这家逾150年的家族金融帝国，往昔如日中天，最终圣灵不佑、瞬间崩溃。大厦崩溃是从底部砖块的挪移开始的。葡萄牙圣灵商业银行隐瞒关联交易，涉嫌连串丑闻，模糊家族与银行利益的界限，在公司治理、透明度披露方面弊端百出，最终导致银行破产倒闭。诡异的是，该银行24年前铸就的铜章上的文字一语成谶——预见了圣灵银行的宿命。在金融危机中奄奄一息的还有全世界最古老的银行，即1472年从意大利当铺起家的锡耶纳银行。该银行在成立初期发放了7 392笔贷款，平均单笔贷款只有1弗罗林。金融业是“马拉松”行业，这家跑了540多年马拉松的锡耶纳银行按理说是业内好手，可惜在20世纪90年代后连续十几年的激情奔跑中耗尽了体能。虽然一连串收购、兼并使锡耶纳银行成为意大利第三大银行，但在其靓丽的外表下，外界看不见的是其隐痛和内伤。在全球金融危机来临之时，锡耶纳银行的疾病终于迸发了。巨额亏损和不良资产使锡耶纳银行成为欧洲银行业中最糟糕的银行。其病因是众多因素积累而成的：经济失衡，债务高企，制度缺陷，经营失误，政策异见，决策迟缓。这一案例又一次警诫我们，银行发展始终存在发展与风险之间的权衡，速度、效益、质量之间的权衡，短期目标与长期目标之间的权衡，以及做强、做优、做久三者之间的权衡。然而，战略选择知易行难。在风险没有爆发的漫长阶段，又有多少人有战略定力呢？正因为战略选择如此艰难，历史上盛极而衰的银行才比比皆是。

我在书中考证了欧洲交易所从集市到交易所的历史沿革，归纳了交易所从混业走向专业、从商品交易走向金融交易、从分散走向联合、从基础走向衍生、从线下走向线上的五大演进趋势，并以一批精美的历史古章予以佐证。我在书中讲述了瑞典赫廷格银行的前世与今生，以及世界私人银行业的老树展新枝。我在书中还讲述了法国商业银行的"老祖宗"——法国工商信贷银行（Crédit Industriel & Commercial，简称 CIC）的历史变迁，以及其竞争对手汇丰银行植根法国的来龙去脉。在上海浦东开放 30 周年之际，我讲述了东方明珠广播电视塔中外银团贷款的前因后果，那个激情四射年代的金融创新为本书的结尾留下了亮点。

在退出领导岗位后，我终于可以专心致志地从事金融史和银行史的研究了。2018 年，我与樊兵、高文越合著了《非洲金融明珠——标准银行集团史》，这是首部中文版的非洲银行史。2019 年，我与詹向阳等一起编著了《中国大型商业银行股改史》（上、下册），此书是我在中央银行和五大商业银行领导的支持下费时两年完成的，书中记载了波澜壮阔的中国国有商业银行股份制改革的历史，生动地展示了在21世纪初被称为“技术上已经破产”的中国银行业凤凰涅槃、浴火重生的过程。已经出版的这些著作大都属于金融企业史的范畴，获得了不少读者的赞扬和鼓励。一些书被评为年度的金融书籍，我深受鼓舞。

直到20世纪30年代左右，企业史学才从经济史中独立出来并形成独立的学派，成为历史学领域一门独立的新型学科。企业史学自诞生后，充满着活力和生机，掀起了一股企业史研究热，许多大学也开始增设企业史课程。金融史与银行史不同于一般的企业史，其视野更为广阔。金融与银行史往往折射出一国经济、社会发展的历史轨迹，但是金融业务专业性强、专业术语多，业务之间具有相似性和同质性，非业内人士可能会感觉其枯燥难懂和平淡无味。我在本书的撰写过程中力求克服此难题，尽力挖掘金融史和银行史上的精彩故事，让读者觉得通俗易懂，如仍有不足之处，敬请大家原谅。我也期望本书能为金融普及抛砖引玉。金融历史不仅是过去完成式，更是现在进行式和将来式；不仅体现在书本上的文字中，更能在真情实景中重现。鉴往知来，知行合一，我们依然任重道远。

是为序。

姜建清

2020年1月

序言 2

时间如白驹过隙，当我完成了“世界金融百年沧桑记忆”系列前两本的最后一篇文章并开始写这个序言时，我突然发现从执笔第 1 篇到杀青第 40 篇，已经整整 6 年过去了。《英雄失去了小红伞》是我写国外银行历史的第 1 篇文章，它是一则由花旗银行的一枚历史大铜章引发的花旗银行和旅行者保险集团的故事。当时，恰逢次贷危机肆虐，读者对这样的银行历史札记比较喜欢。于是，我在《行家》杂志编辑的鼓励、催促下，聚沙成塔、集腋成裘地完成了这两本书。

初始文章由花旗银行的纪念章做引子，导出该银行的历史，文笔较轻松，颇有可读性、可观性。没想到由此给自己徒增了烦恼，因为此后编辑要求坚持这一风格，这大大增加了文章的写作难度。在撰文过程中，有章无史、有史无章、史多章少、章多史少，这些都成了写作的瓶颈。虽然全世界不少银行都曾在自身发展的重要时期为重大事件发行过纪念章，但是岁月蹉跎、时光荏苒，这些古旧的纪念章早已湮灭在悠悠岁月中。好在互联网的世界是平的，我费力地通过易贝（eBay）和淘宝等平台搜寻并购买，尽量满足写作需要。我恍然发现，尽管最早的银行纪念章发行至今已逾 200 年，且其银行已不复存在，被人们全然忘却，但铸造纪念章所用的坚硬的金属却为世人留下了难以磨灭的记忆。这是一个人们很少涉足的金融世界，我突然有一种强烈的意识，要去识别它们、读懂它们，重新了解它们用数十种文字记载的历史。在“阅读”这些精美绝伦的各国银行的古老币章时，我常常陷入沉思。然后，我明白了，这是一部由金属币章构成的世界银行史。币章中承载着诸多金融历史的沧桑记忆，也蕴含着不少可供借鉴的现实意义。这些独特的金属币章，是历史与艺术的完美结合。纵观人类文明进化历程，金文竹简已有3 000多年的历史，纸质书牍也有至少2 000年的历史，而金属币章的历史却只有数百年。因为1585年，法国才开始铸造纪念性金属币章，其中银行纪念币章的历史则更晚一些。但这丝毫不影响后者在世界金融业最精彩的时期散发出耀眼的光芒，铭刻在金属上的历史使它们显得格外厚重。

历史学是一门使人聪慧的学问。中国古人说：“以史为鉴，可以知兴替。”英国首相温斯顿·丘吉尔说：“你能看到多远的过去，就能看到多远的未来。”银行史学是一门使银行家警醒的学问。在长期的金融变迁中，陵谷沧桑、白云苍狗，多少曾经声名显赫的银行如流星划过夜空，在短暂的绚丽后消失在浩瀚的星际，湮没在金融历史的长河中；又有多少默默无闻的银行如涓涓细流汇成海，吹尽狂沙始到金，最终成为金融业的霸主。而由成功者和失败者共同谱写的银行史，延续了百余年的金融流脉，其中还有不少银行发行的纪念币章尚存人间。拂去这些币章上覆盖的百年尘埃，释读上面的印迹，可以帮助我们回溯寻觅那些罕为人知的银行历史主流和各条支流，启发我们寻根探源那些熟悉和不熟悉、存在和已不存在的银行古老档案，引导我们涉足金融“密林”深处，回访那些金融“巨兽”之间弱肉强食、生死相搏的购并拼杀。回顾历史不是为了单纯怀旧，虽然一些金融往事不堪回首，但智者爱史，善于总结，是为了避免重蹈覆辙。

数百年来，全球金融变幻的历史深刻反映了全球政治格局、国家实力和经济地理等综合力量的变化。它像一面镜子，折射出经济霸主和金融强权走马灯般的转换。从葡萄牙、西班牙、荷兰、英国、法国、德国到美国的易位变化，都离不开刀兵相见、炮火相加。经济、金融的战场没有硝烟却惨烈相仿。盛极而衰、百年轮回，大国经济、金融的变迁折射出全球经济政治格局变迁的复杂深刻的背景。从一国金融演变的长期或根本性决定因素来分析，其与各自母国的政治、经济、金融实力以及国家在全球格局中的地位与影响的消长变化密不可分。英美两国由工业、经济到金融霸主地位的获取和丧失的先后次序排列，也反映了经济对金融的决定性。这是全球金融业产生、发展、强盛和衰落的一般规律。1913 年的全球 20 大银行如今仅有 5 家尚存，便是这个规律的最好佐证。三十年河东，三十年河西。我在文中感叹地写道："冷观伦敦金融霸主终究拱手相让，笑看银行你追我赶难有武林至尊。多少金融强者笑傲江湖终成黄粱梦，然而金融赛场未至终了何言成败，唯有金属币章难以磨损。它们默默地见证着百年来全球政治的变幻无常、经济兴衰沉浮和金融风云激荡。"

凯恩斯曾经说过："如果从货币的角度发掘历史，整个历史将会被颠覆。从金融史的角度来观察、解读世界，可以对世界史有更多维、更立体、更深刻的认识。"世界经济快速增长的分水岭出现在 1820 年左右。美国著名学者威廉·伯恩斯坦在经济史著作《繁荣的背后》一书中，将西方列强经济的增长比作蛋糕的制作过程，将成功的四要素（财产权、科学理性主义、资本市场和通信运输技术创新）比作面粉、鸡蛋、酵母和砂糖。确实，没有财产权则没有储蓄，资本市场难为"无米之炊"。没有科学理性主义，金融还在中世纪宗教的阴影下挣扎。而创新、创意的商业化需要金融的转化。资本市场则给经济发展亟须的基础设施建设提供资助。金融与资本推动着经济的发展，从而推动着世界前进，金融的滞后发展必然拉扯社会经济发展的后腿。但经济是本，金融是末，皮之不存，毛将焉附？决定世界发展的主要力量并不是金融，因而金融的作用不能被过分夸大。我在文中写道："金钱不能抵挡枪炮的威力，银行无力承担政治兴衰的重任。如果将法国巴黎公社的失败归咎于没有及时占领法兰西银行，那么创立并掌控法兰西银行的拿破仑为何会失利于滑铁卢？因此，金融在这里只是催化因素，它与政治之间没有因果关系。"

金融如水，水能载舟，亦能覆舟。人类社会近百年来的快速发展得益于金融的发展，但危机也源于此。金融活动自出现以来，无论是古罗马的货币危机、中世纪的借贷禁锢、欧洲早期的"郁金香泡沫"和"南海泡沫"，还是1929年的美国证券危机、20世纪90年代的拉丁美洲金融危机、1997年的亚洲金融危机、2007年之后的次贷危机和欧洲主权债务危机，金融危机就像海浪一样，一波一波地冲击着社会经济稳定的礁石，而且从未消亡。所有的金融史都是一部风险史——风险如同影子一般无所不在、相伴而行。风险与效益如同毕加索立体画中同一人像的两张脸，当银行家在看到庆贺盈利的笑脸时，侧眼一看，风险的狰狞一面也在阴笑。百年来，银行业多少沉痛往事，告诫后来者莫忘风险，莫蹈前车之覆辙。银行体系本身具有脆弱性和高风险性，让许多知名的银行家折戟于此，因而把控风险是优秀银行家的底线，稳健经营是打造百年老店的不二法门。银行家俱乐部不欣赏百米短跑选手，其尊重的是马拉松冠军。历史总是惊人地相似，然而人类总是健忘。风和日丽的年代往往使金融家忘记了以往的灾难，前天悲惨的金融故事一次次成为昨天的残酷事实，金融家今日仍在书写明天的历史。假若不敬畏市场规律，不敬畏金融法则，那么所犯的金融错误又会演变为明天的悔恨。历史环境不断变迁，今天的金融迈过的不再是昨天的“河流”，但“邯郸学步”的失败可能依然不少。我们无法预知未来，也确实不知道下一场更大的金融海啸来自何时、何地，以及不知道其因何爆发。但历史是“聪明学”，读史能帮助我们深入思考、领会精髓，把握金融的常识和规律，理性地进行比较并做出决策。

我在书中也对世界银行业及其制度发展的轨迹做了阐述，进行了研究和思考，并留下了许多有待进一步研究的课题：古希腊和古罗马的神庙所起到的银行的作用，宗教对金融业发展和遏制的重要作用；金本位的沿革过程，以及对当时中国的影响；证交所的诞生经历和几次重大的股票市场危机；在比特币又在甚嚣尘上的时候，讨论中央银行制度是否需要，货币发行是否要垄断。从近代储蓄银行的诞生、演变到分化或消亡，信用合作运动及机构的产生、成长到改革来看，为什么扶持小微企业的合作银行和储蓄银行制度在许多国家日渐式微？纵观非主权货币欧元的过去、现在和将来，人们能看到欧元区的忧患有哪些？在“大而不能倒”的批评声和监管政策趋严的同时，全球银行业却背道而驰，银行集中度在继续增强，以色列、加拿大、美国及全球主要国家呈现了相同趋势，只有中国孤独地逆向而行，谁是谁非呢？为何贪婪与恐惧，欺诈与轻信，一场场相似的大剧周而复始地上演？为什么金融监管的松严过度都会带来严重后果？在写作中，众多的历史和现实问题，至今仍困惑着我。人类社会经历的多次金融危机，带来经济崩溃、社会动荡、贫富分化和道德沦陷，给国际社会造成了巨大伤害。尽管遭受了无数次的政治抨击，经历了无数次的监管整治，金融业仍在不断发展壮大。因为资本是推动近现代历史发展的动力，它对人类社会、经济和实体企业的推进作用是无可替代的。假如没有金融的推动，人类可能还停留在中世纪的“黑暗时代”，资本主义萌芽也不可能生长，人类历史肯定要重新书写了。历史是一种价值观，历史的消逝并非单纯地随风而去，它留下了深刻的印记，甚至植下了基因。我曾与一位欧洲的资深政治家聊过，他认为我们应该理解德国人在欧洲主权债务危机后，执着地坚持欧洲各国财政紧缩的做法，这是因为第一次世界大战后德国因战争赔款，面临恶性通货膨胀，人们处在水深火热之中，对金融危机有特别难忘的记忆，而欧洲其他国家就没有这样的经历。同样，英格兰银行自创立至今300余年，老而弥坚，英国的金融制度和金融市场之所以领先全球，是否因为有其金融基因的遗传？苏格兰银行家的节俭天下闻名，留下了许多脍炙人口的逸事。这或许与苏格兰遍布着荒芜峡谷的地理环境有关，劣势和窘境往往也是炼就银行家自尊、自立和勤俭等责任品格的“熔炉”。

世界上成功的银行各有各的成功故事，失败的银行却体现出相似的失败经历：政治、社会、经济危机的殃及，政府融资的干预，过度的信贷增长，发展理念的扭曲，盲目地向国外扩张，风险内控的失灵，等等。在阅读及写作过程中，我越发对经营银行感到敬畏。您要赚大钱，您就开银行；您要亏大钱，您也开银行。本书详述了众多国外银行从小到大、从弱趋强变化或相反的轮回：法国巴黎银行、兴业银行、松鼠储蓄银行的兴盛故事；两个欧洲“老妇人”银行的相异道路；美国波士顿银行的海外传奇及与中国的渊源；希腊、西班牙、以色列和罗马尼亚等银行的起源和成长；澳门发钞银行的前世今生……

时势造英雄，亦造银行。书中还阐述了众多国际银行间的购并，收购兼并或使成功者更加成功，或使成功者失败和失败者更加失败。西班牙对外银行仅有 150 年历史，却经历了 150 多次购并，至今仍在拉美市场称雄。汇丰银行也是金融购并的王者，成就了跨国银行霸业。然而，其近年悄然从“全球的地方银行”改为“全球的领先银行”，这是否也反映了其全球化战略的转向？花旗银行收购旅行者集团的世纪购并最终留下了银行收购保险集团是否诸事不宜的疑问。富通集团庆贺世纪购并成功，却不幸地倒在庆祝酒宴上。德意志银行先行收购后又出售了德国邮政储蓄银行，也许当初就犯了战略导向错误。美国富国银行哀叹金融优等生，却在操作风险上栽了跟头。金融开放是一把双刃剑：运用得好可以促进金融部门效率的提高，促进经济增长；反之则会使金融体系出现不稳定因素，对经济产生负面影响。如果在外部条件不具备进行金融改革的时期激进推进，还会酿成巨大的金融风险。金融改革必须和其他经济与监管领域的改革配套进行。金融过度放任自流，缺乏监管能力，缺乏公共参与和市场约束，就可能导致社会经济、金融的震荡和危机。众多银行的兴衰故事都给予了案例证实。

金融的诞生、发展和消亡与金融家分不开。对此，书中讲述了意大利美第奇家族传奇及欧洲的银行复兴时代；讲述了苏格兰人威廉·佩特森为英国战争融资而造就了世界中央银行的鼻祖；讲述了法国里昂信贷创始人亨利·热尔曼的成功故事——他将一家为纺织业服务的小银行发展为在 20 世纪初就已跻身世界银行业之最的大银行，他创立并影响至今的银行分业经营理论，依然为今天的银行家所感同身受。书中讲述了高盛公司卑微的起源，德裔移民高曼和萨克斯怎样创造了一个伟大的公司和一个分裂的家庭；讲述了瑞典北欧斯安银行打破魔咒，富过五代；讲述了梵蒂冈银行家的惊骇故事；讲述了希特勒辉煌的“金融成就”及其掠夺金融、毁于金融的历史；讲述了美国中央银行创始人汉密尔顿和美国总统杰斐逊生死相斗的事实真相——两人的分歧源于美国建国路线的异同，并非阴谋论披露的内容；讲述了空想社会主义信用合作理论的践行者德国人赖夫艾森和鼓励贫困农民通过小额储蓄自助自立的英国人亨利·邓肯的感人故事；讲述了“劣币驱逐良币”的提出者格雷欣其人其事及万有引力定律的提出者牛顿的金融生涯；讲述了创建法兰西银行的拿破仑及其侄子的金融才能。虽然金融和金融家的兴衰沉浮离不开时代的政治环境，但这也与金融家的性格、努力密不可分。讲述金融家的故事，可以使略显枯燥的金融史变得有血有肉，使惊心动魄的金融战凸显其背后人的因素。通过这些讲述，人们或许更能了解历史发展的偶然性和必然性。

书中还介绍了另外一个群体，他们在艺术设计史上、在雕塑或币章领域成就辉煌，赫赫有名。他们中的许多人曾获罗马艺术大奖，他们是维纳斯神庙的常客，受到艺术女神的眷顾，然而他们却无意识地来到莫奈神庙（据称是罗马货币最早的铸造地，“金钱”英文名 money 的来源）。在古希腊时代，神庙曾充当银行，而最早的艺术展示也在神庙，看来艺术和银行是殊途同归了。在古希腊、古罗马时代，银币打制和雕塑造型艺术已经十分发达。经过历史的传承和发展，第一次工业革命时期，仿形雕刻机的发明使得币章艺术成为浮雕艺术和金属压印技术的最佳结合。币章雕铸材质丰富多样，包括金、银、铜、铁、铝及其不同比例构成的合金，而题材选择也十分广泛，表现视角异常多元，艺术手法相当自由，吸引了众多大师参与设计铸造。大师们在方寸的币章世界表述着他们的艺术志趣、品位和情感。当时的欧洲正处于世界艺术发展的中心，出现了新古典主义、浪漫主义、印象派、后印象派、现代派、立体派和超现实主义等各种前卫艺术流派。不断涌现的各种艺术思潮，促使绘画和雕塑艺术得到极大的发展，也对从事纪念币章创作的艺术家产生了巨大的影响。雕刻家们在币章上精美地设计刻模作品，在新艺术运动中扮演了重要的角色。许多雕塑艺术的先锋，驰骋在方寸币章之间，尽情地发挥着天才的想象力，调动油画、素描、版画、雕塑等一切艺术表现形式，把金属的坚硬、柔韧、延展、色彩、光泽等物理特性发挥到极致。雕塑艺术中的虚实、疏密、阴阳等方面形神具备，美轮美奂，从而使银行币章展现出丰富的文化、历史、现实、哲学的深厚内涵，最大限度地展现出它的艺术魅力，展示了浪漫的艺术气质，表现了艺术家永不懈怠的追求。近 200 年来，币章艺术逐渐被推至巅峰，币章作品具有巨大的艺术价值，大量永恒的艺术珍品是西方国家设计水平和铸造工艺的重要体现。其中，金融币章不仅以其绝妙的艺术和技术的结合征服了世人，而且以金属难以磨灭的特性，用实物形态将百年金融沧桑凝固在方寸之间，为银行史留下了永存的历史佐证和实物档案。这些名留史册的艺术大师包括：法国的丹尼尔·杜普伊斯、路易斯·亚历山大·伯顿、路易斯·奥斯卡·鲁迪、查尔斯·皮勒、弗雷德里克·威尔依、兰贝尔·杜马莱斯、阿贝尔·拉弗勒，英国的本杰明·怀恩，西班牙的安立奎·蒙霍德，美国的尤里奥·吉兰尼，俄罗斯的珀戈柴尔斯基，等等。虽然艺术币章精品林立，但金融专题币章还是极少的。无心插柳柳成荫，我在不知不觉中汇聚起 1 500 枚银行专题纪念章，涉及五六十个国家的几百家银行。待三本书的写作目标实现后，我设想成立一个小小的金融币章博物馆（室）。想到今后世界上不少国家的银行家来到中国，惊讶、感叹地看到他们的银行或其前身发行的众多币章聚集在此时，我的心中便油然自喜。寻根历史、抚今追昔，相信这会成为银行家进行金融追思的神圣殿堂，会使大家感受到一种金融文化的震撼。格“物”致知，有“博”乃大。在这里，历史已不仅仅是教科书上的文字，而是真情实景的重现。伫立其间，我仿佛站在了银行发展历史的源头，看到了其前进潮流的涌动。

本书写作费时耗力，加上肩负银行经营管理的重任，时间成为最大的制约。于是，我发现古人“三上”的可行。出差途中，尤其是远程航行，我特别容易凝神聚意。每次在飞机上少看几部电影，少睡若干小时，在万里高空中“空思遐想”“远思漫想”，远离人世间的繁杂，沉湎在金融史的追忆和埋头于键盘的敲打中——我尤其享受这样的时刻。

与日新月异的经济学科相比，与相对不繁荣的经济史对照，银行史尤为“冷门”。目前，中国出版的银行史著述很少，尤其在外国银行史方面更是如此。历史学的研究、史料考据、理论分析及综合考察是研究银行史常用的方式，而写银行史又要涉及当时的政治、经济和文化背景，交叉性较强。由于断断续续地写作，这本书更像银行史的札记，内容比较“碎片化”。本书以讲述银行的故事为主，有时在文中也做些理论归纳或评说，但在史料的考证上只能努力论证寻据，力求精准无误。在撰写本书的过程中，我深感关于世界各国银行史的中文资料的匮乏，好在互联网使世界变小了，我日积月累存下了几百部国外英文版银行史著作。这也是无心插柳，为未来的国外银行史学研究创建了小小的专题图书馆。

百年世界金融的沧桑变化，为中国银行业的发展提供了宝贵的经验。今天，中国银行业已经跻身世界金融业之林，中国工商银行更是跃居全球银行业鳌头。鉴往知来，现代金融的发展离不开历史和文化底蕴的支撑。忘记银行业的历史，就不可能深刻地了解现在，也不可能正确地走向未来。整理世界珍贵的金融文化遗产，发掘前人创造的金融文明成果，回顾金融的兴衰成败及经验教训，对于中国更好地推进现代银行业发展具有十分重要的意义。希望本书能对银行从业人员、金融管理者和金融历史研究学者等有所启迪。

是为序。

姜建清

2018 年 10 月

目 录

PROFESSOR
MUHAMMAD
YUNUS

FIRST SAVINGS BANK ESTABLISHED
1816

法国商业银行的『老祖宗』

——漫话法国工商信贷银行的历史变迁

PRUDENTIAE FORTUNA AMICA

—1 法国商业银行的“老祖宗”

图1–1中的大铜章是1959年法国工商信贷银行为纪念银行成立100周年（1859—1959）而发行的。铜章重107克，直径为58毫米。透过铜章上那层青铜色氧化层，我们可以感受到该银行古老的历史。不过，这种蓝绿色的铜锈是人们制作出来的，表明当时的币章艺术已从实用性向观赏性过渡。铜章一面的文字是“幸运乃谨慎之友”。铜章上踩着风火轮、姿态优美的浮雕人物是古罗马神话中代表幸运、机运、成功的女神福尔图娜，她是众神之神朱庇特的女儿。福尔图娜有着金色、耀眼的长发，蓝色似湖波的眼睛，白皙如牛奶的皮肤，以及令人垂涎欲滴的幸运能力。女神手挽缎带，右臂环绕着向人间播撒金钱的丰饶角。神话传说中的福尔图娜有时会蒙着眼睛，暗示着机遇和欲望存在的不确定性。由此可见，将福尔图娜作为身处风险行业的银行“代言人”倒是十分贴切的。铜章的另一面文字是“工商信贷银行”及该银行起始时间。铜章上左右两个交叉的丰饶角中装满了丰硕的果实。传说，宙斯由阿玛尔忒亚用山羊乳汁喂养，宙斯回报她一只山羊角，该山羊角会顺遂她的心愿，她会有取之不尽的财富。1880年，法国造币厂将丰饶角作为厂铭，从此丰饶角成为金融品牌的象征。铜章上双蛇环绕着的权杖也被称为“商神之杖”。传说，商业

之神赫尔墨斯手持此杖，日进斗金。1950 年，中国海关确定的关徽就是由蛇杖和金钥匙交叉构成的。此章中的权杖暗示着银行拥有财富与权势。铜章上有法国著名的币章艺术大师亨利·德罗普西（Henri Dropsy，1885—1969）的签名。

图 1-1　法国工商信贷银行成立 100 周年（1859—1959）纪念铜章

亨利·德罗普西是法国著名的艺术大师，擅长古典特色的设计和精美写实的雕塑，以币章设计刻模著称。他出生于艺术世家，家学渊源，其父让-巴蒂斯特·埃米尔·德罗普西（Jean-Baptiste Émile Dropsy）是一名雕塑艺术家，也是亨利·德罗普西学习币章艺术的家塾老师。亨利·德罗普西还师从托马斯（Thomas）、安雅尔贝（Injalbert）、韦尔农（Vernon）和佩蒂（Patey）等艺术大师。1911 年，亨利·德罗普西在从巴黎高等美术学院毕业前就已崭露头角。1908 年，亨利·德罗普西在第二届罗马艺术大赛中获得第二名。此后，他还多次获得重要奖项，并于 1921 年获沙龙金奖。1930 年，亨利·德罗普西成为巴黎高等美术学院的教授和币章艺术部的主任，直至 1955 年退休。1942 年，他成为法兰西艺术院雕刻界的领军者和艺术产权联盟主席，并受封法国荣誉军团骑士。他通过对方寸币章的雕刻而登上艺术巅峰，其作品大量收藏于法国造币厂。1964 年，法国造币厂举办了亨利·德罗普西从事币章设计 50 周年个人艺术展。

图 1–2 是法国工商信贷银行成立银章。八角形银章重 18.8 克，直径为 35 毫米。银章的一面是女神及双头蛇杖、祭坛、港口、工厂、烟囱、齿轮等图案，表明了银行支持工商企业和贸易发展的宗旨；银章的另一面是该银行法文名称及两穗环绕的橄榄枝（寓意和平与丰收）。银章边铭为法语 Argent（银质）。银章由法国雕塑家及钱币刻模大师德·朗盖尔（Honoré de Longueil，1818—1889）设计刻模。

图 1–2　法国工商信贷银行成立银章

法国最早的商业银行

众所周知，圣西门是法国哲学家、经济学家、空想社会主义创始人，其思想也是马克思主义思想的来源之一。但我们却未必知道，圣西门也是欧洲银行理论的导师，法国工商信贷银行就是受其思想影响而诞生的。

1802—1814年，圣西门研究了大量的实证科学和实验科学，试图从这些理论中找到解决社会问题的方法。他预言了社会主义和现代化的原则，如社会“阶级”划分、大规模的“工业化”、“欧洲的重组”、“历史进化观”和“国家计划管理”等。圣西门提出，要进行大规模经济建设，人们必须高效率地组织社会财富，建立股份制公司进行融资，可把经济发展的收益以股息和分红形式返还股东，实现国富民强的良性循环。这位天才和博学的思想家十分强调银行的作用。他认为：银行能促进社会生产，尤其是大工业的发展；银行还可以通过信贷增强实业，利用借款扩大再生产及创造更多财富。实业阶级通过信贷制度得到雄厚资金以发展生产，这无疑对组织现代化大工业生产是有益的。圣西门的观点也反映了欧洲新兴资产阶级向封建王朝要求政治和经济权利的期盼。

据记载，圣西门在1788年赴西班牙旅行时曾遇见西班牙圣卡洛斯国家银行的创始人弗朗索瓦·卡瓦鲁斯（见《世界金融百年沧桑记忆2》书中《古老的西班牙银行及其建筑》一文）。卡瓦鲁斯算是圣西门的金融启蒙老师，他对圣西门大侃银行促进经济及项目发展的作用，这给圣西门留下了深刻的印象。圣西门还开办了法国最早的信托投资公司并因此成为富翁。谁能想到，圣西门的弟子中还有一位未来的法国总统，即拿破仑三世（Napoléon Ⅲ）——路易·拿破仑·波拿巴，他是拿破仑一世之侄——荷兰国王路易·波拿巴的幼子。拿破仑三世是法兰西第二共和国总统（1848—1851）及法兰西第二帝国皇帝（1852—1870）。这位国王在法国反对七月王朝的二月革命后，因人民对拿破仑一世的追思而被选上台，但他之后强行恢复帝制等行为在法国历史上并不受推崇。他在执政期间参加克里木战争，与奥地利开战，发动入侵越南、叙利亚和墨西哥等国家的殖民战争。战争使法国内外矛盾尖锐，逐渐失去了对局势的控制。他在1870年普法战争中亲临前线并屈辱地战败投降。不过，拿破仑三世在经济上颇有建树，他的金融知识源于早年痛苦的流亡生活。拿破仑三世曾手不释卷地研读圣西门的著作，就是这个囚徒仰慕者，最终将圣西门主义的美妙构想转化为现实世界中的银行。

在经历了1847年至1848年的金融危机后，法国的许多私人银行破产了，残存的银行也无力无胆放贷。然而，拿破仑三世的第二帝国正逢法国现代资本主义工业开端——“工业政变”。当时，经济增长惊人，产业盼望资金，实体企业和“铁公基”等投资项目齐呼“融资难”。人们要求建立新的银行来取代传统落后的私人投资银行，以促进法国经济复兴。这恰合拿破仑三世的心意，他也渴望摆脱私人银行的控制。19世纪上半叶，像法兰西银行那样的中央银行在金融领域也非处于核心位置，私人银行在很大程度上凌驾于法兰西银行之上，尤其是私人银行中的翘楚罗斯柴尔德银行，牢牢地控制了法国的金融命脉。1850年，法国的詹姆斯·罗斯柴尔德（James Rothschild）身价高达6亿法郎，比其他所有法国银行家的财产加起来还要多1.5亿法郎，其江湖地位可见一斑。

法国商人抱怨法国银行业太落伍了，他们羡慕近邻英国的银行业——拥有更大的资本金，能吸收公众存款以及办理贴现和项目融资。为此，拿破仑三世想起了圣西门关于开办银行的教诲，并因循拿破仑一世雷厉风行的遗风：既然中央银行——法兰西银行已由老叔捷足先登设立了，侄儿就办专业银行和商业银行，争取以多取胜。1852年，拿破仑三世批准设立法国动产信贷银行（Crédit Mobilier）和法国地产信贷银行（Crédit Foncier de France）（我曾在《世界金融百年沧桑记忆1》中的《松鼠的觅食》一文中介绍过）。两家专业银行通过发行股票和债券向公众募集资金，使得政府开始摆脱对私人银行的依附。不过，略有缺憾的是，法国动产信贷银行偏重于公共建设工程融资，而法国地产信贷银行则专注于建筑业和农业贷款，发展中的制造业仍求贷无门。1859年4月30日，拿破仑三世再度敕令批准成立新型的商业银行——法国工商信贷通用银行（the General Society of Industrial and Commercial Credit）。这是法国历史上第一家以存款为资金来源的银行，也被称为法国历史上第一家真正的商业银行，其名字中的"工商"表达了该银行的建行宗旨和目标市场。

1859年5月6日，法国工商信贷银行联合创始人和首任行长夏尔–路易–加斯顿·铎迪弗雷（Charles-Louis-Gaston d' Audiffret）侯爵主持通过银行章程，次日银行正式成立，早于被后人称为法国商业银行"三剑客"中的另两家——1863年成立的法国里昂信贷银行和1864年成立的法国兴业银行。有关后两家银行的历史，我在《世界金融百年沧桑记忆2》中的《百年兴业沉浮录》一文中亦有过专题介绍。法国工商信贷银行的创立是法国银行史上的创举和里程碑事件，代表了新兴资产阶级的崛起。1870年，法国成为世界工业大国，在全世界工业发展水平排行中居于第二位，仅次于英国，其成功的原因离不开法国的金融革命及金融对法国经济和工业发展的支持。那位政绩平庸的拿破仑三世，在金融方面的建树应该名载史册。

在购并中成长的法国工商信贷银行

法国工商信贷银行成立时的名称为法国工商信贷通用银行，为工商业提供金融服务是这家银行的宗旨。初建时，该银行为私营银行，其总部设在巴黎，恰逢法国经济繁荣期，法国大量的工商业企业、基础设施建设需要融资。此时，法国工商信贷通用银行利用吸收的私人存款，支持法国工业发展和融资给项目建设，自身得到快速发展。在第二帝国时期，新的银行和交易所纷纷建立，尤其是 1863 年法国通过新法令，简化审批流程——开设银行资本金在 2 000 万法郎以下无须政府批准，小型银行由此管涌式增长。法国工商信贷通用银行借势扩张，于 1864 年在法国马赛开设了第一家分行。

图 1–3 中的方形精美铜章是由法国工商信贷通用银行首次投资的法国里昂银行（La Société Lyonnaise）发行的，铜章重 334 克，长为 91 毫米，宽为 85 毫米。1895 年，法国工商信贷通用银行在伦敦设立第一家海外银行。1896 年后，法国工商信贷通用银行入股多家海外银行，如罗马尼亚银行（Banque de Roumanie）、马德里银行（Banque de Madrid）、新喀里多尼亚银行（Banque de Nouvelle-Calédonie）、留尼汪岛银行（Banque de la Réunion）和马达加斯加银行（Banque de Madagascar）等。1890—1980 年，法国工商信贷通用银行通过申设、入股、兼并、牵头建立银行间协会等多种手段，不断扩大其在国内外

市场的经营网络和影响力。

图 1-3 法国里昂银行纪念铜章

图 1–4 中是法国工商信贷通用银行董事长阿尔贝·德·蒙普拉内（A. de Monplanet）的定制铜章，以表彰他在担任董事长期间（1894—1914）做出的业绩。铜章的一面为其侧身像，铜章的另一面为花束。此铜章由法国币章艺术大师佩蒂设计刻模。佩蒂是法兰西艺术家协会沙龙中的明星，于 1886 年、1887 年、1894 年都曾获奖。1890 年，佩蒂获世博会金奖。1896 年，佩蒂成为巴黎造币厂的首席雕刻师，受封法国荣誉军团骑士，还担任法兰西艺术院院士以及负责巴黎高等美术学院币章设计工作。

1918—1927 年，法国工商信贷通用银行战略性地入股一系列区域性银行，将众多中小银行纳入囊中，如收购杜邦银行（Banque Dupont）和斯卡尔贝银行（Banque Scalbert）。杜邦银行的前身是一家

图 1-4 法国工商信贷通用银行董事长阿尔贝·德·蒙普拉内纪念铜章

贴现机构，于 1819 年成立于法国瓦朗谢讷（Valenciennes），当时其创始人路易·杜邦（Louis Dupont，1795—1872）仅 24 岁。该银行是法国北部专注于服务矿业、农业及轻重工业的地方性银行。法国工商信贷通用银行曾对该银行入股 37.5%。20 世纪 30 年代，经济危机使该银行业绩滑坡，1929 年至 1936 年的银行存款下降 28%。更严重的是，其管理层之间长期交恶，导致银行业务停滞不前。1946 年，该银行改名为杜邦银行。1950 年，摇摇欲坠的杜邦银行又因为三个主要客户高达 4 亿法郎的信贷违约而雪上加霜，不得已再次寻求法国工商信贷通用银行的帮助。法国工商信贷通用银行同意对其增资 1.25 亿法郎，但要求其关闭波尔多分行，同时要求增加董事及派遣顾问以提高话语权。随着杜邦家族人员的变化，法国工商信贷通用银行终于在 1976 年将杜邦银行与另一家已收购的斯卡尔贝银行合并。斯卡尔贝银行于

1838年由23岁的奥古斯特·斯卡尔贝设立于法国里尔（Lille）。初期，该银行也是一家贴现公司，于1870年改名为斯卡尔贝银行，主要为纺织企业服务。

两家地区性银行被购并、整合的斯卡尔贝–杜邦银行（Banque Scalbert-Dupont），成为后期法国工商信贷通用银行西北部核心区域分行，至今仍在发挥作用。图1–5的铜章是法国杜邦银行于1940年发行的。铜章重214克，直径为77毫米。铜章上的人物为杜邦银行的创始人和行长路易·杜邦。此章由法国造币厂铸造，由莫隆（Morlon）设计刻模。图1–6铜章上的人物系路易·杜邦的儿子——杜邦银行总裁埃蒂安·杜邦（Etienne Dupont）。在抚看那些记载银行百年沧桑的古老铜章并回顾金融业弱肉强食或合纵连横的风云历史时，我常想解读铜章背后的传奇故事。这对铜章上的父子银行家中的一位仰视，一位俯首，这是否已经预示了银行的因果了呢？

图1–5　法国杜邦银行创始人、行长路易·杜邦纪念铜章

图 1–6　法国杜邦银行总裁埃蒂安 · 杜邦纪念铜章

此后，被法国工商信贷通用银行纳入囊中的还有阿弗雷信贷银行（Crédit Havrais）、西部信贷银行（Crédit de l’ Ouest）、南希安和瓦兰 贝尼耶银行（Société Nancéienne & Varin-Bernier）等。浩瀚大江都是由无数溪流汇聚而成的，西方银行的成长经历也是如此，法国工商信贷通用银行最终成为一家大型银行集团。

图 1–7 为 1920 年法国杜邦银行战争海报。

图 1–7　1920 年法国杜邦银行战争海报

1927 年，由法国工商信

贷通用银行牵头的银行集团组织（Le Group des Banques Affiliées，简称GBA）成立。1929年，区域联合工商信贷通用银行联盟（the Union of Regional Banks Industrial Credit，简称UBR）成立，其中包括法国工商信贷通用银行投资入股的18家地方银行。法国工商信贷通用银行作为主要创始成员之一参与了相关活动，同年牵头建立了银行互助协会，从而加强了各家银行的联系和协同。1948—1970年，法国工商信贷通用银行的业务范围不断扩大。1953年，法国工商信贷通用银行改名为法国工商信贷银行，该银行一直成为国际大鳄的追逐对象，比如，巴黎荷兰金融公司和苏伊士金融公司（Compagnie Financière de Suez）对其展开竭力争夺。1968年，苏伊士联合矿业集团（Suez-Union des Mines Group）控股了法国工商信贷银行。1971—1981年，法国工商信贷银行72%的股权逐步被苏伊士金融公司控制。

法国曾实行国家垄断资本主义的经济模式。除1936年因人民阵线存在不到一年就夭折的国有化运动外，法国在20世纪还经历过两次重要的国有化浪潮以及两次私有化浪潮。法国工商信贷银行作为法国的“系统重要性银行”，在每次国有化浪潮中都榜上有名。第一次国有化发生在第二次世界大战后，法国国土的基础设施毁于战火，经济凋零，国内一片狼藉。为了有效干预经济、恢复生产和稳定社会，法国实行了国有化，直至20世纪80年代中期。20世纪60年代初，法国50%的信贷、80%的投资都掌握在国有银行手中。同期，全球银行及企业国有化也发展起来，国企被视为拉动经济增长、增加就业机会及帮助政府实施价格补贴的重要载体。1979年，撒切尔夫人推行货币主义与自由市场，提倡私有化、市场化、降税收、削福利、限制政府作用等政策，下决心卖掉表现糟糕的国有企业。时任法国总统密特朗则大唱反调，沉醉于加强国家对经济的干预。1982 年 2 月 11 日，法国颁布了国有化法案，对一大批在法国经济发展中实力强大、地位重要的大企业和大银行实行国有化——共有 36 家私人银行被收归国有，其中包括法国工商信贷银行及其 9 家区域性分行。在实行国有化后，法国政府控制的银行数占其银行总数的比重高达 90%，存款额占比也高达 90%。法国以此加强金融资本与工业资本融合发展，以应对国际金融业之间的激烈竞争。英、法两国在互相掐架中度过了风云变幻的 20 世纪 80 年代初。英国交出了“红火”的经济年增 7% 的成绩单；法国的经济表现则十分糟糕，法国推出了社会福利政策，结果却适得其反。1982 年，法国出现失业大潮，密特朗被迫削减公共支出。在执政末期，密特朗逐渐转向自由主义，企图摆脱因国有银行官僚和垄断带来的低效率及亏损。

1985 年，法国宣布实行国有银行私有化、金融自由化以及银行业重组等改革，希冀改变银行的所有权结构，减少政府控制以提高经济效率，从而发挥金融对经济的推动作用。1985 年，甘保险公司（La Société d’ Assurances GAN）持有法国工商信贷银行财务公司 34% 的股份。甘保险公司是 1968 年法国政府将 11 家国有公司合并而成的保险集团（亦译为法国国民保险集团）。1987 年，法国工商信贷银行区域性分行 100% 的股权都归入了财务公司的名下。1989 年，甘保险公司增大其持股比例——从原先的 34% 上升到 51%，成为法国工商信贷银行的大股东。法国政府对法国工商信贷银行的直接持股转变为通过甘保险公司实现国有资产的间接持股。

1990 年，法国工商信贷银行再度经历一次重大购并。法国工商信贷银行财务公司与法国欧洲联合银行（Bank of the European Union）

合并成法国欧洲联合工商信贷银行（l' Union Européenne de CIC），成为法国工商信贷银行集团全资控股子银行。法国欧洲联合银行是在1920年由法国金融家尤金·施耐德（Eugène Schneider，1868—1942）创立于巴黎，最初的名称为欧洲产业和金融联盟（European Industrial and Financial Union）。施耐德曾任法国里昂银行董事和法国市长。尽管被冠以“欧洲”之名，但法国欧洲联合银行实际上仅拥有在法国本土拓展业务的银行牌照，属于施耐德家族的内部银行，其最初资本为7 500万法郎。1928年，该银行资本增至1.4亿法郎。1946年，这家银行发展为一家投资银行，曾成为投资领域的第一名。在20世纪50年代该银行吞并罗讷汝拉电力公司（Energie Eclectrique Rhone Jura）后，其注册资本由6.63亿法郎激增为10.71亿法郎。1968年，该银行改名为欧洲产业和金融联合银行（Bank of European Industrial and Financial Union）。1970年，该银行的名称更加简洁，即法国欧洲联合银行。1981年，巴龙（Baron）大公将他所持有的法国欧洲联合银行股份出售给法国巴黎银行（BNP Paribas），同年，法国欧洲联合银行巨亏。1982年2月，法国欧洲联合银行正式由法国经济部接管，但其连续亏损的财务状况也让法国政府不知所措。经过一年的协商，法国政府、法国欧洲联合银行管理层及法国工商信贷银行达成协议，由法国工商信贷银行向法国欧洲联合银行增资3亿法郎以改善其财务状况。作为补偿，法国欧洲联合银行将其所持有的博纳斯兄弟公司（Bonnasse Freres Company）85%的股份直接划归法国工商信贷银行，并关停其卢森堡分行，以减少亏损。1988年，法国欧洲联合银行通过转型，将重心立足于服务大型机构客户以及提供资产管理服务的公司投行业务，但仍然没能走出持续亏损的怪圈。法国欧洲联合银行当年报亏 8 100 万法郎，被迫转卖 5 家分行以及价值 2.21 亿法郎的资产包。之后，法国工商信贷银将法国欧洲联合银行购并，结束了其坎坷的一生。法国欧洲联合银行在法国市场上占有重要的地位，不仅为法国工商信贷银行带来了投资银行的基因，也使得该银行更加国际化。在法国，四分之一的中小企业是法国欧洲联合银行的客户，八分之一的个体企业是法国欧洲联合银行客户。法国欧洲联合银行把个人客户市场作为新的战略性优先目标，于 1984 年在中国香港建立代表处，并于 1989 年 2 月在北京建立代表处。

花开两朵，各表一枝。1991 年，甘保险公司持有法国工商信贷银行 81.92% 的股份。1993 年，甘保险公司将持股比例增至 92.64%，而法国政府对甘保险公司控股 80.5%。1996 年，法国朱佩政府发出将法国工商信贷银行私有化的决议，但在当年 12 月，私有化进程宣告中止。半年后，刚上台的法国若斯潘政府按照相同的程序重新启动了法国工商信贷银行私有化进程。

法国工商信贷银行是法国金融业的庞然大物，是与老百姓生活密切相关的零售银行，也是法国历史最悠久的商业银行，它的私有化是新政府面对法国人民最关键的一次考试。经过前期招标，共有 7 家候选人中标，包括后来不复存在的比利时通用银行、荷兰银行、德克夏银行，还有法国巴黎巴银行、法国兴业银行、法国商业信贷银行及法国互助信贷银行。出乎意料的是，作为信用社联合体出身的法国互助信贷银行凭借 200 亿法郎的购买价格，以及法国本土银行的身份，成为当时最重要并购的最终赢家。

法国互助信贷联邦银行（Federative Bank Credit Mutuel）是法国互助信贷银行的母公司。图 1–8 是法国互助信贷银行成立 100 周年（1882—1982）的纪念铜章，铜章直径为65毫米。该银行最早的历史可以追溯至1882年，它的前身是受德国赖夫艾森（图1–8铜章上的人物）信用合作思潮的影响成立于法国阿尔萨斯–洛林的信用社。1895年，法国互助信贷联邦银行成立，成为总部在斯特拉斯堡的农业中央银行的子银行。第一次世界大战后，阿尔萨斯–洛林回归法国，联邦银行（Federative Bank）成立。1941年，联邦银行与当地农村商业银行（Rural Bank）合并，并于1992年启用了现名——法国互助信贷联邦银行，成为众多小银行的控股公司。1998年，法国政府宣布购并成功，法国互助信贷联邦银行成为法国工商信贷银行欧洲联合银行的主要股东，持股67%；同时，甘保险公司保留其持有23%的资本（另外7%计入工资）。1999年，法国工商信贷银行欧洲机构合并成法兰西岛大区银行（Île-de-France），作为法国工商信贷银行所有下属区域银行的领导中心。合并后的架构也经历了新的变化，银行迈出了国际化步伐，如参股突尼斯银行（Bank of Tunisia）等。

图1–8　法国互助信贷银行成立100周年（1882—1982）纪念铜章

2000年，法国工商信贷银行与法国互助信贷银行联盟建立了全新的组织机构，以唯一的信息中心为基础发展其销售网络和业务网点。法国工商信贷银行的公司架构经历了新的变化，法国互助信贷银行还收购了甘保险公司。之后，法国工商信贷银行的机构主要分布在六大核心区域，该银行还拥有摩洛哥商业银行和突尼斯银行两家外国银行。此外，法国工商信贷银行在英国、比利时、阿尔及利亚等国还扩大了金融势力。重组依然不断，直至2011年，一系列“从公有到私有”“从重组到合并”的变更才告一段落。多年的购并导致银行的名称越来越长，人们只能称这家银行为法国互助银行工商银行集团（简称CM-CIC）。

国有化与私有化之争

作为法国历史最悠久的商业银行，法国工商信贷银行的沿革不仅记载了法国金融史的演化过程，还为国有化、私有化的改革提供了研究价值。国有化并非是与社会主义国家相联系的经济现象，生产资料国有化古已有之，但与生产社会化相关的国有化则是在19世纪中叶的工业化浪潮中出现的。在欧洲，“铁血宰相”俾斯麦在德国实行过长时间的国有化运动。恩格斯表示，国有化的出现是社会化大生产的客观需要，但他也表示，适合国有化的生产力只能是那些不适合任何其他管理的生产力。在法国，国有化有着悠久传统，法国企业国有化最早可追溯到17世纪国王路易十四的“皇家股份公司”。崇尚重商主义者和民族主义者在法国始终占有重要的地位。19世纪，法国就有了国有企业。第一次世界大战时，法国政府控制了烟草专卖、邮政储蓄、军火制造业、运输业、保险业及粮食贸易。

肯定或否定国有企业制度的人都喜欢拿法国说事。法国左、右翼政党及其理论家常赞成或反对国有化划分。第一次世界大战后，左翼政党长期执政是法国选择国有化发展道路的重要因素。戴高乐政府选择了一条与西德自由经济政策完全不同的道路。戴高乐试图通过国有化、结构改革以及经济计划，使国家有效地干预国民经济活动。之后，法国生产恢复，社会稳定，经济总量一度雄踞全球第四。面对20世纪30年代世界经济危机和战后重建，欧洲资本主义国家经济学理论和国家政策取向也都发生了重大变化，一股国有化的浪潮随之兴起。人们认为政府不能仅仅充当私人经济的“守夜人”，而应当成为社会经济活动的直接参与者和调节者。20世纪50~60年代的主流发展经济学家们［如刘易斯（Lewis，1955）、格申克龙（Gerschenkron，1962）等］还从理论上论述了国有银行对经济的促进作用。从20世纪80年代中期开始，为了克服国企的官僚和垄断带来的低效率和亏损，在全球私有化运动的推动下，法国又进行了大规模的国有企业改革。

回顾西方社会的银行和企业，它们时而私有化，时而国有化，却并非死守价值观不变。宣扬私有化的英国就经历过1945—1951年、1957—1979年两次国有化阶段，两次国有化持续的时间还不短。西方各国的国有化和私有化浪潮的起落可谓错落有致。20世纪50~60年代，当英、法等国通过国有化来解决社会经济问题时，德国反其道而行之，通过进一步的私有化来推进本国经济发展。总体来看，各国基于现实的取舍，对关系国家安全、公共福利和重要国计民生的少数企业坚持国有化；对竞争性行业讲求效率、收益和成本，不让其成为政府财政的累赘，若其改善效果不佳，则通过私有化来对其进行改造、改变。在社会经济面临危机的时期，政府又反向操作，通过对企业、银行实施国有化，加强政府控制，强化政策传导以增强市场信心。

次贷危机可谓最近一次西方国家大规模实施国有化的动因。作为现代私有化诞生地的英国率先举起“国有化”的大旗，对陷入次贷危机的诺森罗克银行（Northern Rock Bank）实行国有化，继而花费巨资将其大部分本土银行收归国有。欧盟各国紧紧跟随，一时间，银行国有化成为主流，欧洲各国政府注入银行资金达到创纪录的1.9万亿欧元。美国是自由资本主义的旗手，一贯反对以政府的“有形之手”替代市场的“无形之手”，但英国的银行国有化措施解除了美国的心理防线，于是美国国会通过了7 000亿美元的第一轮救市计划。“末日博士”鲁比尼称，让银行“国有化”是唯一选择，否则美国经济将无法摆脱螺旋式下滑的泥潭。德国亦实行了新一轮国有化浪潮。2013年，德国电力行业掀起反私有化风暴，首都柏林全民公投欲将电网收归国有，以驱逐控制柏林电力的外国公司。撒切尔夫人悲哀地看到，由她倡导的自由主义遭到质疑，甚至在英国，自己反对的国有化、增税和凯恩斯主义经济学再度流行……

其实，无论国有化还是私有化都不是灵丹妙药。固然西方国有企业普遍存在效率低下、效益低下、财务约束软弱等弊病，然而私有银行也未见能发挥良好的公司治理作用——贪婪地追逐私利使不少私有银行深陷金融危机，面临亏损深渊。欧美政府为了防止市场信心陡然下降，阻止经济衰退演变成经济灾难，只能通过国有化来“救火”。然而，欧美国家实施的国有化并不等同于社会主义的国有化，其目标是帮助私人资本家度过危机。政府持股只是权宜之计，政府在接手的时候就已经考虑好了退出机制。一旦市场恢复稳定，政府则会尽快把手中的股份转让给私人投资者，将国有企业和机构重新私有化，并收回国有化投资成本。前些年，欧美普遍实施的银行国有化只是临时举措，是战术上“妥协”的行为，其根本目的是拯救资本主义的市场经济。

私有化是资本主义的立国根本。当金融风波平息时，我们可以预见欧美第三轮银行私有化高潮的来临。已经有人指责，政府对金融危机的救援行动虽然避免了灾难的扩大，却导致了道德风险，破坏了市场规则，也让借贷政治化。他们还怪罪国有化影响了市场效率。历史上对国有化的争论从未停息过，就像云卷云舒、潮起潮落一样。然而，熊掌和鱼能够兼得吗？

百年恩怨，是耶非耶

——细说阿尔及利亚的法国殖民银行

百年风云，币章留痕。图 2–1 是一枚 19 世纪的法国阿尔及利亚银行古银章。该纪念章为银制八角形，重 19 克，直径为 37 毫米。银章的一面镌刻着银行名称“阿尔及利亚银行”(Banque de l’Algérie)。该银章与法兰西银行开业纪念银章较为相似，这是否也暗示着两家银行的特殊关系呢？由于银章发行的时间久远，我对这枚纪念章的发行情况了解甚少，仅查询到该银章的两种版本——分别发行于 1845—

图 2-1　法国阿尔及利亚银行纪念银章

1860 年和 1860—1879 年。该银章的设计刻模师为保罗·约瑟夫·雷蒙·加亚尔（Paul Joseph Raymond Gayrard，1807—1855），他是法国著名的雕塑家、币章设计师，他的父亲也是法国著名的币章设计师。

“债务”战争

18 世纪末至 19 世纪初，随着工业革命的进展，世界资本主义进入了以自由贸易、自由竞争为特征的自由资本主义阶段，夺取广阔的商品市场和原料产地成为欧美列强外交政策的主要内容。地处地中海南侧且同欧洲近在咫尺的马格里布国家（包括阿尔及利亚、突尼斯和摩洛哥三国），已经丧失了昔日同欧洲国家抗衡的力量，日渐走向衰落。历史上，阿尔及利亚是游荡在强大邻国中间的荒芜之地，曾被罗马帝国和奥斯曼帝国占领过。西方列强中的法国对阿尔及利亚的侵略野心尤为强烈。18 世纪，法国马赛一家公司在阿尔及利亚获得了粮食贸易专营权，从阿尔及利亚购置了大量粮食，欠下了巨款却拖欠不还，到 1815 年，其债款总额达 1 380 万法郎。1827 年 4 月 29 日，阿尔及利亚统治者侯赛因在接见法国驻阿尔及尔（阿尔及利亚首都）的领事德瓦尔时，询问法国政府为何对债务问题一直不予答复。德瓦尔傲慢无礼地回答：“我国政府不给您回信说明您的请求无效。”德瓦尔的蛮横态度令侯赛因大为恼怒，侯赛因命令德瓦尔立即离开，德瓦尔却不予理睬。愤怒的侯赛因顺手用扇子朝德瓦尔的脸上打去，这就是所谓的“扇击事件”。法国政府认为自己受到了侮辱，遂派海军舰队开往阿尔及尔，要求侯赛因道歉，限令其 24 小时内答复，但被侯赛因拒绝了。于是，两国断交，法国封锁了阿尔及利亚港口。1830 年年初，法国国内局势日趋紧张，查理十世决定利用债务问题引起的纠纷对阿尔及利亚发动侵略战争来转移国内视线，以获得战争的胜利来拯救王朝。

从罗马时代开始，西方国家便明白金钱来自枪炮的道理。法国陆军部长席拉尔毫不掩饰法国的侵略动机："这次军事征服基于迫切需求……为了解决我们人口过剩的问题，推销我们工厂的产品，交换由于本国土壤和气候问题以至我们没有的其他产品，我们必须开辟一个广泛的出口市场。"1830 年 6 月，法国远征军团进军阿尔及利亚，拉开了列强吞并马格里布各国的序幕。

1830 年 7 月 5 日，法国占领了阿尔及尔。侯赛因皇宫被抢劫，被劫黄金 1.5 万磅、白银 22 万磅，加上其他物品，总计 5 500 万法郎。侯赛因于 1830 年 7 月 27 日被流放，在 1838 年死于埃及。1834 年，法国宣布阿尔及利亚为属地。殖民军队烧杀掳掠，犯下的野蛮罪行罄竹难书。阿尔及利亚的部落坚决抵抗，多次打败法军，还建立了独立的艾米尔国。阿尔及利亚的反侵略战争延续了 20 年之久，法国遭到严重损失，消耗了巨额军费。但是，法国也如愿得到了"补偿"——法国出口阿尔及利亚的商品由 1839 年的 2 580 万法郎增加到了 1843 年的 5 100 多万法郎。法国诺曼底和阿尔萨斯大区的产品找到了广阔的市场。此外，法国投资的大量项目开工。在 19 世纪 70 年代之前，法国完全确立殖民统治的只有阿尔及利亚，并以阿尔及利亚为立足点，带动整个北非经济的殖民化。1843 年，阿尔及尔纳税总额高于 1 600 万法郎。1844 年，阿尔及尔年商业交易额为 6 450 万法郎。从 1831 年 6 月开始，法国成立了阿尔及尔事务管理局，派出一名行政总监领导殖民地事务，后来又设置了总督。大批法国人及欧洲人来到阿尔及利亚定居，至 1954 年，大约有 100 万欧洲裔（主要是法裔）在阿尔及利亚生活和经商。国际红十字会的创始人亨利·杜南就曾是一名在阿尔及利亚经商的瑞士银行家，不过他在阿尔及利亚的贸易公司于 1867 年破产，他还被逐出红十字会组织，甚至差点儿被人篡夺了创始人的荣誉。

殖民金融

让法兰西银行在法国各地设立分行，一直是拿破仑对法兰西银行的偏爱，他对政治与金融的关系颇有心得。他的侄子拿破仑三世实现了他的夙愿。1844 年，法兰西银行先后在 11 个外省城市设点，其他城市的银行由拥有印钞特权的地方银行替代，但其海外殖民地的货币发行与银行设立倒是一个空白。

面对让人焦头烂额的殖民地治理，一些法国政治家提及，在法国海外殖民地设立银行对缓解矛盾具有重要作用。法国战争和财政部部长强调，在阿尔及利亚设立银行，“能够吸引资本和扩展信贷业务，便于欧洲公民扩展其安居的领土，有助于发展欧洲的农业和商业，达到政经双管齐下的目的”。政治家们呼吁，巩固殖民地的统治需要完备的金融体系支持。法兰西银行既享有金融上的特权，也应承担政治责任，不能光考虑“狭隘的算计和眼前的利益”。面对此舆论，法兰西银行高管们有些挠头。虽然当时已有不少法国人移居阿尔及利亚，但法兰西银行的内心还是恐惧的，它看到阿拉伯世界虽被武力震慑和征服，但并没有真正妥协，战火并未消停，人心更没有屈服。法国在非洲驻扎有 82 000 名士兵，并陆续增加兵力。北非殖民地和法国之间有一种绝对的、根深蒂固的敌意，殖民地时刻窥视着任何可以摆脱枷锁的时机。

可见，初期建立跨国银行源于殖民统治之需。法国空想社会主义者圣西门的门徒安凡丹神父曾指出："只有得到银行的协助，殖民化才有可能实现。"法兰西银行在1845年5月的报告中以历史视角指出了19世纪中叶法国政府对殖民地金融的企望。1845年3月13日，法兰西银行董事勒让蒂（Legentil）讲道："征服过后，行善者的时代跃然而至。征服需要武力，巩固则依靠文明。我们目前基本完成了在阿尔及利亚的第一步任务，第二步随即开始。要想在将来成功地抹去战胜者的形象，让人们只看到行善者的形象，我们就必须让阿拉伯世界的人们诚心地同意牺牲他们强烈的独立愿望。商业贸易将是政府的最有力助手。商业贸易可以促进社会劳动，通过接触文明的民众而熏习旧俗，启发协议各方仁爱相待。商业贸易的高效性主要在于，它可以润物细无声般渗透到人们日常生活中，而不需要在外在强势下逼迫人们接受。商业贸易想要实现这个上天给了的使命，就必须以其最终目的为标准，不断发展。商业贸易的扩展则需以信贷为支撑。信贷使得资本多次转手，使得交易量翻倍。在信贷过程中，人们会追寻信誉，这恰恰可以使人们产生规律、秩序和信守承诺的习惯。信贷会使人们铭记，诚信或许不是良心的义务，却是最后的赢家。我们不曾置疑信贷强大而积极的影响力，外界那些看重我们殖民地——阿尔及利亚——繁荣发展的人都认同建立并巩固信贷业务的必要性。"

关于殖民地金融的政治重要性论述，没有比这份170多年前的报告讲得更透彻的了。简而言之，政治家们希望银行家在殖民地商业金融领域开展另一场战争，期盼金融软实力能比枪炮发挥更大、更久的作用。

不过，银行家并不为之所动。和拿破仑时代的中央银行行长一样，时任法兰西银行行长的安托万·莫里斯·阿波里耐·德阿尔古（Gouverneur Antoine Maurice Apollinaire d’Argout）也不倾向于新增分行，尤其是在海外殖民地。为了避免激怒政府，他采取了拖延时间的策略。1845 年 3 月 13 日，法兰西银行在调研报告中虽然肯定了在阿尔及利亚设立银行的重要性，但又从地区安全、战争风险、经营与贷款隐患等方面罗列了一堆反对意见：信贷源于信任与安全，在阿尔及利亚不存在这种信任与安全；交易保障和担保承诺难以实施，当地徇私舞弊的情况可能会比较严重，殖民地总督的无限权力可能会导致硬性借贷；存在与英国交战的潜在风险，动乱环境中的银行资产存在安全问题；殖民地需要降低利息水平，但这会导致资本撤离、服务受损，会增加增资压力……法兰西银行还狡猾地强调其是政府的左膀右臂，不能违背政府的主要使命和目的去建立阿尔及尔分行。损害法兰西银行利益的事情会带来严重后果，况且 1808 年 1 月 16 日的法令只允许在法兰西共和国的省份建立分行，但当时的阿尔及利亚并不是法兰西领土的一部分。

在权衡政治利益和经济利益时，后者必须服从前者。在法国政府从“公众利益”角度发出“爱国”号召后，法兰西银行起初充耳不闻，并被人指责缺乏大局意识，不讲政治。在政治压力不断增强的情况下，法兰西银行终于在 1845 年 4 月通过了在阿尔及尔建立分行的决议。该分行总资本为 1 000 万法郎，其中 200 万法郎由法兰西银行投资。如果该银行股东要求该银行由法兰西银行总理事会成员领导，那么总理事会成员将以股东代表的身份而非董事的身份处理该新建机构事宜。法兰西银行虽然只占少数股份，但承担其经营管理的职责。法国皇室于 1847 年 12 月 16 日下发了关于“组建阿尔及尔现金贴现分行”的法令，银行随即开始募集资本，至 1848 年 2 月，共募集到 34.37 亿法郎。然而，当时法国革命的各种动乱已见端倪，从而导致了股份认购暂停。1848 年 7 月，法兰西银行对相关股东进行赔偿，其分行的第一次筹建活动宣告失败。

1851 年后，法国政府对殖民地金融的需求更加迫切，筹建阿尔及利亚银行的议题再次被提及。政府征询法兰西银行的意见，法兰西银行还是予以拒绝。1851 年 8 月 4 日，法国政府通过法令建立了阿尔及利亚银行，该银行与法兰西银行并无资本关联（法兰西银行只是给这个“新客户”提供了 400 万法郎的现金贴现额度）。新银行的初期业务仅限于阿尔及尔的商业聚集区，后逐渐延展至整个阿尔及利亚，并于 1904 年延展至突尼斯。该银行在阿尔及利亚和突尼斯共拥有 36 家分行和代表处，以及 1 家在 1923 年开设的货币印刷厂。

金融资本无疑对经济殖民化起到了重要作用，殖民地的经济迅速腾飞，银行协助法国资本逐步控制了阿尔及利亚的经济，包括航运、铁路、外贸及项目工程等。阿尔及利亚成为法国的农业和原料供应附庸，并逐渐沦为法国的经济附庸。阿尔及利亚统治阶级向法国银行大量融资，阿尔及利亚的主权也随之一步步丧失。1863—1865 年，法国两次对突尼斯发放巨额贷款，使突尼斯的债务达到 1.25 亿法郎。突尼斯每年应还利息就占其财政收入的一大半，这导致突尼斯经济破产。法国随之发动军事侵略，使突尼斯成为法国的殖民地和附庸国。阿尔及利亚银行的势力范围也向突尼斯延伸了，该银行随后改名为阿尔及利亚和突尼斯银行（Banque de l’Algérie et de la Tunisie par Baudry）。

据殖民地依附理论学者的研究，阿尔及利亚自 1860 年（突尼斯自 1890 年）起形成白人移民经济，对推动殖民地银行业的发展起了关键作用。1920—1945 年，法国加快了阿尔及利亚的经济趋同化。阿尔及利亚承担了向法国提供矿产和农业品的任务，其外贸进出口的 80% 左右围绕法国进行并成为法国经济和社会的延伸。阿尔及利亚成为法国最大的殖民地，比其他殖民地的总面积还要大。阿尔及利亚的产出更加单一、经济结构更加畸形，其土地被大量掠夺，手工业加速衰落。殖民地的发展掠夺了部落的土地和财产，千百年来其自然经济基础上的古老经济形式被破坏。这虽然推动了商品经济的发展，但带来了贫富差异的扩大，当然也为其反侵略的独立斗争集聚了力量。

图 2–2 是 1930 年发行的阿尔及利亚和突尼斯银行大铜章。该铜章重 223 克，直径为 78 毫米。铜章中的法国姑娘和北非姑娘紧握双手，象征着法国与殖民地的"精诚团结"。

图 2–2　阿尔及利亚和突尼斯银行纪念铜章

诚然，阿尔及利亚和突尼斯银行在殖民地金融中发挥了“独特”的作用。例如，承担法国海外殖民地中央银行职能的并不是法兰西银行，而是阿尔及利亚和突尼斯银行，该银行掌控了阿尔及利亚和突尼斯的货币发行权。由法国资本控制的摩洛哥国家银行则控制了摩洛哥的货币发行权。阿尔及利亚殖民地使用的货币是法属阿尔及利亚法郎，其纸币或硬币材质、大小、图案与法国本土的相似，只是币面上印有阿尔及利亚的名字。阿尔及利亚银行自 1851 年起就拥有在阿尔及利亚发行货币、办理贴现等特权，并以阿尔及利亚的中央银行自居。1904 年，阿尔及利亚银行又获得了在突尼斯发行货币的特权。第二次世界大战前，法国政府一直希望将阿尔及利亚银行划归法兰西银行，改变多头管理模式，但法兰西银行不同意在阿尔及利亚拥有自己的子银行，强调中央银行的主要职能是货币而非信贷。法兰西银行认为，若自身过于行政化，那么这会使殖民地的商业交易更加复杂。这场争论一直持续到 1946 年 5 月阿尔及利亚银行被国有化。第二次世界大战后，法国政府希望北非殖民地能够加快与本土融合，但非洲独立的浪潮浇灭了法国的希望之火。1958 年，阿尔及利亚和突尼斯银行终止了在突尼斯的业务。1958 年 10 月 1 日，阿尔及利亚和突尼斯银行恢复阿尔及利亚银行的名称，在突尼斯的工作人员大多数被留在了阿尔及利亚的分行和代表处，极少数回到了巴黎总部。

法国与阿尔及利亚殖民地密切的经济联系促使法国商业金融机构大举进入阿尔及利亚。法国的阿尔及利亚银行公司（Banque Compagnie Algérienne）、土地信贷银行、巴黎联合银行和东方汇理银行等金融机构纷纷在阿尔及利亚和北非设立了商业性银行机构。图 2-3 是法国的殖民地银行阿尔及利亚银行公司纪念铜章，铜章发行于

1925 年。铜章上刻有白人农场和港口图案，反映了该银行公司的服务对象。该银行公司是法属阿尔及利亚著名的银行公司，隶属于法国巴黎联合银行控制的米拉波公司。阿尔及利亚银行公司拥有 180 多家子公司，从事法国与北非殖民地的贸易业务，并给法国移民提供农业金融服务，广泛介入阿尔及利亚工商业、农业和地产业，其势力还扩张到突尼斯和摩洛哥。随着殖民地的独立，阿尔及利亚银行公司正式关闭于 1960 年 11 月。

图 2–3　阿尔及利亚银行公司纪念铜章

图 2–4 中的海报由阿尔及利亚银行公司发布于 1920 年，是为法国政府发行战后重建国债做宣传。由此可见，殖民地也是法国政府的一块“吸金地”。海报描绘的是阿尔及利亚的一个码头，几个男人赶着一群羊，注视着一艘正在装载货物或许即将启航开往法国的轮船。海报由法国艺术家亨利 · 维兰（Henri Villain，1878—1938）绘制，他曾就读于位于巴黎的法国美术学院，并在荷兰、意大利和达尔马提亚

海岸工作和生活过。1910 年，亨利·维兰移居阿尔及利亚，并以东方主义画风蜚声当地。

图 2–4　1920 年阿尔及利亚银行公司海报

法国地产信贷银行是法国另一家古老的银行，成立于拿破仑三世时期的 1852 年。图 2–5 是阿尔及利亚和突尼斯地产信贷银行成立 50 周年（1880—1930）纪念铜章。铜章重 113 克，直径为 63 毫米，发行于 1930 年。铜章的一面有一位捧花的法国女子，她两边的矮墙上有贝都因人耕耘土地和放牧骆驼的图像；铜章的另一面是阿尔及利亚首都阿尔及尔。1920—1940 年，法国地产信贷银行是法国十大银行之一，该银行早期直接在阿尔及利亚从事业务。1880 年，法国成立殖民地银行——阿尔及利亚和突尼斯地产信贷银行。该银行在北非拥有广泛的分行网络，主要从事抵押贷款业务和农业信贷业务。1903 年，在阿尔及利亚和突尼斯地产信贷银行购并了突尼斯地产银行后，其业务延伸至突尼斯及摩洛哥，该银行拥有 180 多家分行。后来，阿尔及利亚和突尼斯地产信贷银行被法国兴业银行收购。至今，法国兴业银行仍然在阿尔及利亚具有广泛影响。

图 2–5　阿尔及利亚和突尼斯地产信贷银行成立 50 周年（1880—1930）纪念铜章

图 2–6 为庆祝阿尔及利亚和突尼斯地产信贷银行董事长安德烈 · 勒邦（André Lebon）荣升法国荣誉军团勋章高等骑士勋位而发行的纪念铜章，其设计师为多泰尔（Dautel）。

此外，法国工商信贷银行、法国商业信贷银行、巴黎荷兰银行、洛希尔兄弟银行也在阿尔及利亚开设机构，收购、控制矿产公司，等等。法国及欧洲的银行业垄断了殖民地的金融，其在资源配置方面存在严重的殖民偏见。自 1901 年起，法国的互助信贷机构开始在阿尔

图 2–6　阿尔及利亚和突尼斯地产信贷银行董事长安德烈·勒邦纪念铜章

及利亚开办业务，主要服务于法国及欧洲移民——为他们提供融资，协助他们从原住民手中购买土地并开办农场。法国殖民地银行对当地原住民普遍存在信用歧视。原住民一般极难得到融资，被迫求助于高利贷。银行业助推“马太效应”的行为，加剧了殖民地农业两极分化和土地剥夺。1953 年，阿尔及利亚农业产值中隶属于欧洲农场的占比高达 65.5%，遂使富者恒富、贫者愈贫，殖民地金融的政治特性凸显无疑。

时光荏苒，百年金融历史如白驹过隙。图 2–7 是阿尔及利亚银行成立 100 周年（1851—1951）纪念银章。银章重 172 克，直径为 76 毫米。银章边铭刻有设计刻模师的签名，其全名为乔塞特·赫伯特 – 柯埃凡（Josette Hebert Coeffin，1908—1974）。他是法国塞大尔（Sèvre）作坊著名的币章刻模师。在 1937 年的国际展览中，他曾因精湛的技艺获得金牌，也曾获得工业支持协会的金牌。此枚具有现代装饰风格的艺术大银章是乔塞特·赫伯特 – 柯埃凡的扛鼎之作。虽然由于各种原因，殖民地金融历史的档案资料短缺，成为银行史研究中的薄弱一环，或为人们所忽略及遗忘。好在金属的记忆难以磨灭，殖民地历史密码、币章里的金融之谜必将被破译，而银行的历史将得以重现。

图 2-7　阿尔及利亚银行成立 100 周年（1851—1951）纪念银章

百年恩仇

100 多年来，法国与阿尔及利亚之间的是非恩仇，一言难尽。图 2-8 是一幅第一次世界大战时期的金融海报，由阿尔及利亚和突尼斯地产信贷银行赞助发布，呼吁民众认购法国政府于 1918 年发行的第四次国债。这张金融海报的创作者乔治·克莱兰（Georges Clairin，1843—1919）是法国插画家和东方主义画家。海报中，一群阿尔及利亚和突尼斯士兵正骑马奔赴战场。1914—1918 年，法国军队部署了 172 800 名来自阿尔及利亚的士兵和 60 000 名来自突尼斯的士兵前往欧洲作战，造成大量人员伤亡。

图 2-8 第一次世界大战时期，阿尔及利亚和突尼斯地产信贷银行呼吁民众认购法国国债的金融海报

第二次世界大战中，阿尔及利亚的重要性更加凸显——法国本土基本被德国占领，阿尔及利亚成为法兰西民族解放委员会和法国临时政府所在地。法国更加依赖北非的金钱和人力了，它们帮助法国还清了英国的全部贷款，并支持法国的抗德战争。在法国本土作战的 40 万名士兵中有 30 万人是非洲黑人士兵。

最终，阿尔及利亚及北非的人民开始为自己而战了。在法国统治阿尔及利亚的 100 多年中，穆斯林强大的宗教文化没有被中断，阿尔及利亚的民族性没有消逝。法国在失去了中南半岛之后，倍加重视阿尔及利亚殖民地。然而，令法国恐惧的民族独立运动此起彼伏。1956年，法国在阿尔及利亚的驻军超过40万人，法国征集了大量兵力，控制了阿尔及利亚的公路、学校、医院、发电站。为了防止有人进行破坏，法国还派遣1.5万名特种部队军人在叛乱地区抓捕造反者。枪炮下的统治怎能持久，为了维持阿尔及利亚殖民地，法国在军事、经济及道德上的成本不断增加。法国国内反对声音巨大，国际社会普遍同情非洲独立运动。同时，战后法国的军事力量和国际地位下降，使法国不能再忽视来自强国的压力。在经历了一系列血雨腥风的悲惨事件后，阿尔及利亚终于走向了独立的道路。1962年3月18日，法国与阿尔及利亚民族解放阵线签署了《埃维昂协议》，同意阿尔及利亚举行公民投票决定是否独立。1962年7月1日，阿尔及利亚选民在投票中几乎一面倒地赞成独立。同年7月3日，法国承认阿尔及利亚为独立国家。在阿尔及利亚独立后，大批移民（包括北非的欧洲后裔）因害怕报复而涌回法国，也有不少法国人因难以割舍阿尔及利亚而不愿回法国。因此，在法国也生活着大量的阿尔及利亚移民的后代。直至今日，法国仍面临严重的北非移民问题。

皮之不存，毛将焉附。作为早期的跨国银行，阿尔及利亚银行虽然带有殖民地的原罪，但也曾帮助殖民地发展经济，促使其储蓄向投资转化，解决了阿尔及利亚因以农业为主导而产生的问题，推进了大量工业化项目和基础设施建设。然而，殖民地人民并不理会法国银行的“行善者”行为。1962年，阿尔及利亚在独立后收回了中央银行和货币发行主权，阿尔及利亚银行的工作人员只得返回法国本土。1962年6月9日的法国法令允许阿尔及利亚银行的851名员工在“特殊框架”下将编制纳入法兰西银行。其余1 420名已退休或买断早退的员工则被边缘化，他们只能享受阿尔及利亚银行养老金（独立机构）待遇。1963 年是这家银行的结束之年，之后的几年“特殊框架”不复存在，所有在阿尔及利亚银行工作的人员可享受法兰西银行员工待遇。1998 年，阿尔及利亚银行最后一名在职员工退休，曾作为殖民地中央银行的阿尔及利亚银行的历史谢幕了。

历史的一页已经翻过，是非恩仇渐渐被人们淡忘，然而图 2–9 的一枚大铜章却留下了阿尔及利亚银行盛衰兴废的金属记忆。这枚阿尔及利亚银行闭行纪念铜章发行于 1963 年，重约 120 克，直径为 66 毫米。该铜章为实名制发行，每枚铜章上都刻着员工的姓名。考虑到当时银行工作人员的人数，铜章至少发行了 2 300 枚。铜章的一面是一名头戴盔帽的法国女郎，她目光里透露出无限忧虑，沉湎于对美丽的殖民地国土和阿尔及利亚银行昨日辉煌的回忆之中，“情谊”难以割舍；铜章的另一面则刻着阿尔及利亚银行 112 年（1851—1963）殖民地金融的年轮。

图 2–9　阿尔及利亚银行 112 年闭行纪念铜章

遗落非洲的法郎

——非洲法郎区和它的银行

FEMME
KASSONKÉ
KAYES

我在《世界金融百年沧桑记忆 1》中的《终结的货币》一文中写到，近 3 000 年来，货币都与主权紧密联系，但欧元的诞生却改变了这一切，货币发行开始与单个国家主权脱离。自欧元诞生后，法国告别了诞生于 1360 年且延续了 642 年的古老货币，告别了承载着法兰西历史、文化、情感和“自由”精神的法郎，这怎能不令人暗自神伤呢？但令人感到慰藉的是，法郎依然在非洲流通。原来，欧盟并不是废除主权货币的第一个吃螃蟹者。在欧元诞生之前，非洲大陆已经率先实行了货币与主权国家相脱离的政策，而且至今依然正常运行。这种货币就是流通于西非和中非的非洲金融共同体货币——非洲法郎。

非洲的“乳娘”？

图 3–1 是 1961 年发行的西非国家中央银行（Banque Centrale des États de l’Afrique de l’Ouest）的大铜章。铜章重 87 克，直径为 60 毫米。铜章的一面是头顶大盘的非洲妇女，她是瓦加杜古（Ouagadougou）地区博博迪乌拉索的迪乌拉妇女（Bobo Dialousso Femme Dioula）。头

顶东西是独特的非洲风俗：孩子顶着书包上学，妇女顶着农具下田，男人顶着材料去工地。他们走路四平八稳，不时还扭身摆臀，显得轻松自如。铜章的另一面是布基纳法索（原名上沃尔特）的地图，地图中的瓦加杜古是布基纳法索首都，铜章上还刻有茅屋、椰树图案和 1961 年 12 月西非国家中央银行（瓦加杜古）的法文。上沃尔特原为“法属西非”的一个省，1958 年 12 月成为“法兰西共同体”的一个自治共和国，1960 年 8 月 5 日获得完全独立，1984 年 8 月 4 日改国名为布基纳法索，意为“有尊严的国家”。铜章上刻着法国著名刻模师的签名，其全名是埃米尔·阿道夫·莫尼耶（Emile Adolphe Monier，1883—1970）。他擅长雕刻，曾设计刻模了一套 8 枚的非洲妇女浮雕铜章——代表法国西非殖民地参加了 1931 年的世博会。

图 3-1　西非国家中央银行纪念铜章

法国政坛长久以来流行一句话：如果没有了非洲，法国就会成为二流国家。在“非洲独立年”50周年的2010年，法国举行了盛大的国庆日阅兵，阅兵的亮点是：12位非洲国家元首作为特约嘉宾观礼，13个非洲国家士兵组成威武雄壮的黑色方阵，成为更吸引人们眼球的主色调。时任法国总统萨科齐解释说，法国并非“出于怀念非正义和错误的殖民主义的动机来组织这次活动的”，而是为了展示法、非“特殊关系”及其历史渊源。法国人强调自己是使非洲成长为现代文明社会的“乳娘”。法、非交织着200多年的“感情与纠结”，虽然那段历史不堪回首。

图3–2是一枚1960年发行的西非国家中央银行大铜章。铜章重114克，直径为58毫米。铜章同样由埃米尔·阿道夫·莫尼耶设计刻模。铜章的一面是西非妇女头像，文字说明为“马里科伊地区的卡桑克人”；铜章的另一面是正在劳动的西非妇女、地图和“西非国家中央银行及马里首都巴马科”的文字。

图3–2　西非国家中央银行纪念铜章

西部非洲的货币史

从16世纪起，老牌殖民主义法国就在非洲参与了野蛮、肮脏的奴隶贸易。19世纪中后期，以法、英为首的欧洲列强掀起了瓜分非洲的热潮，疯狂的扩张首先从西非开始。经过激烈争斗，法国占领了西非大部分领土，加上摩洛哥、突尼斯和马达加斯加等，辖占非洲总面积的35.9%，居列强之首；英国紧随其后，占领非洲总面积的29%；德国、比利时、意大利、葡萄牙各占领非洲总面积的7%左右。法属非洲是法国从1895年至1932年在非洲所有殖民地的历史名称，包括法属西非和法属赤道非洲。法属西非成立于1895年，面积近470万平方千米——从非洲大陆最西端一直延伸到撒哈拉沙漠深处。法属赤道非洲成立于1910年，囊括了法国在非洲中部的领地——从刚果河一直向北延伸到撒哈拉沙漠。此外，在第二次世界大战后，法国还托管了多哥和喀麦隆这两个原德属殖民地。

在殖民地经济研究中，殖民地货币银行制度常是学者研究的短板。从货币角度来看，虽然西非是全球黄金资源最丰富的地区之一，但在被殖民前，当地人并未将黄金制作成货币，而是将盐、布块甚至石块作为交换等价物，且格外偏爱铜和铜合金制品。大量黄金流入欧洲并被制成硬币，而欧洲铜制品则出口非洲。14世纪，阿拉伯商人将珠贝运到西非的马里王国并作为货币使用。欧洲商人见此有机可乘，便从印度洋和马尔代夫群岛大量进口珠贝，以交换奴隶和其他商品。

非洲使用法郎的历史一般追溯到19世纪中叶。据考证，1820年，法国的金属货币“埃居”首先进入非洲，在当地被称为古尔德。与法国硬币同时流通的还有当地货币“可里”（Cauri）——一袋“可里”

价值7个法郎。英国、奥地利、巴西、墨西哥、葡萄牙等外国货币也流通于市。为了驱赶其他外国货币，法国统治者采取了行政措施。例如，1891年，法国实行人头税，促使法郎的使用，并逐步推动法属西非、安第斯群岛、西印度群岛、印度洋诸岛形成法郎区。20世纪30年代，法国为了抗衡其他西方强国和维护法郎的国际货币地位，组建了非洲法郎区（包括15个国家），初期由法国政府发行法属非洲殖民地法郎。被授权在殖民地发行货币的第一家银行是塞内加尔银行（Banque du Sénégal），它创立于1853年，总行设在当时的殖民地首都圣路易。由于资金有限且不能满足法属西非和法属赤道非洲货币需要，塞内加尔银行于1901年关闭，取而代之的是西非银行（Banque d'Afrique Occidentale），它的资本比塞内加尔银行雄厚。1920年，西非银行的货币发行权扩展到法属赤道非洲。西非银行总部设在巴黎，它通过清算账户同法国国库建立密切联系，这一结算手段在法国及其殖民地之间的经济联系中起着关键性作用，是法郎区形成的基础。第二次世界大战以前，法属殖民地都把它们自己的货币以平价斗斗地与法国法郎挂钩。1955年，法国政府将非洲的货币发行权移交给法属西非殖民地和法属赤道非洲殖民地地方政府。

第二次世界大战后，非洲独立运动浪潮犹如排山倒海般蔓延至整个大陆。1958年8月，戴高乐进行了法属非洲殖民地之旅。非洲是戴高乐战斗过的地方，他对此有着熟悉的故地记忆。他每到一处，民众的热情欢迎便会让他心潮澎湃。戴高乐热衷推销“法兰西共同体”，然而两年内法属非洲国家相继宣布脱离。在几内亚独立时，气急败坏的法国人带走了包括电话和文具在内的所有办公物品和设备，几内亚整个政府机构陷于瘫痪。然而，气愤并未阻碍非洲殖民地强烈的独立愿望。在非洲独立后几年，法国军队曾多次介入非洲事务，但法国碍于国力不济，有心无力，最终还是承认现实，提出对非洲实行“不干涉主义”的政策。

当然，200 年法国统治非洲殖民地的历史痕迹也不会被轻易抹去。法国对非洲殖民地的统治一般是通过法国委派总督和各级行政官员进行直接管理实现的，法国对非洲上层进行教育，对文化、习俗和语言进行同化，同时加强对非洲政治、军事、经济和金融的渗透。在法属非洲各国纷纷独立后，原来法国殖民统治带来的政治、文化、宗教影响，商业、贸易、经济利益，以及法律、金融、货币等制度体系根深蒂固，千丝万缕的关联岂会轻易被改变？四根坚固的纽带依然紧系法国与独立的原非洲殖民国。这四条纽带分别是：第一，元首间私人交往；第二，机制化的法非首脑会议；第三，对非援助（当然，老大也不是好当的，1946—1958 年，法属非洲 70% 的公共设施建设和 30% 的政府运行费用都由法国政府承担）；第四，非洲金融共同体法郎。1945 年 12 月 26 日，法国在非洲建立法郎区，发行非洲法国殖民地法郎（franc des colonies françaises d’Afrique），简称非洲法郎（FCFA），其初始比价为 1 非洲法郎等于 17 法国法郎。三年后，非洲法郎又经过两次贬值。1948 年 10 月 17 日，二者的比价被定为 1 非洲法郎等于 2 法国法郎（法国在 20 世纪 50 年代进行币制改革，发行新法郎，规定 100 旧法郎折合 1 新法郎。非洲法郎与法国法郎的比价实际是 100 非洲法郎等于 2 法国法郎）。非洲法郎最引人注目的特点是，40 多年来与法国法郎的汇率始终没有变动，一直保持到 1994 年。由于非洲法郎区国家多年实行同法国货币保持固定汇率的制度，法郎区国家的货币和经济得以稳定，法国与前法属殖民地的经济、投资和贸易联系更加密切。1958 年，非洲法郎被改称“非洲法属共同体法郎”（franc de la communauté française d’Afrique）。

在全世界各种货币中，非洲法郎独具特色。非洲法郎是非洲 15 个国家的共同货币，非洲法郎区有两个，各区对法郎的定义不同。在西非货币联盟（WAEMU）8 个成员国（贝宁、布基纳法索、科特迪瓦、几内亚比绍、马里、尼日尔、塞内加尔及多哥）内，人们称非洲法郎为“非洲金融共同体法郎”。在中非货币联盟（CEMAC）6 个成员国（喀麦隆、中非、刚果、加蓬、赤道几内亚及乍得）内，人们称非洲法郎为“中部非洲金融合作法郎”。

非洲法郎区货币体系经过多次变迁和改革，其间因政治和经济动荡，成员有增有减。前 30 年中，一些国家（如马达加斯加和吉布提）脱离了法郎区，建立了独立的货币制度或使用法国法郎。1984 年，马里在脱离法郎区 22 年后重新归队。1985 年，赤道几内亚成为首家既非法国殖民地又与法国无密切经济联系的法郎区成员国。此后，西非赤道地区的 13 个成员国形成了整体的货币集团。在两个法郎区内部，人们实行统一的外汇政策，各自区内的资金流动完全自由，外汇自由兑换（包括经常项目和资本项目）。不过，有些国家的货币也被称为“法郎”，却与非洲法郎区毫不相干，如科摩罗法郎，但它的汇率却“钉”着非洲法郎。法属波利尼西亚、新喀里多尼亚、瓦利斯群岛和富图纳群岛使用法属太平洋殖民地法郎，与法国法郎和非洲法郎都不同值。

图 3–3 为 1961 年西非国家中央银行发行的银章。银章重 64 克，直径为 50 毫米。

图 3-3　西非国家中央银行纪念银章

“我们”的银行

货币发行需要发行银行和中央银行。非洲法郎发行银行几经更改，继塞内加尔银行和西非银行之后，1955 年，西部非洲和多哥货币发行银行承担了这一功能。1959 年，西非国家中央银行又替代了西部非洲和多哥货币发行银行。20 世纪 60 年代，法国的所有非洲殖民地在获得独立后，对货币发行进行变革。1962 年，西非货币联盟成立，一个共同的中央银行——西非国家中央银行——被授权为联盟内“我们”的银行。该银行指导货币政策，同法国国库保持清算协定。非洲法郎可在该银行无限制地自由兑换外汇。20 世纪 70 年代，在“非洲化”改革完成后，非洲法郎区中央银行虽然还是由法国任命中央银行总裁，但其中央银行体制的独立性增强，银行获得了更大的自主权。1978 年，西非国家中央银行总部由法国巴黎迁往塞内加尔首都达喀尔，大量银行员工实现非洲本土化。中非 6 个成员国也建立了它们自己的中央银行——中部非洲国家银行。1974 年，法属非洲法郎的殖民地货币被废止。

西非国家中央银行的行徽是一个造型古朴、形象奇特的“人脸鱼形”图徽（见图 3–4）。图 3–5 是 1964 年发行的西非国家中央银行（塞内加尔考拉克）银章。银章重 78 克，直径为 58 毫米。银章一面的图案是该银行的行徽——粗大的鱼须，长长的鱼头，弯弯的鱼身，舒展的胸鳍、尾鳍，以及酷似人脸的双目，有着浓郁的非洲原始艺术特色。此图案源于古代西非人称量黄金时使用的铜砝码。14 世纪，西非加纳因盛产黄金而被殖民者称为“黄金海岸”，分布在现今加纳、科特迪瓦和多哥地区的阿肯人主宰了黄金贸易。他们用天平称重金砂，他们使用的精美铜砝码之一就有此“人脸鱼形”图徽。据说它是鲇鱼的图腾，因鲇鱼触须细长难以形塑，所以采用了 6 根粗须的夸张造

图 3–4　西非国家中央银行行徽

型。西非人最早以渔业为主，对“鱼”十分崇拜。对于西非人来说，鱼是生活的保障，没有鱼就意味着死亡。鱼的形状与女性生殖器相似，鱼腹多籽，繁殖能力强。他们相信人是由鱼变成的，渴望通过对鱼和女性的崇拜得以多子多孙、人丁兴旺。

图 3-5　西非国家中央银行纪念银章

西非国家中央银行的总部设在塞内加尔。塞内加尔是法国在非洲大陆上最古老的殖民地，早在 1677 年，这里就成了法国人的奴隶贸易中心。早期，塞内加尔的圣路易、达喀尔、戈雷、吕菲斯克四个城镇中的法国居民很多，当地非洲居民得以享受与法国国民同等的权利，甚至各镇可派一名代表进入法国下议院。法属西非其他国民则没有这些权利。

此外，塞内加尔首任总统列奥波尔德·赛达·桑戈尔（Leopold Sedar Senghor）与法国有着特别密切的关系。桑戈尔于 1906 年出生于商人家庭，中学期间成绩优秀，取得奖学金并在巴黎大学留学。第二次世界大战时期，桑戈尔参加法军。战后，桑戈尔在巴黎大学教书，成为法国国会议员，协助起草法国宪法。桑戈尔是20世纪著名的法语诗人，在法语文学方面有着极高的声誉。桑戈尔愿意将塞内加尔留在法国体制内，认为非洲国家作为弱小政治实体各自为战，它们无法在政治和经济上得到完全独立。桑戈尔提出要建立原法属非洲国家联合体，该联合体拥有2 000多万人口，会形成不可忽视的力量。他呼吁塞内加尔与欧洲合作，用欧洲资源来对抗贫穷和疾病，为原住民争取与本土法国人同等的政治和经济权利。在塞内加尔独立后，桑戈尔继续使用法国顾问，允许法国军队驻扎，保持法国公司在塞内加尔工商业的主导地位，宣传输入法国资本是保证塞内加尔经济运行良好的关键。桑戈尔反对那些要求赶走法国人的民族主义者，认为这样做是杀死了下金蛋的母鸡。桑戈尔甚至拒绝在绝大多数国家都实行的非洲化政策，他宁可把工作位置留给法国人，只让有足够能力的黑人在政府机构中得到提升，所以在塞内加尔独立后，达喀尔的法国人比独立前还多，这在非洲是罕见的。桑戈尔的想法也是现实的，刚独立的法属非洲国家先天不良。乍得、尼日尔、马里等内陆国家土地荒漠化，人口稀少且极其贫穷；毛里塔尼亚更是不毛之地，连个像样的城市都没有；相对富饶的塞内加尔在维持政府运作时仍需法国贴钱；仅科特迪瓦可勉强维持政府开支。法国为了维护非洲利益，耗费了不少人力和金钱，然而起色不大。1960—1979年，塞内加尔的人均GDP下降了0.2%，外债却越来越多。至1979年，塞内加尔已经严重依赖外国援助，外援资金占塞内加尔人均收入的八分之一。1980年，74岁高龄的桑戈尔终于主动让贤，从而开创了非洲民主政治的先河。

在介绍了西非银行与货币之后，我还要简略介绍一下中非银行和货币。两个法郎区的历史沿革大抵相同，当然西非法郎区的历史研究及发展更为完善些。1959 年，法国成立了赤道非洲和喀麦隆国家银行（Banque Centrale des États de l’Afrique Équatoriale et du Cameroun，简称 BCEAC）。1972 年 11 月 22 日，中非国家银行（Banque des États de l’Afrique Centrale，简称 BEAC）正式成立于法国巴黎。1977 年，中非国家银行的总部由巴黎迁到喀麦隆的首都雅温得。

图 3–6 是中非国家银行成立 30 周年（1972—2002）纪念铜牌，该铜牌由巴黎造币厂铸造。铜牌重 1 116 克，长为 150 毫米，宽为 118 毫米。中非国家银行是中部非洲 6 个不同国家经济与货币共同体的中央银行，负责发行中非法郎。其主要职能有：发行货币，维持币值稳定；制定及引导联盟成员国实施货币政策；管理外汇交易，管理成员国的外汇储备；促进联盟内部支付体系的良好运行。中非国家银行的决策机构是董事会、货币政策委员会、银行理事会以及每个成员国的国家货币与金融协会。中非国家银行董事会有 14 位董事，每个成员国各两名董事，另有两名法国董事。中非国家银行货币政策委员会是专门负责货币政策和管理外汇储备的部门，其目的是：维持货币内部和外部的稳定性，维持较低的通货膨胀率，实施再融资政策，征收存款准备金，以及支持成员国基本经济政策。中非国家银行理事会由 6 名成员组成，包括 1 名行长、1 名副行长、1 名常务秘书以及 3 名常务理事。行长由中非经济和货币组织协会任命，任期为 7 年且不可连任。1978 年，中非国家银行总裁及副总裁开始由非洲人担任。与西非国家中央银行相仿，中非法郎与法国法郎及之后的欧元都保持相对固定的汇率。

图 3-6　中非国家银行成立 30 周年（1972—2002）纪念铜牌

图 3–7 是 1972 年中非国家银行成立 10 周年（1972—1982）纪念铜章，该铜章直径为 73 毫米。

图 3-7　中非国家银行成立 10 周年（1972—1982）纪念铜章

跨主权货币和银行的非洲实践

2000年6月20日，西非国家银行行长夏尔·科南·巴尼（Charles Konan Banny）在法国国民议会所在地巴黎的布尔蓬宫，主持《西非货币联盟历史》首发仪式，这是一套在国际金融史上颇有价值的巨著。这套书分三册出版。第一册共554页，介绍了非洲法郎从起源到1958年的历史；第二册共636页，介绍了西非货币从1958到1997年的历史；第三册共252页，对西非货币联盟进行总结和展望。这套书由各方面的专家学者经过6年（1994—2000）的艰苦努力才完成，首印20 000册精装本，定价为495法国法郎，供图书馆和个人收藏，将来准备发行普及本。法国国民议会议长雷蒙·富尔尼及许多非洲经济金融界、知识界的精英，应邀出席了新书首发仪式，一些研究跨主权货币理论的学者对这套关于经济、金融并不发达的非洲国家的书颇感兴趣。

在世界所有发展中国家中，大约有三分之二的国家为了稳定汇率会将本国货币汇率同一种或一揽子货币“钉”在一起。有人曾对非洲50个国家的汇率制度进行分析，共有34个国家采取过某种形式的“钉住”措施，其中有两个国家钉住南非兰特，有5个国家钉住美元，有13个国家钉住特别提款权，有14个国家钉住法国法郎。有趣的是，单一钉住法国法郎的国家数量远超过钉住美元的国家数量。

一般而言，实施货币区的原因是货币区内国家间的贸易量巨大，施行统一货币能降低交易成本，这是欧元诞生的重要原因。奇怪的是，1985年至1987年非洲法郎区的贸易数据显示，只有7.5%的贸易是在货币区内进行的，这一数据并不支持货币区的贸易理论。此外，货币区外的贸易数据显示：从20世纪60年代中期到20世纪80年代中期，非洲法郎区与法国的国际贸易额占国际贸易总额的比例从近50%降到大约30%；40年前，非洲占据了法国对外贸易额的40%，现在法国的对外贸易额中仅有不足2%是面向非洲的。这并非贸易的原因，而是历史因素超越了其他因素。对于已失去大国地位的法国来说，这点无疑是极大的安慰。但归根结底，经济利益还是要讲的。1999年1月1日，欧洲统一的货币——欧元——的诞生终于把法国从尴尬中解救了出来。非洲法郎从此通过法国与欧元挂钩，这使非洲法郎区各国受益匪浅，因为非洲法郎区各国的贸易有70%是同欧洲进行的。

非洲法郎区放弃各国货币主权并非没有代价。蒙代尔提出过一个不可能三角形法则，他发现，资本自由流动、独立货币政策和汇率稳定三者不可兼得。我将该法则套用于非洲法郎区，可见区内资本是自由流动的，但参加国必须放弃各自独立的货币政策。为了维持区内货币统一，这些国家就要失去货币政策及汇率调整手段，这在一定程度上要付出影响经济增长、贸易竞争的代价。例如，非洲法郎区多数成员国的经常账户赤字越来越多，巨大外贸赤字表明了这些国家严重的结构失衡。但各国还是硬挺下来了，它们解释，一国的货币政策和汇率灵活性措施对经济的刺激作用终究是有限的和短暂的。让各方欣喜的成就是汇率稳定。新兴经济体在成长过程中，常与通货膨胀、货币危机和银行危机相伴，严重的危机是主权信用破产。而非洲法郎恰因有一个“锚”，先与法国法郎后与欧元的汇率“锚”在一起，在整个20世纪80年代，非洲法郎区国家的通货膨胀率接近或低于法国通货膨胀率，这与非洲其他国家的高通货膨胀率形成了鲜明对照。非洲法郎区国家还由于建立了独立中央银行，控制了各国公共部门的信贷——最高不得超过前一年财政收入的 20%，从而保持了各国的金融稳定和财政纪律，保持了对非洲法郎可兑换性的信任。

非洲作为一个极具发展潜力的大陆，其昨天、今天和明天截然不同，非洲与外界的联系将更加多元化。例如，2014 年，非洲法郎区成员国与中国的贸易额占其贸易总额的比重已达 20%。

人们想问的是，走过 150 年漫长历程的非洲法郎的最后归宿是什么呢？非洲统一组织在改为非洲联盟之后，成立了非洲中央银行，谁能断定将来非洲不会成立整个非洲的货币联盟，从而实现非洲货币的统一呢？这个进程还需经历多么漫长的道路呢？它又会“钉”住什么货币呢？人们盼望早日翻开“明天”的一页，迫切想知道最后的答案。

『黑暗大陆』的殖民银行

——比属刚果银行大铜章背后的故事

·SOCIETE·GENERALE·DE·BELGIQVE·1822–1922·
SG

图4-1是刚果比利时银行（又称比属刚果银行，Banque du Congo Belge）成立50周年（1909—1959）纪念大铜章。铜章重149克，直径为70毫米。铜章的一面是居非洲五大动物之首的大象，周边为刚果比利时银行名称和50周年字样；铜章的另一面是1909年该银行成立于刚果马塔迪时简陋的草屋顶办公楼，以及1959年设立在刚果利奥波德维尔（Léopoldville，现金沙萨）的现代化银行办公大楼。两相对照，沧海桑田。

图4-1 刚果比利时银行成立50周年（1909—1959）纪念铜章

世界上有两个国家名为刚果，都位于非洲中西部，官方语言都是法语，国名均为“Congo”，因此要加缀各自首都简称以区分两国。首都为“布拉柴维尔”的，被称为刚果（布）；首都为“金沙萨”的，则被称为刚果（金）。若在以前，刚果（金）应称为刚果（利），因为金沙萨的历史并不长。1881 年，当殖民主义探险家亨利·莫顿·斯坦利（Henry Morton Stanley）来到这里时，这里还是些散落的村庄，居民大约有 5 000 人。后来，这座城市以比利时国王利奥波德的名字命名，即利奥波德维尔。在漫长的殖民主义统治时代，这座城市发展缓慢，到 1960 年，其人口还不足 40 万。

非洲是人类的发源地，刚果河流域是非洲古代文明较发达的地区。刚果早期的历史开始于班图人的迁移浪潮，他们在公元前 2000 年到公元前 500 年从非洲西北地区迁徙到盆地地区，取代了本地俾格米人。之后，苏丹达尔富尔人和苏丹科尔多凡人迁入刚果北部，东非人迁入刚果东部，这样加速了民族的融合。人类迁移使技术从石器时代过渡到铁器时代。公元 5 世纪，氏族社会乌彭巴诞生。大约在 13~14 世纪，刚果族人在刚果河下游地区建立了刚果王国。该王国从 15 世纪末起逐渐发展成一个强大的国家，其版图包括今刚果（金）西南部、安哥拉西北部和刚果（布）南部的一大片土地。在刚果王国走向强盛的同时，刚果河上游地区也先后建立了卢巴王国、隆达帝国和姆西里王国，这些都是在非洲历史上相当有影响力的国家。1482 年，葡萄牙航海家狄亚哥最先发现了刚果河，并在河口立碑为志，此后欧洲人开始初步接触刚果。随着欧洲殖民者的入侵，刚果境内各王国的正常发展中断。但因刚果蛮荒多阻，深入其内部的欧洲人还很稀少。1816 年，英国探险队失败并陷足于刚果。1874—1877 年，英国探险家李文斯顿冒险深入刚果境内，误认刚果河是尼罗河的源流。1874年，英国记者、探险家斯坦利受美国报刊资助，组织了342人的大探险队，这才认清楚了刚果河真貌。斯坦利证明了刚果河可以通航，也测量了非洲的内陆版图。1878年，他写成《穿过黑暗大陆》（*Through the Dark Continent*）一书，轰动欧洲，非洲这一“黑暗大陆”之名到今天都没有被甩掉。回国后，斯坦利向英国政府报告了这块还没被开发的财富之地，但他并没有得到当时英国政府的支持。然而，斯坦利的有关报道却引起了比利时国王利奥波德二世的注意。

图4–2为硕大、沉重的刚果古老铜环货币，流通于刚果殖民地前的18~19世纪。

图4–2 刚果铜环货币

利奥波德二世国王和刚果

比利时历史悠久、命运多舛，曾多次成为欧洲列强砧板上的鱼肉。比利时位于尼德兰的南部，曾先后被法国、奥地利与荷兰统治。1830年，在“九月革命”之后，比利时脱离荷兰而独立，并在1831年的伦敦会议上得到欧洲其他大国的承认。同年，比利时国民议会通过了宪法，确定比利时为王国，选定德意志小邦萨克森－科堡－哥达的王子为比利时历史上第一位国王，即利奥波德一世。利奥波德一世身世显赫，他与英国皇室有关系，还是法国皇帝的女婿。利奥波德一世奉行中立政策，通过35年的精心经营，使夹缝中的小国终于渡过了难关，从而成为欧洲的后起之秀。1865年，利奥波德二世继承了父亲的王位，成为比利时第一位本土出生的国王（见图4-3）。在就任王位前，利奥波德二世四处游历，1854年至1865年他去了印度、中国、埃及和其他地中海沿岸的非洲国家，以广泛了解世界。他的统治被认为是比较成功的，他推行的自由贸易政策使比利时搭上了第二次工业革命的列车。

图4-3　利奥波德二世

当时，世界其他大洲可瓜分的土地已基本被列强瓜分完毕，非洲成为19世纪末资本主义列强争夺的蛋糕已不可避免，强烈的忧患意识促使利奥波德二世想成为探索非洲内陆的急先锋。他认为，宗主国只有与殖民地直接联系才能保全商品和资本的输出场所，还可以获得廉价的原料供应。不过，

19世纪的非洲毕竟不同于15世纪的美洲，欧洲人的足迹早已遍布非洲沿海。一个小国对非洲的殖民离不开诸大国的谅解，这促使比利时积极成立国际非洲协会。对非洲的瓜分就是以"国际非洲协会"的协作形式开始的，而不是以少数大国横加闯入的形式开始的，这无疑是利奥波德二世的历史作用。1876年，利奥波德二世邀请了英、法、德、俄、奥等大国要员在布鲁塞尔召开了国际地理会议，大会的议题就是讨论非洲问题。利奥波德二世主持了会议，他在开幕词中说："我们要进入地球上我们唯一尚未进入的地区，使之文明化并冲破笼罩在当地全体居民的黑暗。我敢大胆地讲，这是一次十字军远征。这次远征与我们这个进步的时代是很相称的。"当时参会的探险家斯坦利成为利奥波德二世的知音和精神导师，两人惺惺相惜、相见恨晚。会议决定成立国际非洲协会以协调各国的行动，各国纷纷成立了分会，利奥波德二世也建立了比利时分会。此次会议立竿见影，欧洲列强加快了入侵非洲内陆的步伐。1876年，欧洲列强只占领了非洲10.8%的土地，且主要分布在非洲沿海的据点；到了1900年，欧洲列强已经瓜分了非洲90.4%的土地。

利奥波德二世对刚果有着强烈的兴趣。早在1878年，他就筹资成立了"上刚果研究委员会"（1882年改组为"国际刚果协会"），他以国际非洲协会比利时分会的名义与斯坦利签订了5年的协议，规定斯坦利从刚果河口向东到上游湖泊地区修建一条200英里[1]的大道，要求他使刚果河下游的酋长们承认并接受国际非洲协会的保护。但比利时议会对非洲项目并不感兴趣，不愿意为国王拨款，利奥波德二世干

1　1英里≈1.61千米。——编者注

脆就自掏腰包来资助斯坦利。从 1879 年开始，斯坦利以利奥波德二世的代理人身份，在刚果河流域进行了一系列活动，诱使当地的酋长签订了 450 多个条约，建立了 22 个“商站”。

斯坦利在刚果的活动遭到法、葡、英等国的抵制和反对。1884 年 11 月 15 日至 1885 年 2 月 26 日，帝国主义列强召开讨论利奥波德二世侵占刚果问题的柏林会议。利奥波德二世利用列强间的矛盾进行场外外交斡旋，争取到了英、法、德等 15 个国家的同意，使其承认了自己在刚果河口南岸的统治权。这次会议也成为西方列强瓜分非洲的分赃会议。此后，列强几乎将整个非洲瓜分完毕，接着就发动了重新瓜分世界的第一次世界大战。

由于对刚果的占领是以利奥波德二世个人的名义进行的，所以比利时议会承认了刚果河以东地区为国王的私人领地。利奥波德二世便成立了“刚果自由邦”，在成为比利时国王 20 年后，他又兼任了刚果的国王（1885—1908）。斯坦利的殖民探险家活动为利奥波德二世攫取了刚果河下游的大片土地，但柏林会议划分给利奥波德二世的统治范围仍界线不明。因为当时与会者对刚果的地理情况并不十分清楚，许多地区是欧洲人一无所知的空白地。欧洲其他列强对刚果的土地也极为感兴趣，法国和葡萄牙分别觊觎乌班吉和隆达，英国则企图染指加丹加。利奥波德二世在与列强谈判、分割界线的同时，组织多支武装探险队，对刚果自由邦圈定的范围实行事实占领，凭借武力迫使当地酋长签订条约，使其接受自由邦的统治，还杀戮了不愿投降的部落抵抗者。殖民侵占和部族反抗持续了近 10 年，刚果自由邦才完成了对其 200 多万平方千米土地的有效占领。有趣的是，这一历时不长的刚果自由邦还曾行文中国当时的清朝政府，甚至在 1898 年 7 月，不远万里专门派人来北京签订通商条约。虽仅两款，却是中国同撒哈拉沙漠以南的非洲国家最早签订的条约之一（见《清史稿·邦交》之八）。

利奥波德二世十分喜欢刚果这块土地，为了让自己名留青史，他为刚果的一个城市取名为利奥波德维尔，即今天的刚果首都金沙萨。刚果自由邦是一个通过殖民控制的非政府组织，布鲁塞尔为整个殖民统治体系的中枢。国王是该组织唯一的股东，通过殖民大臣和驻扎殖民地的总督对当地实施立法、行政和司法权。土地处理权属于自由邦政府，世代生活在此地的原住民不能永久拥有原土地权。自由邦政府允许白人直接或间接地去获得未开垦土地。在利奥波德维尔的东部，橡胶、坷笆脂等资源丰富。在自由邦时代的早期，政府并不反对私人和私营公司进行贸易。1891 年，政策改变了，原因是政府发现不少大庄园主事实上垄断了一些产品的交易。自 1892 年起，自由邦政府收紧了政策，当地居民若出售产品则必须缴纳一定税收。据皮曼斯（Peemans）1975 年的研究，在 19 世纪二三十年代，比属刚果掠夺的物资被课以 60% 的重税，这些政策无疑使私营公司感到没有什么发展空间了。

利奥波德二世在刚果赚取了大量金钱。为了提升当地人的生活水平和该地区的发展水平，殖民政府在上刚果地区攫取象牙、橡胶和矿产在世界市场上销售。殖民政府推行专横独断和残酷剥削的制度，史称利奥波德制度，这些制度受到欧洲多国的非议。1890 年，传教士格拉特恩·吉纳斯在英国首次披露了刚果自由邦的真相，但影响不大。1903—1904 年，英国人莫雷尔和凯斯门特发表了一系列文章，淋漓尽致地揭露了利奥波德二世在刚果的暴行，引起了国际社会的震惊。人道主义者首先站起来抨击这种丑恶而隐蔽的奴隶制，要求撤销柏林会议将刚果授予利奥波德二世的决议，认为刚果在利奥波德二世统治的24年里有150万~300万人死亡。英、美等国政府也对比利时施加压力。1908年，英国外交大臣格雷说，刚果自由邦已经在道义上丧失了受国际承认的权利。国际社会一致要求结束利奥波德制度。利奥波德二世逝世前一年（1908年）的8月20日，比利时议会通过由国家接管刚果自由邦的法案，同意支付刚果的债款，并支付1.2亿法郎（购买土地款）给国王利奥波德二世。

1908年11月16日，博马市升起比利时国旗，刚果自由邦正式由比利时政府接管，改称比属刚果。比利时的政府也撤掉之前的刚果总督，重新任命了一位总督，之后比利时国王通过殖民大臣和驻扎殖民地的总督对当地实施立法、行政和司法权，当地的欧洲人和非洲人均无选举权。比利时议会控制着刚果，还通过酋长对刚果实行间接统治。1937年，比属刚果的殖民官吏仅有2 348名，却有效统治着953万原住民。

图4–4为一张古老明信片。明信片中的建筑物是位于利奥波德维尔（现金沙萨）的刚果比利时银行第二个总部，看起来比马塔迪草屋顶银行强多了。

图4–5是比利时通用银行成立100周年（1822—1922）纪念大铜章。铜章重128克，直径为75毫米。

最早的比属刚果银行

早期的跨国银行通常是伴随着殖民地进行渗透扩张的。殖民地银

图 4-4 明信片上的刚果比利时银行第二个总部

图 4-5 比利时通用银行成立 100 周年（1822—1922）纪念铜章

行史一直是金融史的空白，鲜有研究著作和学者。究其原因：或因殖民地政治、社会的剧烈变动，以及落后的观念和管理导致历史档案的搜集、保管缺失；或因殖民地银行多少有些不光彩的过去，不愿意公布历史档案以供研究。

比属刚果银行的历史就是典型的殖民地银行史。当利奥波德二世得到刚果的时候，虽然刚果地下资源丰富，但地上却是蛮荒僻乡，满目疮痍。在刚果搞建设需要钱，而一直处在原始社会阶段的刚果并没有银行。虽然刚果盛产铜矿，但其交易的货币却是粗笨的铜环。利奥波德二世在刚果开发项目（如兴建马塔迪至利奥波德维尔的铁路）时，邀请欧洲银行参与，一些法国和德国的银行组成银行团予以支持。不过，比利时本土的银行，尤其是比利时最大的银行——比利时通用银行——却表现冷淡或应付性地参与一些小项目。当时，比利时的银行目光还注视着欧洲。1892 年，时任比利时通用银行行长费迪南德・贝延斯（Ferdinand Baeyens）改变了海外政策，大幅增加对中国、俄国、拉丁美洲的融资，但对非洲投资却提不起精神，可能是对利奥波德二世的刚果政策产生了怀疑。在刚果的投资使利奥波德二世感到独木难支，至 1885 年，对刚果各项事业的投资已花去他 1 000 万法郎。1890 年，利奥波德二世在比利时的花费增至 1 900 万法郎，这让他负债累累。1902 年，人们在刚果加丹加地区发现了储量巨大的铜矿，利奥波德二世宣布刚果向国际资本开放，又一次呼吁比利时通用银行在刚果开设一家殖民地金融公司，但是比利时通用银行仍对国王的要求缺乏热情。

1906 年，比利时通用银行新任行长让・雅多（Jean Jador）调整了海外战略，不仅扩大了在中国的项目贷款，而且对刚果业务的态度渐渐转变。他开始积极参与刚果事务，决定在刚果设立一家机构。这家在刚果历史上最重要的金融公司名为德浩特－加丹加联合矿业公司（Union Minière de Haut-Katanga），顾名思义，该公司关注着加丹加地区的铜、锡和其他矿产的开采利益。比利时通用银行行长兼任了联合矿业公司的董事长。1906 年的加丹加地区人迹稀少、劳力奇缺，这给矿业开发带来了极大困难。矿业开发的技术和成本也存在不少问题，如距离海边 200 千米的矿区成了运输的瓶颈，发展铁路解决瓶颈成为当务之急。利奥波德二世决心在其领土加快建设一条从矿区至海边的铁路。1906 年，一家刚果殖民地铁路公司成立了，即现在的巴切卡公司（Beceka），比利时通用银行为这家铁路公司提供了一半的资本金。自由邦政府也表达善意，担保了铁路公司贷款的分期归还，铁路公司还得到了 4% 年息的优惠。接着，比利时通用银行又对在刚果殖民地设立的第三家公司控股 50%，这家公司现名为福米尼埃公司（Forminière），负责矿业和农业。可见，比利时通用银行在刚果的投资基本控制了刚果的经济命脉。

然而，与投资的狂热接踵而来的是 1907 年至 1911 年的金融危机，三家殖民地公司陷入极槽境地，行长让·雅多——这位刚果经济潜力的支持者——也陷入了绝望。好在 1912 年国际铜价上升，厄运终于改变了。联合矿业公司首次获利，5 年的无望勘探终有收获。另一家公司还发现了钻石矿。1919 年，两家改善了财务效益的公司开始向股东发放红利。1910—1917 年，人们掀起了到刚果从事基础设施和矿业投资的浪潮，加之劳力和生活辅助人员大量增加，推动了农业需求和生产的增长，促进了刚果殖民地经济的繁荣。

经济的发展催生了正式意义上的银行诞生。1909 年 1 月 11 日，以比利时通用银行为大股东设立的股份制银行——刚果比利时银行——正式被国王批准成立。当年6月1日，该银行第一家营业机构在刚果马塔迪开业，这家银行也成为比利时所有银行在刚果的代表。当然，其主导权利属比利时通用银行。成立初期，该银行在刚果只有三个服务点。在图4–6中，我们可以更清晰地看到刚果比利时银河筚路蓝缕时期的窘迫，茅草屋顶的简易房可能就是当时刚果最好的建筑。

图4–6　1909年刚果比利时银行的第一家营业机构

读者对比利时通用银行应该比较熟悉了，我在《世界金融百年沧桑记忆1》中的《优雅的“老妇人”去向何处》一文中详细介绍过该银行。1822年成立的比利时通用银行被称为世界上第一家投资银行，远早于1869年成立的高盛公司和1935年成立的摩根士丹利公司，可谓现代投资银行的先驱。

比利时是一个工业、农业发达的国家，有别于以商业和捕鱼业为主的荷兰。1831—1870年，比利时的煤炭和冶炼工业迅速发展，比利时通用银行成为比利时工业化的重要资本来源。1850年前，比利时通用银行还是比利时国家独享发钞权的银行。比利时通用银行既经营商业银行业务，又向采矿业、冶炼业和制造业投资，成为欧洲全能银行经营模式的先驱。比利时通用银行兼营商业银行和投资银行业务，通过吸收小额存款、发行银行券而投资于公路、铁路和运河等大型项目，曾是比利时钢铁业的垄断者，后来成为全球最大的铜冶炼企业的控股公司。比利时通用银行也是比利时海外殖民地比属刚果的主要开发者和经营者。第一次世界大战期间，由于棉花短缺，比利时通用银行于1920年在刚果建立了棉纺厂的子公司。1923年，该银行大额增加了对联合矿业公司的资本，迫使该公司英国资本的比重从44%下降到16%，削弱了英国在刚果的影响力。殖民地企业在贸易、投资和管理人员聘用方面明显偏向于宗主国，这种偏向有力地促进了比利时经济，也使刚果比利时银行和母行受益。

刚果比利时银行和比利时通用银行控股的刚果企业，在刚果发挥着极其特殊的作用，有着相当大的影响力，银行和公司上层与殖民地官方有着特殊的联系，卸任后的官员很容易在殖民地企业任职。殖民地政府越来越依赖这些企业提供的税收，这些企业拥有大量的劳工，日益成为“国中之国”。刚果工业化和殖民化使比利时通用银行业务发展很快，比利时通用银行于1913年成为全球排名前20的领先银行。1928年，刚果比利时银行与另一家刚果银行——海外银行（Banque d'Outremer）——合并，合并后的银行成为刚果的金融和企业霸主。早在 1899 年，比利时通用银行直接、间接控有刚果海外银行不少股份，而刚果海外银行则掌握了不少刚果殖民地企业的股份，还在欧洲、中国和加拿大有投资项目。当时，刚果海外银行成为比利时第二大银行。合并后的银行控制了刚果三分之二的私人投资业务，通过控股公司掌握了刚果 100% 的铜、钻石、铀的开发。比利时通用银行也控制了刚果主要的铁路运输和电力供应，这种绝对垄断地位也招致了广泛的批评。1923 年，比属刚果已成为世界第三大产铜国。1950 年，比属刚果的钴产量占非洲总产量的 86%，钻石产量占非洲总产量的 64%，锡产量占非洲总产量的 60%，钨和锌产量占非洲总产量的 53%，银产量占非洲总产量的 51%，铜产量占非洲总产量的 34%。比利时通用银行还控制了大量棕榈、橡胶、可可、棉花和咖啡等收益良好的种植园。到 20 世纪 30 年代末，整个比利时在刚果的投资额累计高达 1.43 亿英镑，仅次于英国殖民地的总投资额。同时，1939 年的外国私人投资比 10 年前净增了 10 倍。然而，殖民地经济造就了刚果畸形的经济结构，譬如，刚果原材料输出型产业结构和垄断型企业结构极易受经济危机的打击。

刚果比利时银行在成立后不久，从马塔迪搬迁至利奥波德维尔。1887 年 7 月，利奥波德二世宣布比利时法郎作为刚果、卢旺达和布隆迪的法定货币，比利时布鲁塞尔造币厂为刚果生产的法郎硬币是当地最早的本地币。图 4–7 为比利时发行的最早的刚果硬币，硬币上的文字为“利奥波德二世，独立的刚果邦之君主”。

图 4-7 比利时发行的刚果硬币

1908 年，刚果在“国有化”后，参加了欧洲“拉丁货币联盟”。1911 年，比利时政府授予刚果比利时银行在刚果发行本土货币 25 年的权利，但银行必须增加资本金至 500 万法郎。次年，该银行发行了刚果第一张纸币，结果这一权利一直被行使了 40 年（直至 1952 年 7 月）。该银行还获得殖民地政府财政代理的特权。第一次世界大战期间，比利时被德军占领。1918 年 11 月，比利时光复。1919 年，比利时从德国手上接管了欧本－马尔梅迪和卢旺达－布隆迪及其货币发行权。第二次世界大战期间，比利时再度被德国占领，比利时政府流亡英国，比利时在刚果的金融事务由英格兰银行短暂代理。1944 年 9 月，比利时再次光复。

20 世纪 50 年代中后期，非洲出现了民族解放和独立运动的高潮。刚果也努力抗争以建立属于自己的政府，由帕特里斯·卢蒙巴领导的刚果民族运动党（MNC）赢得了议会选举。1960 年 6 月 30 日，独立的刚果共和国正式成立，首任政府总理是卢蒙巴，比利时的刚果殖民地宣告结束。几天后，刚果士兵与白人军官之间爆发了武装冲突，冲突很快演变为针对所有白人的骚乱，之后，留在刚果的白人从 10 万人降至 2 万人。在刚果独立后不久，加丹加和南开赛针对新领导人开展分裂斗争。刚果内战爆发了！1960 年 7 月 13 日，比利时对新成立的刚果共和国发动军事袭击，在遭到国际舆论谴责后被迫撤军。1961 年 1 月 17 日，刚果总理卢蒙巴被阴谋杀害，这一事件至今仍是一个谜团。1962 年 7 月 1 日，卢旺达和布隆迪宣布独立，比利时在非洲的殖民统治结束。40 年后，比利时议会设立的调查委员会经调查宣布，比利时政府对卢蒙巴被杀一事负有“道义上的责任”，并表示最深切、最诚恳的歉意。

图 4–8 为刚果比利时银行行长保罗·查尔斯（Paul Charles，1885—1954）纪念铜章。铜章重 131 克，直径为 68 毫米。该铜章的设计刻模师为迪佩涅·阿尔贝（Dupagne Albert）。查尔斯于 1931 年、1934 年至 1935 年担任殖民地部长，1938 至 1951 年担任比属刚果银行的董事长。1951 年，比属刚果、卢旺达、布隆迪设立殖民地中央银行，但殖民地中央银行直到 1952 年 7 月 2 日才正式开业。1951—1954 年，查尔斯

转任比利时刚果和卢旺达–布隆迪中央银行第一任行长，兼任比利时国家银行名誉摄政、比利时名誉副检察长及比利时殖民地议会成员。

图 4–8　刚果比利时银行行长保罗 · 查尔斯纪念铜章

图 4–9 为 1984 年扎伊尔商业银行（Banque Commerciale Zaïroise）

图 4–9　扎伊尔商业银行纪念铜章

发行的大铜章。该铜章精美异常，重 130 克，直径为 70 毫米。铜章的设计刻模师是格里夫（Greef）。铜章的一面仍是我们熟悉的非洲大象；铜章的另一面上方依旧是 1909 年马塔迪简陋的草屋顶的办公楼，下方则不同于 1959 年在刚果首都利奥波德维尔的现代化银行办公大楼，而是 1966 年改名后的首都金沙萨的更现代化的高楼。

刚果（金）有过许多国名，1886 年至 1960 年为比属刚果，1960 年独立后至 1964 年改名为刚果共和国，1964 年至 1971 年改名为刚果民主共和国。1965 年 11 月，国民军总司令蒙博托发动政变后任总统，于 1966 年将刚果民主共和国改为刚果（金）。1971—1996 年，刚果（金）改名为扎伊尔共和国，于 1997 年再次改回刚果民主共和国。因此，牵连着银行名称也常改。1909 年至 1959 年的刚果比利时银行于 1960 年刚果独立后改名为刚果商业银行（简称 BCDC），1971 年改名为扎伊尔商业银行，1997 年又改回刚果商业银行。1967 年，刚果内战前的商业银行均与外资合资，国家控股 50%。2000 年，刚果政府对银行业实施私有化，刚收购完比利时通用银行的富通银行成为刚果商业银行的大股东。2009 年，富通银行破产，覆巢之下，焉有完卵，法国巴黎银行收购了富通银行在比利时和卢森堡的机构，富通银行的子银行——刚果商业银行——也一并归入法国巴黎银行麾下。2009 年 12 月，法国巴黎银行又将刚果商业银行的股份出售给乔治·福里斯特家族（George Forrest），该家族拥有的刚果商业银行股份从原来的 11.55% 增至 55.66%。

刚果（金）的总面积为 2 344 885 平方千米，比它的原宗主国比利时大 75 倍，是非洲第二大、世界第十一大的国家，人口超过 7 700 万人，列世界人口第十七位、非洲人口第四位。刚果（金）蕴藏多种有色金属、稀有金属和非金属矿产，钴储量占世界总储量的三分之二；铀储量居世界第一位；钻石储量近 2 亿克拉，居世界第二位；铜储量为 7 500 万吨，居世界第六位。此外，刚果（金）的其他有色金属及石油、天然气的储量也相当可观，其森林覆盖率更是高达 53%——占非洲热带森林面积的一半。森林面积约为 1.25 亿公顷，其中 8 000 万公顷可供开采，木材年均可伐量为 600 万立方米，刚果（金）盛产乌木、红木、花梨木、黄漆木等 22 种贵重木材。刚果（金）水力资源丰富，估计蕴藏量为 1.06 亿千瓦，占非洲总储量的 40%，占世界总储量的 13%。

比利时是全球最大的钻石交易市场，安特卫普是全球前三大钻石交易中心。比利时钻石贸易的崛起与刚果盛产钻石密切相关。刚果（金）经历了太多的苦难，是联合国公布的世界最不发达国家之一。第二次刚果战争从 1998 年开始，可谓第二次世界大战以来全世界最激烈的战争，自 1998 年以来有 540 万人死亡。因为涉及了 9 个非洲国家和大约 20 个武装势力，第二次刚果战争也被称为“非洲的世界大战”。尽管刚果（金）在 2003 年签署了和平协定，但战争让这个国家满目疮痍，而且战斗仍在该国东部地区继续。在刚果（金）东部，强奸和其他性暴力的发生率被描述为世界上最高的，大多数人死于疟疾、肺炎和营养不良等。

在今天的金沙萨，殖民主义的痕迹已经渐渐淡去，当年竖立在街头的斯坦利、利奥波德二世和阿尔贝一世三座殖民者塑像已被市民推倒，取而代之的是一尊非洲解放战士的青铜像、一座独立纪念塔和一座起义烈士纪念碑。该独立纪念塔高 205 米，为全城建筑物之冠。

而在欧洲，人们对非洲的记忆依然如故。旅游者若去比利时布鲁塞尔郊外，就可以看到一座落成于20世纪初由法国建筑师查尔斯·吉罗设计的“非洲博物馆”。这家博物馆是由利奥波德二世建成的，究竟是用于展示他对非洲中部刚果河流域的殖民史，还是反思其殖民行为，我们就不得而知了。如今，这家博物馆是国际著名的非洲主题学术研究机构。1960年以前，这家博物馆被称作刚果博物馆，以藏品丰富闻名于世，现在馆藏包括1 000万份动物标本、25万份矿物样品、18万份民俗学物品、10万份植物标本、2万张地图、8 000件乐器和350种档案，以及19世纪探险非洲大陆的英国记者斯坦利的珍贵日记——被称作动物学、植物学、地质学、人类学不同学科的珍贵研究资料，等等。博物馆的研究人员每年发表学术论文超过300篇。

历史记忆还在延续，2004年BBC拍摄的一部名为《白色国王、红色橡胶、黑色死亡》的纪录片，以比利时前国王利奥波德二世为主角，讲述了他在1885年至1908年将非洲国家刚果变成自己的私人领地，并在那里实行一系列独裁和残暴统治的故事。纪录片形象地叙述了利奥波德二世在刚果作威作福、逼迫刚果人开采橡胶以及最终残忍杀戮刚果人等细节，将利奥波德二世描绘成了欧洲最残暴的君主之一，批判他将刚果变为“恐怖王国”。其实，英国人真是五十步笑百步，它自己丑恶的殖民历史也不见得光彩。比利时王室对该片十分愤慨。比利时政府激烈抨击该片实属恶意攻击，认为“这是一部非常片面的作品，它完全忽视了历史、文化和社会背景，是一种明显带有偏见的诽谤”。

百年已过，利奥波德二世在刚果的是非功过一直存在争议。比利时民间大多数人认为，利奥波德二世对开发非洲有功绩，认为他是一名改革者，把西方文明带到了非洲。人们还赞赏利奥波德二世在上台后使荷兰语成为具有与法语平等地位的官方语言，将比利时分裂的佛莱芒人和瓦莱人团结在一起。只不过，一些英国人仍认为，比利时人希望维护自己祖先形象的良苦用心可以理解，但利奥波德二世侵略、奴役刚果的黑暗历史不容否认，他在刚果建立独裁统治制度并残杀了许多刚果人也是不争的事实。

争论还将持续，这可能是历史学家的工作了。时空不能穿越，历史无法重演，我们也无法以今人的视角来解释所有的历史事件与历史人物的是是非非。利奥波德二世个人对非洲的开发起到的重要作用是毋庸置疑的，然而，倘若没有利奥波德二世和他的“国际非洲协会”，刚果和非洲的发展进程会是怎样的呢？是更好还是更坏呢？我们就不得而知了。利奥波德二世已经看不到刚果的发展和苦难历程了，但他的影响却永载史册。在全球帝王排行榜中，利奥波德二世被排在许多著名帝王之前，位列第 73 位。

解密“中、非银行的战略握手”

——并说南非标准银行之前世今生

图5-1的大铜章是为了纪念中国工商银行投资南非标准银行集团（下文简称南非标准银行）而发行的。铜章重374克，直径为80毫米。铜章的一面浮雕是长城、祥云和中国工商银行的行徽；铜章的另一面浮雕是以夜间草原景观为背景衬托出的代表动物跳羚——南非一种以速度和敏捷度享有盛名的动物。由于中国工商银行、南非标准银行都是上市公司，购并过程中的消息泄露可能会导致资本市场的价格波动，从而影响交易达成，因此购并的保密工作十分重要。按惯

图5-1　中国工商银行收购南非标准银行纪念铜章

例，在购并未达成前，双方给予该项目一隐秘代号，该项目的代号是“跳羚”（Springbok）。2008 年 3 月 18 日 15 时，“跳羚”公开亮相了。我与时任南非标准银行首席执行官雅科·马瑞（Jacko Maree）并肩走入中国工商银行总行 10 层的会议室，在耀眼的闪光灯下，我俩有力地握着手，见证了协议的签署。中国和非洲在中非金融业悠久的历史中，第一次实现了金融业深度的资本和战略合作。

南非标准银行创立于 1862 年，是非洲大陆最古老的银行。南非标准银行在南非从事经营活动长达一个半世纪，在非洲其他国家从事经营活动也超过一个世纪，其创立时间甚至早于非洲南部公共驿站的出现。南非标准银行从南非开普敦初创的贸易融资银行成长为非洲资产规模最大、机构网络最广和最有影响力的银行集团。南非标准银行 150 多年的旅途一直都与南非丰富多彩但曲折痛苦的历史休戚相关，与非洲独立及世界发展进程紧密相连。中国人对这家在非洲大陆的古老银行知之甚少。让我们穿越时空，来了解南非标准银行的沧桑往事，并揭秘中、非两大银行战略握手的前因后果吧！图 5–2 为 1870 年南非标准银行大楼明信片。

从伊丽莎白港起航

南非历史源远流长，科伊桑人是南非最古老的居民。科伊桑人的一支——班图人——于 3 世纪至 7 世纪移居德兰士瓦和纳塔尔，于 14 世纪至 15 世纪建立了比较稳定的农业居民区。1652 年，荷兰东印度公司占领开普半岛。1657 年，荷兰人侵占科伊桑人的土地并逐步扩张。1795 年和 1806 年，英国两度占领开普殖民地。在 1814 年至

图 5-2　1870 年南非标准银行大楼明信片

1815 年的维也纳和会上，英国以 600 万英镑的价格从荷兰手中购买了好望角（开普地区），并将其作为海军基地。1820 年，英国开始向开普殖民地移民。当时，非洲除了埃及、开普和纳塔尔的殖民地外，超出海岸线边缘的区域还未被西方殖民者认知和涉足。

南非标准银行创立的起因是这样的：在 1862 年的南非开普殖民地，钻石矿和黄金矿还没有被发现，但服务于英格兰毛纺行业的羊毛业蓬勃发展；开普殖民地的伊丽莎白港（Port Elizabeth）是繁忙的羊毛贸易中心，仓库塞满了羊毛，满载羊毛的牛车比肩接踵，羊毛贸易占据了其沿海的大部分航运；1862—1869 年，羊毛出口占了开普港出口贸易总值的 73%，其中的 84% 流入了英国，14% 流入了美国，而当时从开普搭乘汽轮前往伦敦需费时 40 天；南非殖民地繁荣的端倪已现，但金融服务严重短缺。人们成立银行并赚取第一桶金的想法由此产生。

1860年前后是大英帝国最鼎盛的时期。当时，英国的钢铁产量占全球产量的53%，无烟煤和褐煤产量占全球产量的50%，英国还消费了全世界原棉产量的一半。英国本土的人口占全球人口的2%，占欧洲人口的10%，而英国的现代工业生产能力却占全世界生产能力的40%~50%，占欧洲生产能力的55%~60%。英国的商业占全球商业总量的20%，英国的制成品贸易占全球制成品贸易的40%，全球超过三分之一的商船飘扬着米字旗，伦敦自然成为世界金融中心。社会环境鼓励商业银行的设立，受《1862年英国公司法》的影响，1862年成为英国的"银行年"。当年，不少于20家新银行在伦敦注册成立，开普殖民地的一些商人也想效仿。后来，成为南非标准银行首任董事长的苏格兰人约翰·佩特森（John Paterson）在伦敦游说当地投资者，成功募集到资本，并在伦敦注册成立了"不列颠南非标准银行"，计划发行股票1万股，首次发行5 000股，每股面值为100英镑，实缴25英镑，名义注册资本为100万英镑。在南非标准银行成立之年，开普殖民地已有小型银行29家，合计实缴资本才94万英镑，相比之下，南非标准银行可谓财大气粗。但苏格兰银行家的节约是出了名的，南非标准银行开业费用一共才花了2 200英镑。

刚成立的南非标准银行雄心勃勃，仗着自身不差钱着手收购当地小银行，短时间内将伊丽莎白港商业银行、科尔斯伯格银行、英属卡弗拉里亚银行、福尔史密斯银行、克拉度克联合银行和西博福特银行收归麾下。银行分支机构的设立也同步进行，至1864年年底，南非标准银行已有15家分支机构。尽管南非标准银行的董事会在伦敦，但为了让"听得见枪声的人做决策"，南非标准银行将总部设于伊丽莎白港主街，一些分支机构还成立了当地董事会。起航取得圆满成功，南非标准银行成立次年盈利率达15%，注册资本增加到200万英镑，新股每股溢价13英镑。

在银行业的世界里，风和日丽、风平浪静的时光始终是短暂的，暴风骤雨、惊涛骇浪却是常态。19世纪60年代早期，伦敦流动性资金充裕，投机资本涌至南非，金融泡沫扩大。1864年，因美国内战以及经济危机延伸至英国，开普殖民地又遇到严重的干旱及巴苏陀战争，导致贸易受挫、存货积压、票据逾期、坏账严重，社会信用基础动摇以致坍塌。1866年，英国大贸易商行奥弗伦·格尼公司倒闭，从而引发了英属殖民地的金融和经济危机。英国银行业出现恐慌及挤兑，祸及中国香港——11家大银行中有6家遭挤兑。南非殖民地银行受挫更甚，大量银行停止支付，引发连锁反应。南非标准银行浮现大量不良贷款，原来收购的几家小型银行也坏账累累，管理隐患凸显。南非标准银行在风雨飘摇中艰难生存，经过了7年的治理整顿和坏账核销才逐渐走出低谷。

金融业“剩者为王”，因南非多数银行在这场危机中受挫严重，危机后的“剩者”——南非标准银行在19世纪70年代接管了陷入危机的5家当地银行，此后还成为南非殖民地主要银行和政府业务的代理银行，在市场硬币供应方面也发挥了主要作用。危机后，南非标准银行日渐本土化，股东也日益本地化。1883年，为了有利于向英属殖民地以外的地区发展，“不列颠南非标准银行”改名为“南非标准银行”。其间，还有一件大事：1877年，南非标准银行花费了32万英镑如愿以偿地收购了“宿敌”伦敦南非银行的全部资产，并增加了注册资本，扩充了银行实力。

钻石、黄金的机遇与挑战

幸运的南非标准银行抓住了19世纪七八十年代发现钻石和黄金的契机。据说，南非第一颗钻石是于1867年在霍普敦地区河流的一堆石头中被发现的。1869年，另一颗钻石被发现，并最终在欧洲以2.5万英镑售出。敢于冒险和承担风险是南非投资者的文化，他们相信眼光和耐心会给自己带来巨大的回报，无论是对钻石还是黄金的投资都反映了他们的投资特征。当发现钻石的消息传出后，人们纷纷涌入。1870年年初，瓦尔河两岸有1万名寻矿者，甚至一些南非标准银行的雇员也辞职去寻找钻石。之后，南非标准银行率先设立了钻石矿区银行。尽管银行承受的压力很大，需要从羊毛分类转向钻石分级技能，在蛮荒之地开设银行还需担忧员工的安全和行业风险，但是之后钻石行业的繁荣给了南非标准银行足够的安慰。好事相连，1865年，德国探险家在南非贝专纳保护国发现黄金，投机者开始探寻矿脉。南非标准银行嗅到机遇，迅速采购了黄金检测设备，建立了筚路蓝缕的矿区帐篷机构，与粗野的矿主、投机者、小偷甚至抢劫犯打交道，只期冀着占领黄金业务先机。皇天不负苦心人，1886年，农庄工人乔治·哈里森幸运地被金色的石块绊倒，宣告了地球上最大的黄金矿脉区出世。大批投资者蜂拥而至。1887年年底，仅德兰士瓦就建立了270家黄金矿业公司。约翰内斯堡以恩尼古语称黄金为“伊高比”。黄金热再次为南非标准银行带来滚滚商机，其约翰内斯堡分行业务激增、繁忙异常，但矿区简陋，人们生活困苦，疾病甚至死亡一直威胁着银行员工。金饭碗里淌满着泪水，也包括成功的泪水。

财富并不必然等于幸福，资源有时还会带来诅咒。在殖民统治下的南非，战争不断，经济震荡，金融风险此起彼伏。给南非带来更深重灾难的是种族隔离制度。世事变迁，惊涛骇浪，所幸的是南非标准银行并没有在风浪中沉没，历届出色的银行家带领着南非标准银行侥幸地渡过战争时期、经济大萧条时期、政治大变革时期。可见，十年企业靠战略，百年企业靠文化，百年以上的企业还要靠幸运。

国际扩张与国际制裁

随着英国的统治向北扩张，南非标准银行进入南罗德西亚（现津巴布韦），同时也在北罗德西亚（现赞比亚）和东非、中非其他诸多地区开设银行。19 世纪 90 年代，南非标准银行已是非洲南部最重要的银行，其代表处远至刚果、桑给巴尔、乌干达和坦噶尼喀。随着 1917 年南非引入第一家储蓄银行后，南非标准银行开始涉足更广泛的业务领域。

第一次世界大战后，南非标准银行和巴克莱银行成为英国经营非洲业务的主要跨国银行。第二次世界大战结束时，南非标准银行已经成为非洲领先银行。1945 年，南非标准银行在非洲拥有 390 家分行和代表处，1963 年这一数量增加至 900 家。1969 年，同属英资背景且同样起源于伦敦的南非标准银行和渣打银行（Chartered Bank）合并为标准渣打银行（Standard Chartered Bank）。图 5–3 是一枚渣打银行纪念银章。渣打银行成立于 1853 年，主要经营东方业务。成立时，该银行的名称为印度新金山中国汇理银行（Chartered Bank of India, Australia and China）。1911 年，该行改名为印度新金山中国渣打银行，1956 年其名称简化为渣打银行。1858 年，渣打银行开设上海分行，因首任经理的名字叫麦加利，该行曾被上海人称为“麦加利银行”。自 1862 年起，渣打银行香港分行获准在中国香港行使发钞权。在两家扎根于新兴市场的银行合并后，渣打银行在 60 个国家拥有了 1 500 多个分支机构。

图 5-3　渣打银行纪念银章

英国殖民时的南非形成了一系列种族歧视法案。种族隔离制度是以 1913 年的《原住民土地法》为开端的。1961 年，在南非独立后，该法仍延续，以防止非白人族群得到投票权或影响力，这引发了非白人族群的抗争。1983 年，南非推出了三院制议会，由白人、“有色人种”和印度人组成，排斥黑人。南非及全球的反种族隔离情绪进一步高涨。各国经济制裁升级，南非国际声誉受挫。大规模的社会和政治动荡使外国投资者感到不安，资本纷纷从南非外流。1980 年，渣打银行董事长在年度股东大会上受到“终结南非贷款”运动者的攻击。巴克莱银行同样受到激烈抨击。许多外国银行停止了对南非贷款，南非兰特迅速崩盘，货币市场和股票交易所关闭一周。巴克莱银行和渣打银行十分无奈，开始重新评估自己在南非的投资。渣打银行着手减持股份，最终于 1987 年将持有的 38.98% 南非标准银行股权悉数出售。自此，南非标准银行成为一家完全由南非资本拥有的金融机构。

南非前总统曼德拉毕生都在为废除种族隔离制度而努力。1994 年 4 月，南非议会通过第一部临时宪法，规定所有的南非人都有权利得到法律的平等保护，种族隔离政策从法律上被根本废除，南非走向民族和解的道路，重新拥抱世界。之后，南非标准银行的业务范围拓展至银行、信托、保险、投资、贸易融资等领域。南非标准银行在非洲 17 个国家设有分行，这 17 个国家的 GDP 占非洲 GDP 的一半以上。南非标准银行连续多年保持了 20% 以上的净资产回报率，净利润 20 年的复合增长率超过 20%。非洲的发展潜力引起了跨国银行的关注，英国巴克莱银行掌握非洲第二大银行南非联合银行（ABSA）近 60% 的股份，其利润的 13% 来自非洲，其业务活跃在非洲 12 个国家。渣打银行在与南非标准银行分手后，独自耕耘非洲市场，成为非洲领先银行。葡萄牙的圣精银行（BES）、投资银行（BPI）和千禧商业银行（BCP）则在西非法语区和葡萄牙语区耕耘市场，在安哥拉一共拥有超过 170 家分行。同时，非洲的银行走向世界，南非标准银行通过新设和收购，进军到遥远的新兴市场，在俄罗斯、土耳其、巴西、阿根廷建立机构。1999 年，南非标准银行在上海建立了代表处。2001 年，南非标准银行通过收购香港怡富银行（Jardine Fleming Bank）开拓了亚洲市场。2004 年，南非标准银行创立了标准资源（中国）有限公司——为中国矿业和金属行业提供商品交易业务。中国市场是南非标准银行在新兴市场的重要支点，南非标准银行一直在思索进入中国市场的最佳方式。

中、非金融的世纪握手

中国工商银行也在眺望着非洲的金融机会。中国企业在采购、销售全球化的过程中不一定需要中国银行业的跟随服务，但在投资、生产和服务全球化的过程中就一定需要中国银行业的延伸服务。世界资源研究所的调查显示，中国“走出去”的企业在开展对外投资和并购中所需资金的 80%~90% 来自中国的银行机构。2007 年 6 月，中国工商银行的境外分支机构总数超过 100 家，但在非洲地区是零。当时，非洲市场已经呈现出巨大的发展潜力。非洲进出口总额达 1 810 亿美元，年均增长率达 15%。中国成为非洲第二大贸易伙伴。中、非贸易额从 2000 年的 106 亿美元增加到 2008 年的 1 072 亿美元，年均增幅 34.7%，远高于同期中国外贸的增幅。非洲成为中国第四大海外投资目的地。2008 年年底，中国对非洲投资累计达 260 亿美元，在非洲 49 个国家设立境外企业达 1 600 多家，占中国对外投企业总数的 12.9%。2000—2007 年，全世界经济增长最快的 10 个国家里有 6 个来自非洲，撒哈拉沙漠以南的非洲地区持续位居世界经济增速第二位。随着非洲国家的现代化及城镇化建设，到非洲投资的中国企业越来越多，融资项目需求也越来越多，非洲金融业孕育着发展良机。但从金融发展的阶段来看，非洲金融市场却远没有成熟，非洲金融规模居全球末席。撒哈拉沙漠以南的非洲地区一半以上的人口甚至未享受过银行服务。

从以往在海外新设分支机构的经验来看，中资银行从设立机构、开展业务到实现良好的财务回报需要较长时间。若中资银行的本地化程度不够，其增加市场渗透深度就会比较困难。非洲国家众多且差异性大，银行网点、资源、人才完全无法覆盖非洲广袤大地，无法提供完整的金融服务，难以适应非洲的发展机遇。收购兼并是银行海外发展的又一途径，可发挥购并双方的比较优势，降低客户、渠道和品牌扩展成本，有利于银行本土化经营，从而使银行在较短时间内建立起支撑广袤市场的业务基础。中国工商银行继2000年在中国香港接连收购友联银行、华比富通银行以来，2006年收购了印度尼西亚哈利姆银行，2007年收购中国澳门诚兴银行，对泰国的ACL银行的收购也在紧锣密鼓地进行着。虽然中国工商银行积累了一些购并经验，购并运作并不像初始那样青涩了，但境外并购不是伊甸园，充满了风险和挑战，一着不慎，全局皆输。一般而言，购并风险大于机构申设，对于进入陌生的非洲银行市场来说，是申设分行还是收购兼并呢？这是摆在中国工商银行面前的一个关键性选择。即使中国工商银行选择收购兼并，条件合适且双方有意愿的并购机会也像火星碰上金星一样难得。图5–4是我在中国工商银行总行会见雅科·马瑞时的照片。

2005年6月，国际货币会议（IMC）首次在中国召开，刚获批股份制改革方案的中国工商银行作为会议东道主，在家门口欢迎来自全球各地的金融巨头。南非标准银行首席执行官雅科·马瑞访问了中国工商银行，双方对初次会晤都印象深刻。2007年5月，非洲发展银行年会首次在中国召开，77个成员国悉数到会。中国参会者对非洲的热情和了解，以及中国的进步速度都使雅科·马瑞惊叹不已。2007年6月，国际货币会议在开普敦召开，雅科·马瑞担任会议轮值主席，我们又一次见面，两家银行达成了业务上“战略合作”的口头意向。双

图 5-4　时任中国工商银行董事长姜建清会见南非标准银行首席执行官雅科·马瑞

方团队努力工作，很快形成《战略合作协议》。

当时，正巧南非标准银行因资本金不足拟增发股份，双方银行有无可能从业务合作走向股权合作的这一想法像闪电一样掠过。在非洲这块欣欣向荣的大陆上，南非无疑是最具发展潜力的新兴市场。如果中国工商银行能够对南非标准银行的股份进行长期战略投资，那么这无疑会进一步夯实双方的战略合作，中国工商银行可通过此方式拓展非洲市场。南非的外部环境也比较成熟，南非内部的监管体系完善，金融市场发达。1990 年后，南非的银行并购整合较多，政府对外资银行准入放松。但南非标准银行是怎样思考的呢？双方需要进一步沟通。

2007 年 10 月，南非标准银行董事长库珀和首席执行官雅科·马瑞应邀来到北京，他们坦诚地告诉中国工商银行的领导，南非标准银行之前也一直思索如何能与一家国际性银行建立战略关系，也曾与几家国际银行有过初步接触，但未考虑过中国的投资。他们在深入考虑后认为，重要的不仅是引入新资本，而是中、非之间长期合作的美好前景吸引了他们，以及能与中国工商银行建立牢固的战略合作关系的长期利益吸引了他们。回顾以往多次沟通的过程，双方想法契合。我在南非标准银行总部大楼参加了南非标准银行董事会的欢迎会，南非标准银行董事长库珀做了一场热情洋溢的讲话。他讲述了郑和到非洲的故事，强调了中国人是热爱和平的，并且从来没有对非洲进行过侵略和掠夺。这也是许多非洲人的心声。

此后，尽职调查迅速开展。调查过程不仅是风险分析，更是合作的开端。尽职调查开展恰当，会促进双方相互理解，有助于紧密合作。交易双方对所有的疑问都进行了毫无保留的沟通以及坦诚、友好的交流。中国工商银行工作团队对南非标准银行高管团队的访谈问题超过 400 个（会议一场接着一场），对财务、法律和政治风险进行了细致、全面的交流与评估，对战略合作与股份收购等核心条款逐条进行谈判和修订。中国工商银行工作团队亦深入南非标准银行网点进行现场考察，一位中国工商银行团队成员还亲历了一场惊心动魄的被打劫的遭遇，所幸并无人员伤亡及财产损失。在尽职调查的过程中，中国工商银行管理层也充分地与董事会、国内监管机构和主要股东进行了沟通。

购并过程一波三折

南非标准银行的股权较为分散。南非标准银行最大的股东是南非公共投资集团，约持股 13.9%；其后是耆卫保险公司和黑人经济振兴法案的参与者，占比分别为 8.2% 和 7.6%；其他股东的持股份额均不到 5%。曾有多家大型国际金融机构都有意竞购南非标准银行，因控股权的要求无法达成一致而告终。最初，南非标准银行希望中国工商银行入股 10%，因为过多资本投入将影响其资本赢利水平，也担心出让太多股权会引起政府和监管部门的关注，从而增加审批难度。中国工商银行则认为 10% 的持股比例太低，不能体现战略投资意图，要求入股 20%。从技术角度来考虑，上市公司低于 20% 的股权投资需要进行公允价值调整（fair value adjustment），被投资企业股价波动、汇率波动都会对中国工商银行的报表带来影响。“由于中国工商银行的收购方案不具有侵略性、不要求更换管理层，再加上中、非友好深入合作的宏观背景，所以南非标准银行的管理层和股东最终把票投给了中国工商银行。”一位国际投行人士如此评价。

双方最终同意“10%+10%”的双重收购结构，其中 10% 系南非标准银行向中国工商银行定向发行新股，另外 10% 系中国工商银行收购南非标准银行已发行的普通股，认购新股和收购老股互为前提条件。适当的交易价格是本次交易成功的又一关键。价格太高会有损中国工商银行的利益，价格太低则难以获得对方股东大会的批准，并可能引发欧美银行的竞争性要约。在中国工商银行收购团队参考了众多交易先例后，新股定价为交易宣告前 30 个交易日南非标准银行股票按成交量加权平均的价格，老股定价为相对于新股认购价 30% 的溢价，最终收购价格为 120.29 南非兰特 / 股，平均溢价水平为 15%，这个收购价既对南非标准银行股东有一定的吸引力，又能够合理控制中国工商银行的收购成本。在中国工商银行董事会审议通过此次交易之前，中国工商银行和大股东财政部，以及汇金公司的独立财务顾问分别对此次收购交易进行了独立的评价，他们均认为本次收购交易是公平、合理的。

应对花旗的负面报告

在交易公告后，市场和媒体反应积极。全球各大新闻媒体都在显著位置刊登了此消息，就连向来挑剔的境外大牌媒体亦对此次交易褒奖有加。ICBC（中国工商银行）成为全球媒体，特别是财经媒体最热门的词汇之一。国际各大投资银行也纷纷就本次交易发表专题研究报告，评价大都积极、正面。南非《时报》指出：“这是南非结束种族隔离之后得到的最大一笔境外直接投资，这是中国公司迄今为止最大的一笔海外投资。”南非《商报》评论：“人们一直认为，中国在非洲的发展战略是通过向非洲国家提供低廉的贷款换取资源，而中国工商银行的动作则意味着中国想和非洲一起谋求更大的发展。”美国《华尔街日报》认为：“中国最大的银行宣布向南非投资55亿美元，这是经济强劲、资金充裕的中国正由输出玩具、运动衫和MP3（音乐播放器）等商品向输出资本进化的最新信号。”英国《金融时报》认为：“尽管中国工商银行在一年前进行了首次公开募股，手头资金充裕，但它在投资海外之前显然经过了深思熟虑。55亿美元的收购价格并不高，与此前中国对非洲的交易不同，这是一宗非常公开的交易，条款和条件都很透明。这一交易清楚地显示了中国在非洲的投资逐步成熟，因为市场普遍认同南非标准银行是南非最优的蓝筹股和最稳定的金融企业。中国正在超越自己过去以提供廉价贷款来换取矿产资源的策略。”

此项收购交易在公告后还需要获得南非标准银行股东大会 75% 的多数票通过，并经南非法院的最终裁定才告成功。然而，就在这关键时刻，不测事件发生了。2007 年 10 月 29 日，花旗集团证券分析师赫里·霍尔（Herry Hall）甩出重磅“炸弹”，发表了一份题为《我们不会投票赞成每股 136 兰特的转让协议》的研究报告。该报告洋洋洒洒 28 页，观点偏激，措辞严厉，抨击此次收购项目，认为“该交易存在诸多圈套”，指出南非标准银行具稀缺性和独特性，认为中国工商银行正以历史性的超低价格收购，“10%+10% 的交易结构隐藏了收购均价 120.29 兰特的事实”，并力图怂恿股东应该要求更高的溢价，“实在、公平的价格应为每股 187.7 兰特，但考虑到引入中国工商银行作为战略合作伙伴的协同效应，建议最终向中国工商银行要求每股 161.2 兰特的转让价格”。那位分析师还指出，“对南非来说，让中国政府有效控制南非银行业‘皇冠上的明珠’是正确的吗？中国工商银行所持的 20% 股份会不会是以南非为代价为中国的发展提供便利呢？”。

面对突如其来的舆论危机，我们十分冷静并密切关注市场的最新反映，了解投资者的投票倾向变化。释疑解惑的最好方式是面对面沟通。我带队出访南非，拜访了南非政府部门的负责人，表达了中国工商银行投资南非标准银行的坚定信心及战略性、长期性，说明中、非金融合作对中、非合作的重要意义。同时，我们通过一对一会谈、小型座谈会等多种形式会见了 20 多位南非标准银行的重要股东，强调了我们的投资价格是合理的，并展示了两家银行战略合作的演示文稿（量化的预期协同效益），让股东清晰地看到中国工商银行投资后的增长机会和实施路径。我们还参加了南非标准银行年度的管理大会，会场人头攒动，400 余人到会。我和雅科·马瑞的演讲引起共鸣，我讲道：“一个亚洲最大的银行和一个非洲最大的银行携手，我们有什么理由怀疑未来呢？”雅科·马瑞则呼吁股东相信管理层的选择和判断，他说：“我们不仅仅可以获得进一步发展所需的资金，还将获得一个长期的支持性股东、一个值得信赖的战略合作伙伴。”会场气氛热烈，结束时全场起立，掌声经久不息。我们这次南非之行取得了明显的效果，南非标准银行做了一次股东调查，结果显示赞成交易的股东比例较两天前上升了 13%。

尽管如此，由于南非标准银行的股权相当分散，能否在股东大会上获得 75% 的赞成票仍然具有较大的不确定性，我们还需要继续努力。当时，我和库珀董事长开了个玩笑：“我们打个赌吧！看看哪家银行的股东大会获得投票的赞成率更高。”2007 年 12 月 3 日，投票结果揭晓：中国工商银行股东以 99.96% 的赞成票通过了本次交易，南非标准银行股东以 95% 的赞成票表达了对此次交易的支持。南非标准银行的管理层十分惊讶，雅科·马瑞说：“对于任何一项交易来说，如果能够得到 95% 的股东支持都是很不寻常的，这充分说明了投资者对双方战略合作前景的信心。”此后，中国和南非的监管机构、法院相继批准了本次交易。2008 年 3 月 3 日，这一天注定将被浓墨重彩地载入中国银行业的并购史册，中国工商银行以约 55 亿美元收购了南非标准银行 20% 的股权，成为该银行单一最大的股东，创造了中国投资非洲最大项目的纪录。图 5–5 为 2008 年 3 月 25 日中国工商银行与南非标准银行战略合作启动会议。

图 5-5　中国工商银行与南非标准银行战略合作启动会议

携手迎接中、非经济的机遇和挑战

在中国工商银行的并购案例中，中国工商银行对中小银行通常采取控股权合并管理权的收购模式，这样有利于购后整合。南非标准银行是一家规模较大的银行，20% 的投资比例已经很大了。中国工商银行虽然是南非标准银行的单一最大股东，但并不直接介入银行管理。中国工商银行对南非标准银行的管理文化、风险控制和发展战略都较为认同，南非标准银行的管理团队很优秀，银行也运行良好。但中国工商银行是战略投资，不仅要关心投资的安全性、收益性，更要实现双方的战略合作目标，仅参加股东大会行使股东权力是不够的，还必须通过派员工参加董事会来参与南非标准银行的经营战略制定和重大经营管理决策。南非标准银行董事会成员多为独立非执行董事，原则上股东并不派出董事。但是，经过我们积极谈判争取，最终南非标准银行同意中国工商银行有权提名两名非执行董事，其中一名是副董事长（杨凯生行长任首任副董事长）。

中国工商银行对南非标准银行的股权管理，主要是通过董事会的作用及公司治理来实施的。中国工商银行董事担任南非标准银行信贷委员会、风险与资本管理委员会、董事事务委员会委员和集团审计委员会的观察员，日常还通过电子邮件、非正式讨论和电话会议等多种形式进行沟通。经验丰富的董事会帮助管理层做出更专业的商业决策，管理层也频繁地与董事保持沟通。我们坚持一个观点：中国工商银行与南非标准银行要齐心协力、共谋长远，保持可持续的发展。我们看好非洲的未来，没有短期目光。中国工商银行对南非标准银行董事会提出的战略转型、聚焦非洲、重视科技、成本管理等建议都被南非标准银行重视和采用。相互理解、相互尊重是合作成功的前提。双方银行及团队都注意相互尊重、理解和认同，主动倾听对方的声音。有着不同文化的中、非银行，面临着不同的市场环境，有时也会有争议，但我们强调求同存异和协商解决问题，我们的合作非常愉快。双方经常说的一句话是："我们不仅是合作伙伴，还是一个大家庭。"

在非洲人来看，南非标准银行是非洲最大的商业银行，其背后有一个强大的中国融资渠道及中国市场；在中国人来看，中国工商银行是中国最大的商业银行，其在非洲有广泛的人脉资源。越来越多的在非投融资企业选择与中国工商银行、南非标准银行合作。中国工商银行的客户关系和资金优势，以及南非标准银行的市场资源和人脉优势，共同发挥了整合优势。

两家银行建立了战略合作长效机制，成立了由两行最高层领导组成的战略合作联合指导委员会和多个对口合作团队，全面推进公司与投行、结算管理、现金管理、全球托管、金融市场、跨境人民币、风险管理、信息科技等多个领域务实合作。合作规模逐步扩大，形式趋于多样，领域不断拓宽。双方的风险管理团队就此加强交流和联系，相互学习、取长补短。中国工商银行与南非标准银行的合作从贸易融资、项目融资、银团贷款、现金管理等传统产品到结构性商品融资等创新产品，以“贸易 + 金融”的方式引导中资企业进入符合国家对非战略的领域和产业，为在非中资企业提供全方位的金融服务，有力地推动着中、非贸易的发展。中国工商银行积极探索通过金融服务推动南非乃至非洲经济发展的方法，以改善非洲发展中国家人民的生活水平。

股权合作的延伸

纵览中国工商银行 25 年来的国际化历程，收购南非标准银行股权是一个重要的里程碑，具有跨时代的意义。此次收购实现了亚洲最大银行与非洲最大银行之间的握手，以股权投资带动战略合作的新模式开创了中、非金融合作的先河。2014 年，中国工商银行投资 6 亿美元收购了南非标准银行控股的阿根廷标准银行，双方以 80% 和 20% 的股比合资共同拓展阿根廷市场。收购至今，该银行经营效益出色。

阿根廷标准银行的前身是美国第一国民波士顿银行。图 5–6 是 1967 年该银行成立 50 周年（1917—1967）时发行的纪念铜章。该铜章重 193 克，直径为 70 毫米。该银行后被南非标准银行收购，继而成为中国工商银行阿根廷子银行。我在《世界金融百年沧桑记忆 1》

中的《压倒骆驼的不是那一根草》一文中有过介绍。

图 5–6　美国第一国民波士顿银行成立 50 周年（1917—1967）纪念铜章

图 5–7 是 2013 年发行的中国工商银行阿根廷子银行纪念铜章。铜章重 278 克，直径为 80 毫米。铜章的一面为中国结和中国工商银行行徽；铜章的另一面为阿根廷标准银行的原总部大楼，大楼位于阿根廷首都布宜诺斯艾利斯，为文艺复兴风格的标志性建筑，建成于 1924 年。

随着中国经济结构调整和金融改革深化，企业的资金需求越来越多地依靠资本市场的满足，也更加关注利率、汇率波动引起的资产价值和资金成本变化。2015 年，中国工商银行投资了南非标准银行公众有限公司，成立工银标准银行公众有限公司。南非标准银行公众有限公司是南非标准银行全资的境外全球市场业务平台，在全球市场业务，特别是商品业务上形成了较为成熟的商业模式和一定的市场地位，是一家具有国际水准的专业机构。中国工商银行在产品线的发展

图 5–7　中国工商银行阿根廷子银行成立纪念铜章

方向上展望长远，着眼打造全球市场交易平台。2012 年，花旗、摩根大通、汇丰等 10 家跨国银行的固定收益、货币、商品和股票交易（FICE）业务收入合计约 1 200 亿美元，占其总体营业收入的 25%，而中国 5 家大型中资银行的债券、外汇、股权等交易收入（不包括债券利息收入）在总收入上的占比为 2% 左右。如果能较好地利用这一平台的产品、能力、人才和经验，那么它们会成为中国工商银行在未来国际市场交易业务中重要的增长点。中国工商银行也因此次收购成为第一家在伦敦拥有贵金属清算会员资格和金库的中资银行。

图 5–8 是 2015 年工银标准银行公众有限公司成立纪念铜章。铜章重 370 克，直径为 80 毫米。

中国工商银行投资南非标准银行已经 10 多年了，这项收购交出了一份良好的成绩单：南非标准银行经营稳健、分红稳定，给中国工商银行带来了良好的投资收益。2008 年初至 2017 年 6 月末，南非标准银行累计实现归属中国工商银行净利润 320 亿兰特，平均净资产收

图 5-8 工银标准银行公众有限公司成立纪念铜章

益率（ROE）为 14.7%，中国工商银行共收到南非标准银行现金股息约 147.5 亿兰特、股票股息 1 995 万股。按权益法计算，中国工商银行对南非标准银行的年均投资收益率为 7.65%，高于同期国内外本外币债券的投资收益率。在获得高额分红的同时，中国工商银行还实现了数亿美元的战略合作收益。

过去 10 多年，中国工商银行在非洲存量信贷项目有 100 多个，承贷金额合计达 200 多亿美元，贷款余额为 60 多亿美元，项目安全性和效益性良好。非洲已成为中国工商银行仅次于亚洲的重要业务聚集地。股权合作对双方的影响是显而易见的，通过商业化、市场化的紧密合作，双方可提高经营管理能力、客户服务能力等核心竞争力，并由此获得更大的市场吸引力与话语权。收购往往更着眼于战略思考，只要我们的战略方向是正确的，并且我们执着地往这个方向走，那么我们未来会收到更大的回报。

2018 年是中国工商银行收购南非标准银行股权 10 周年，也是双方战略合作10周年。这是双方经历考验、应对挑战的10年，也是双方同舟共济、密切合作的10年，更是双方共同成长、共赢发展的10年。2018年，我与南非标准银行的两位朋友一起撰写并出版了《非洲金融明珠——标准银行集团史》一书，相比历史悠久的欧美大型银行，新兴市场国家的银行业或因不重视修史，或因银行存续期短、兼并重组多，真正面世的银行史较少见。另一种现象是，曾经的殖民地国家的银行史更罕见，或因银行及企业历史档案缺乏及灭失，或因银行及企业档案仅存储于原宗主国，总之原殖民地国家银行史和企业史研究存在大段空白。包括非洲银行业在内的新兴市场国家的银行史和企业史研究，对于研究殖民地和新兴市场国家的社会及经济发展具有重要意义。然而幸运的是，像南非标准银行这样的银行在非洲是少见的，它是持续经营150多年的古老银行。南非标准银行经历了殖民地时期、种族隔离时期和民主国家建立时期。南非标准银行最初是一家英资银行，它沿袭了善于修史的传统。1913年、1965年和2014年，南非标准银行对本行汗牛充栋、卷帙浩繁的档案资料进行了多年的搜集、整理、分析和归类工作，分别出版了《南非标准银行50年》、《南非标准银行100年》和《南非标准银行150年》的英文版，这对我们写作和出版这部中文版的标准银行史提供了极大的帮助。

自21世纪以来，中国与非洲的商贸交往得到突飞猛进的发展。中国连续多年成为非洲第一大贸易伙伴国。近年来，非洲经济表现出来的活力吸引了越来越多的投资者的关注。在中国，“投资非洲”已成为众多在全球寻找商机的中国企业家们的选择。众多国有大中型企业是中、非合作的主力军，越来越多的中小企业和民营企业日益活跃在非洲。在9年（2007—2016）的时间里，中国对非洲非金融类直接投资从44.6亿美元增加到345.7亿美元，增长了近7倍。2018年是中、非合作崭新的一年。在“一带一路”倡议下，越来越多的中国投资者参与到非洲国家的经济建设之中。在2018年中、非合作论坛北京峰会上，习近平主席发表了重要讲话，中、非领导人围绕“合作共赢，携手构建更加紧密的中、非命运共同体”主题，规划新时期中、非合作“路线图”，一个更加美好的中、非世纪合作前景展现在世人面前。目前，非洲的人口总数约为12亿，预计到2050年，非洲的人口将会增长1倍多，达到24.5亿。人口增长和城市化、工业化是非洲未来发展的关键驱动力。非洲未来必然会成为全球经济增长的新引擎，中、非金融合作的战略意义将会进一步凸显。

圣灵不灵

——葡萄牙圣灵银行大铜章背后的故事

1895-1968
1900-1955
JOSÉ · RICARDO · MANUEL
ESPÍRITO SANTO SILVA
1974

同胞手足，一门三杰。图 6-1 是一家葡萄牙银行创始家族成员的人物纪念铜章。铜章的一面呈现出精美的浮雕人物侧像，他们是该银行三位早期领导人，分别为何塞·里贝罗（José Ribeiro）、里卡多·里贝罗（Ricardo Ribeiro）和曼努埃尔·里贝罗（Manuel Ribeiro）。有趣的是，这三位是亲兄弟，圣埃斯·皮里图·席尔瓦（Espírito Santo Silva）是他们共同的姓。葡萄牙人姓太长，故下文均以名字称呼。铜章的另一面是该银行位于里斯本的总部大楼。该铜章发

图 6-1　葡萄牙圣灵银行创始家族成员人物纪念铜章

行于 1974 年，重 180 克，直径为 80 毫米，共计发行了 500 枚。该铜章由葡萄牙著名雕刻家及币章设计大师瓦斯科·达孔塞桑设计创作。

圣灵三子

葡萄牙圣灵银行（Banco Espírito Santo，简称 BES）在中国香港、澳门地区被翻译成必胜利银行。它换过几次名字，在很长一段时期它的名字是里斯本圣灵商业银行（Banco Espírito Santo e Comercial de Lisboa，简称 BESCL）。它最早可追溯至 1869 年。在 150 多年的历史里，圣灵家族是葡萄牙赫赫有名的金融王朝，对葡萄牙经济有着巨大影响。该家族产业涉猎广泛，从欧罗巴银行到迈阿密公寓，从财产人寿保险到安哥拉钻石矿藏，百年传承，代代巨富。不过，圣灵家族始祖并不是含着“金钥匙”出生的。据说，圣灵（Espírito Santo）这个姓源于教会给贫穷母亲所生婴儿的命名。圣灵家族的创始人是何塞·玛丽亚·圣埃斯皮里图·席尔瓦（José Maria Espírito Santo Silva，以下简称何塞·玛丽亚）。我们已无法考证他的祖辈是谁，但他们肯定不是皇亲国戚。何塞·玛丽亚出生于 1850 年 5 月 13 日，于 1869 年开始创业，在里斯本建立了一家外汇兑换公司，他的后代把这作为圣灵银行的开端。何塞·玛丽亚经营彩票、现金汇兑和证券业务。1880 年后，何塞·玛丽亚觉得办银行更有利可图，于是开办了一些银行机构，如席尔瓦、贝朗、平托公司和 J. M. 圣灵席尔瓦公司等。1903 年后，他还从事与安哥拉和莫桑比克等殖民地的贸易。何塞·玛丽亚于 1915 年去世，他的三个儿子继承了圣灵家族的事业，并将其发扬光大。图 6–2 为圣灵家族的创始人何塞·玛丽亚。

图 6-2 圣灵家族的创始人何塞·玛丽亚

何塞·玛丽亚的大儿子名叫何塞·里贝罗。1915 年，何塞·里贝罗掌舵圣灵家族，成为圣灵家族第二代领导人及圣灵银行的创始人。他抓住第一次世界大战结束后葡萄牙经济复苏期的时机，将家族的银行整合成银行公司（Casa Bancária Espírito Santo Silva & C）。1920 年 3 月，他再将银行名称简化为圣灵银行，并将银行的初始资本扩大至 360 万葡盾（PTE）。圣灵银行持续在葡萄牙扩展营业网点，几年内，其资本翻了一番，资产增至创业时的几十倍。1931 年，何塞·里贝罗由于离婚问题违背了天主教国家的习俗，被迫离开了领导人的岗位。

1932 年，圣灵银行交班给第二个领导人，即何塞·里贝罗的弟弟里卡多·里贝罗。里卡多·里贝罗对圣灵银行的贡献居功至伟。里卡多·里贝罗可谓多才多艺：他是经济学家，撰写了许多经济论文；他又是狂热的艺术爱好者，发表了不少古代艺术评论；他还擅长网球、击剑和高尔夫。1937 年 10 月，在他的主导下，圣灵银行与 1885 年创立的里斯本商业银行（Banco Comercial de Lisboa）合并，改名为里斯本圣灵商业银行。这一购并使圣灵银行的资产增加了约三分之一，里卡多·里贝罗依然是新银行的掌门人。第二次世界大战期间，葡萄牙的中立立场使它成为欧洲富人的避风港，其银行业快速发展。圣灵银行大规模进行地理扩张，至20世纪40年代末，其网点的数量已增长到34个，资本再次翻番，资产也增长了两倍。20世纪50年代后，圣灵银行在葡萄牙营业的网点超过50个，资本增加了两倍，资产增长了10倍。圣灵银行将葡萄牙马德拉离岸中心的公司也接管了过来。不幸的是，里卡多·里贝罗在1955年英年早逝。

打虎亲兄弟，上阵父子兵。1955年，继位首席执行官的是曼努埃尔·里贝罗。他从1932年起担任圣灵银行的秘书长，运营银行得心应手、轻车熟路。在他任期内，圣灵银行于1967年收购了卢森堡的跨大西洋银行（Banque Interatlantique），伸出了国际化触角。20世纪70年代，圣灵银行继续在国内外扩张。20世纪70年代末，圣灵银行的营业网点数量已达100个。1973年，圣灵银行与花旗银行合作，在安哥拉的卢安达建立了国际联合银行（Banco Inter-Unido）。不过，曼努埃尔·里贝罗的运气不如他的两位兄长好。他曾被逮捕和拘禁了14个月，在1973年去世前已感觉到山雨欲来风满楼。为此，他交班给儿子曼努埃尔·里卡多·皮涅罗（Manuel Ricardo Pinheiro）。儿子刚接班就接连遭遇不测。1974年，由于殖民地战争和经济衰退的导火线，葡萄牙发生了不流血军事政变，即“康乃馨革命”。当权者推崇社会主义，推出国有化举措。作为葡萄牙最大的银行和保险公司的圣灵银行首当其冲，于1975年3月被国有化，变成一家国有金融机构。于是，圣灵家族成员逃亡西班牙，而后定居英国、巴西和瑞士。

图 6–3 为圣灵里斯本商业银行行徽——由银行名首个字母的缩写汇成。

图 6–3 圣灵里斯本商业银行行徽

圣灵之佑

身处海外的圣灵银行成员也没有闲着，他们相应地扩大海外布局：在美国购买了佛罗里达州的比斯坎银行的股份，后将其改名为圣埃斯皮里图银行；在瑞士洛桑设立基金管理公司；在伦敦、纽约、拿骚、马德里和马德拉开办了分支机构；在卢森堡成立了圣灵金融集团（Espírito Santo Financial Group，简称 ESFG）。1985 年，葡萄牙又回归私有化道路，圣灵家族抓住时机重归葡萄牙，回购股权、扩大机构，竭力挽回国有化时期的损失。在整个 20 世纪 80 年代，圣灵银行的网点数量由 110 个增长到 171 个，资本从 12 亿葡盾增长到 400 亿葡盾，资产从 1 560 亿葡盾增长到 11 970 亿葡盾。20 世纪 90 年代，圣灵银行继续在法国巴黎、意大利米兰、安哥拉卢安达和俄罗斯莫斯科建立了代表处。圣灵金融集团与法国农业信贷银行合资成立控股公司，圣灵家族重新控股了圣灵银行，又成为圣灵银行的主要股东。他们感谢圣灵之佑，百年银行又回归圣灵家族。

在西方宗教中，圣灵是三位一体神中的一个位格，其他两个位格分别是圣父与圣子。圣灵指的是无形、强大、神圣且有情感的灵。这家以圣灵命名的银行，确实如有神佑，百年来由一家外汇兑换门店发展成葡萄牙第二大银行和第一大上市银行，市值曾长期雄踞葡萄牙银行业首位，成为全球著名的金融集团之一，其业务版图横跨银行、地产、酒店、保险、能源和农业领域。图 6–4 为圣灵银行旗下宁静保险公司（Companhia de Seguros Tranquilidade）纪念铜章。铜章重229克，直径为 80 毫米。幸运的大门一直向圣灵家族敞开着。

图 6–4　宁静保险公司纪念铜章

在葡萄牙国内，圣灵银行拥有最大的营业网络。在致力于打造综合金融集团的过程中，圣灵银行对许多银行和公司拥有控股权。比如建立在里斯本的国际信贷银行（Banco Internacional de Crédito），其核心业务是商业、抵押和私人银行业务。再如宁静保险公司，它是在葡萄牙运营的最大的保险公司。此外，还有圣灵保险公司（BES Seguros）、Besleasing 公司、BESI 公司和 ESAF 公司等。圣灵保险公司的保险业务延伸到了西班牙、安哥拉、莫桑比克、巴西、阿根廷、智利等国家，还控股连接健康保险与医疗服务的保险平台公司。Besleasing 公司是葡萄牙最大的租赁公司；BESI 公司是葡萄牙领先的投资银行；ESAF 公司是一个基金控股公司，在葡萄牙国内外致力于有价证券和财产业务。圣灵银行在全球 23 个国家拥有分支机构，是葡萄牙最国际化的金融集团。圣灵银行在西班牙拥有一家全资子银行，在西班牙有 27 个营业网点，还持有法国一家银行——巴黎银行公司（Société Bancaire de Paris）20% 的股权。1995 年年底，圣灵银行在中国澳门开设子行——东方圣灵银行（Banco Espírito Santo do Oriente, SARL），并在中国上海建立了代表处。1997 年，圣灵银行收购了拥有 70 多家分行的巴西跨大西洋美景银行（Banco Boavista Inter-Atlantico）的部分股份。1999 年，该银行恢复了 62 年前的旧名圣灵银行，替代了里斯本圣灵商业银行的名称。圣灵银行在欧洲证券交易所和伦敦证券交易所上市，圣灵家族作为第一大股东控股银行 20.1% 的股权。圣灵银行被标准普尔公司和穆迪公司评为葡萄牙等级最高的银行，其长期信用分别被两家公司评为 A 和 A2，其短期信用分别被评为 A1 和 P1。该银行一直是葡萄牙赢利能力最强的银行，成为里斯本证券交易所经常引用的名字之一，曾连续 5 年被《全球金融》杂志评为最佳交易金融银行。2013 年年末，圣灵金融集团总资产达 848.5 亿欧元。

新星预言

图 6–5 这枚大铜章的含义令人难以释意。它是 1980 年里斯本圣灵商业银行发行的铜章，铜章重 75 克，直径为 50 毫米。铜章的一面是钱币从水槽中流出的抽象图案；铜章的另一面有环半边的里斯本圣灵商业银行名，中间是银行名称首个字母汇集的银行徽记，左边疑似以窗户代表大楼，右边醒目的西文“Novo、Sede”翻译成中文为“新星、总部”。里斯本圣灵银行发行铜章的初衷，也许是为了祝贺新的办公场所落成。难道冥冥之中早有天意，24 年后，一场重大变故引发圣灵不佑，圣灵银行百年基业一朝崩塌。政府竭力挽救，从中拾捡部分资产组建新银行。令人惊愕的是，“新星”恰是新银行总部的名称。一枚 24 年前铸成的铜章难道已预见圣灵银行的宿命，或是无意中成为它的诅咒？

图 6–5　里斯本圣灵商业银行纪念铜章

圣灵家族的第四代精英是何塞·里贝罗的曾孙，即里卡多·里贝罗的孙子——里卡多·萨尔加多（见图 6–6）。萨尔加多出生于 1944 年，1972 年加入圣灵家族银行，经历了圣灵银行国有化及失而复得的大悲大喜。他从 1991 年起成为圣灵银行的首席执行官，至 2013 年担任掌门人职务已达 23 年。他平时不苟言笑、态度严肃，是葡萄牙最知名的银行家，媒体称其为“DDT”，这可不是杀虫剂的简称，而是葡语 Dono Disto Tudo 的缩写，意味着他是拥有一切的主人（Owner of All This）。70 岁的萨尔加多看起来踌躇满志、傲视群雄，可他内心的焦虑不为人所知。他担忧混乱的家族财务账目，焦虑家族的百年大厦将倾，感觉到圣灵开始不灵了。当萨尔加多凝视图 6–1 那枚 40 多年前发行的家族大铜章时，他或许感到自己也许无脸面再见铜章上的三位爷爷了。

图 6–6　圣灵家族成员的最后一任圣灵银行首席执行官萨尔加多

果然，不久后萨尔加多因涉嫌诈骗、伪造文件、洗钱和滥用职权四项指控，遭到葡萄牙检方拘留问话。“大厦将倾，独木难支”。丑闻的爆发时间比想象的来得更早，萨尔加多于2014年黯然下台，圣灵银行内负责风险控制、合规、监督和审计等岗位的高管均被停职。此事件成为该年引起全球金融业震动的丑闻和危机事件。

大厦崩溃是从底部砖块的搬移开始的。事件回溯至1999年，在圣灵集团信托公司担任副总裁的卡多什（Cadosch）创建了一家位于瑞士的小型金融公司（Eurofin Holding SA，简称Eurofin）。2008年，圣灵集团通过一家名为圣灵资源（Espírito Santo Resources）的公司持有了Eurofin 23%的股份。Eurofin貌似为富裕家庭提供财富管理，实质上它与圣灵家族的关系异常紧密，从事圣灵银行与圣灵家族间的关联交易，它以外界难以察觉的方式在圣灵集团各控股公司之间进行资金转移，为圣灵集团提供财务支持，成为圣灵集团的一个特殊目的的融资平台。为避嫌，圣灵家族后来出售了其在Eurofin中的持股。表面上两者的资本脐带已经被切断，实际上并非如此。2009年年底，圣灵银行在里斯本创建了一个名为郁金香（Tulipa）的交易平台，该平台的主要任务是向客户出售圣灵集团各子公司发行的债券，债券每年的发行额达到300亿欧元。“巧合”的是，Eurofin于2010年也成立了一家中介机构，向客户提供中介服务，Eurofin声称从未向零散客户提供过此类服务。Eurofin还负责管理两只在英属维京群岛注册的投资基金，这两只基金的最大投资者都是圣灵集团旗下公司。基金相互之间及其与圣灵集团旗下实体之间常有资产买卖和资金拆借交易。从交易记录来看，从2009年至2011年，Eurofin通过基金买入了圣灵银行内部金融部门发行的数千万美元债券，在金融危机期间向圣灵银行提供了稳定的流动性资金。在 2011 年年初信贷危机期间，投资者大量缩紧了对南欧银行的敞口，圣灵银行筹资成本骤升，Eurofin 通过基金又买入了该银行 1.74 亿欧元的长期债券予以暗助。所有这些都严重违反了金融监管法律。

葡萄牙监管机构开始警觉了，2013 年 11 月，新规定限制基金对关联实体的投资规模。当年 12 月，外媒揭露了圣灵家族的不当会计行为，直指圣灵银行向其零售客户出售其他圣灵家族实体发行的债券，圣灵家族强辩其出售操作没有问题。葡萄牙央行要求圣灵银行收紧对圣灵集团旗下公司的风险敞口，委派毕马威会计师事务所对圣灵金融集团账目进行审计。这一检查发现圣灵家族存在多项会计违规操作，把大量圣灵国际债券出售给零售客户，在债务违约后，圣灵银行动用自有资金予以偿还。

"拆东墙补西墙"的买卖终于露馅，世上没有不透风的墙，市场意识到圣灵银行可能存在巨大的风险敞口。圣灵银行为了挽回投资者的信心，多次表示该银行具有足够的储备资金来应对可能的违约风险。

葡萄牙央行行长卡洛斯·科斯塔（Carlos Costa）称："圣灵集团旗下公司之间的这种资金转移重组已构成欺诈，相当于一个融资骗局。"他还表示，这些欺诈行为在公司破产前很难被发现，尤其是当这些活动是在不同的管辖范围内进行时。葡萄牙监管部门指责 Eurofin 在圣灵集团危机事件中扮演了核心角色。Eurofin 对于监管部门提出的质疑进行了反驳，强调公司是完全自主的，独立于圣灵银行以及整个圣灵集团之外。Eurofin 承认自己与圣灵集团旗下公司存在广泛的业务关系，但一直严格遵守相关的法律及监管要求，强调从未向零售客户分销过金融产品。但据 Eurofin 一位前高管向外媒透露，Eurofin 管理着多只投资基金，这些基金从圣灵集团的瑞士私人银行客户处募资。此外，Eurofin 的一份内部文件显示，Eurofin 为圣灵集团管理的资产规模超过 14 亿瑞士法郎，占 Eurofin 2010 年总资产的大部分。Eurofin 帮助打包的债券导致圣灵银行亏损约 17 亿美元，辩解显得苍白无力。

危机在迅速蔓延，2014 年 7 月 10 日，圣灵国际无奈延迟支付一组短期债务证券的利息，这使得投资者怀疑该集团存在严重的财务危机。眼看有着 150 年历史的金融王朝或将覆灭，萨尔加多拼死一搏，他写了两封保证信给委内瑞拉国营石油公司，让该公司购买了 3.65 亿美元的圣灵债券。萨尔加多承认银行面临危机但承诺委方的投资安全，他还寻求公共基金来拯救家族旗下的企业帝国，声称圣灵金融帝国对葡萄牙很重要。他告诉葡萄牙央行的官员：“这并非我的问题，而是国家的问题。”不过，葡萄牙总理科埃略表示，不会对圣灵银行提供任何国家援助，并称：“银行必须越来越多地关注项目的优劣，那些不这么做的银行将会付出代价。企业更多地寻求朋友而不是竞争对手来承担这些代价，但是这种代价绝不应该由作为一个整体的全社会来承担，更不应该由纳税人来承担。”2014 年 7 月 18 日，圣灵国际因无法履行自身债务责任，向其总部所在地卢森堡法庭申请破产保护，此后又有两家圣灵集团控股公司申请破产保护。2014 年 7 月 30 日，圣灵银行公布半年报，上半年亏损 36 亿欧元，核心一级资本降至 5.1%，低于 8% 的最低监管要求。欧洲央行中止了对圣灵央行的再融资操作，其流动性风险成为压垮圣灵银行的最后一根稻草。

2014 年 7 月 10 日，圣灵银行股票暴跌超过 17%，被证券监管机构停牌，该银行债券也跌至创纪录低点，监管机构禁止相关市场主体在 2014 年 7 月 11 日卖空该银行股票。随着圣灵银行风险数据不断被披露，危机继续发酵。2014 年 7 月 31 日，圣灵银行股价再重挫 51%，降至每股 0.17 欧元，创历史新低；2014 年 8 月 1 日，圣灵银行的股价在一度经历 40% 的跌幅后又一次“熔断”交易。2014 年 7 月底的最后一周，圣灵银行股价下跌超过 80%，这一消息带来的紧张情绪引发整个欧洲市场恐慌。当天，欧洲乃至全球股市都遭遇大幅波动。意大利和西班牙股市出现了急剧下跌，西班牙、希腊等相继推迟或取消了发债计划，避险需求则导致德国 10 年期国债收益率创历史新低。惊恐失措的人们联想起当年引爆全球金融危机的雷曼时刻。危机蔓延后，圣灵银行为风险敞口提取高达 42.5 亿欧元的坏账准备，其一级普通股权益资本比率降至 5%，低于最低监管要求。然而，此时圣灵银行已无力募集和补充资本。

2014 年 8 月 3 日，葡萄牙政府决定以“断腕重生”的分拆方式紧急救助圣灵银行，葡萄牙央行宣布由葡萄牙银行业救助基金（Resolution Fund）注资 49 亿欧元，救助资金中有 39 亿欧元来自欧盟、欧洲央行和国际货币基金组织提供的国际救助款，其余部分由葡萄牙几个大银行参与出资组成的基金提供。为了最大限度地保证储蓄和优先债权人的利益，原圣灵银行被拆分为两个实体。坏金融资产被剔除出来，被放置在一个单独机构，被称为“坏银行”，圣灵家族及其一些子公司和次级债权人为其过失承担责任。健康的金融资产、负债、雇员及表外项目被放置在一家新成立的新银行中。图 6–7 为圣灵银行更换门面。

图 6-7　圣灵银行更换门面

49 亿欧元的注资款给予了新星银行，新星银行成了葡萄牙银行业救助基金全资控股的银行。“瘦死的骆驼比马大”，拆分后的新星银行是葡萄牙的第三大银行，其公司银行业务市场占比第一，为 22%。其个人客户和公司客户数分别为 200 万和 16 万，其资产管理和保险业务在葡萄牙更有一定的竞争力，其人寿和养老保险市场占比第二。新星银行 80% 的资产、93% 的网点、88% 的员工都集中在葡萄牙，还在西班牙、法国、卢森堡、英国、美国、安哥拉、中国澳门等 21 个国家和地区设有机构。

改制后的新星银行赢利不理想，前景不明朗。从 2011 年至 2014 年上半年，其净利润分别为 -1.1 亿欧元、0.96 亿欧元、-5.2 亿欧元和 -3.6 亿欧元。2014 年年末，其不良贷款率仍高达 8.7%，盈利和不良贷款率的表现明显低于葡萄牙银行同业。政府的忍耐是有限的，政府急迫地想通过竞标方式出售新星银行的股权，以偿还救助资金。葡萄牙政府的目光注视到了现金满满的中国金融企业。此前，中国复星集团通过其控股的葡萄牙忠诚保险公司（Fidelidade）出资 4.6 亿欧元收购了原圣灵家族企业 ESS 医疗健康集团 96% 的股权。新星银行意向出售的消息一出，复星集团和安邦保险都递交了收购报价。据说，桑坦德银行、葡萄牙投资银行亦提出收购意愿，原与新星银行合资创办财险公司的美国阿波罗私募基金也对新星银行感兴趣。中国的海通证券曾想收购圣灵银行旗下的投资银行（Banco Espírito Santo de Investimento，简称 BESI），然而交易终究没有达成，原因是葡萄牙政府为避免舆论压力不愿过分折价。图 6–8 为圣灵银行旗下宁静保险公司纪念铜章。铜章重 229 克，直径为 80 毫米。但愿银行的危机不要影响保险公司的“宁静”。

图 6–8　宁静保险公司纪念铜章

新星银行赢利不佳、出价过高，对投资者缺乏吸引力。况且，原圣灵银行司法调查缠身，法律风险犹存。卢森堡法院认为，原圣灵银行的股东在债权保护下擅自进行的分拆、救助和资产划拨属于违法行为。上述因素使新星银行成为“鸡肋”，若新星银行久久不能被出售，那么持续亏损的消耗对股东来说是难以承受的。葡萄牙政府将何去何从呢？

圣灵之思

一家逾150年的金融帝国，曾幸运地跨越君主朝、共和制、独裁专治、革命和民主的历史阶段，忆往昔如日中天，看今朝瞬间崩溃。一些老道的西方银行也随之陷入泥潭：该银行的第二大股东法国农业信贷银行持有圣灵银行14.6%的股份，损失惨重；美国高盛曾通过一家卢森堡机构向圣灵银行提供了8.35亿美元的贷款，结果血本无归，还殃及部分员工的年终奖；瑞士信贷也涉足其中，曾帮助出售了数十亿美元的圣灵银行发行的证券。危机还导致欧洲金融市场一片鹤唳，事件波及后果之大、传播之快，充分展现了金融市场的脆弱性。

圣灵银行曾被誉为“代表着葡萄牙经营老钱的金融机构，是最后保持古老商业银行能力的银行，代表着稳健和保守的银行形象”。令人瞠目结舌的是，事件背后竟有那么多丑闻。人们质问：欧洲银行监管去哪里了？为何监管者迟迟未能发现其融资骗局？随着调查的深入，更多的细节被挖掘。人们惊讶地发现，一些欧洲家族企业不透明的管理体系和极具风险的融资方式存在已久。在葡萄牙政府“自豪地”退出国际援助计划后不到两个月，圣灵银行又爆危机，表明葡萄牙的复苏依旧脆弱，欧债危机远未离去。表面平静，实则暗潮涌动。

危机揭示了欧盟致力于解决的银行业深层次矛盾并未根本好转，欧洲银行业在欧债危机后的整肃和管理水平依然令人质疑。当公司和银行跨越不同司法管辖区时，各国监管部门缺乏信息交流，监管缺失。例如，圣灵家族旗下公司大多数在卢森堡注册，而管理其主要资产的圣灵银行则在里斯本注册，两个国家监管部门之间缺乏信息交流以至圣灵家族能够掩盖真相。

葡萄牙民众表示了极大的愤慨，数百名示威者高举横幅和标语在里斯本市中心自由大道旁的圣灵银行总部大楼前集会，借此表达了对葡萄牙政府用纳税人的钱去救助圣灵银行的不满。他们说，葡萄牙人已受够了政府实施的紧缩政策。相比其他各国对类似金融机构的救助，葡萄牙央行的应对“干净利落”且“高效”。在维护市场稳定和最小化可能带来的损失方面，葡萄牙政府的救助措施是合适的。救助方案不仅使圣灵银行迅速“重装开业”，努力争取投资人对葡萄牙的金融和银行系统保持冷静，也保证了储户和优先债权人的利益。“分拆”和“注资”的救助方案符合欧盟国家援助规则，似乎是“理想”的解决方案，但人们对此仍有争议。人们抨击圣灵银行利用欧盟提供的资金为自己家庭的利益服务，却要让葡萄牙民众和员工买单。自2008 年金融危机以来，无论是欧美还是其他国家和地区，围绕“太大而不能倒”的私人金融机构救助问题的争议颇多，用纳税人资金来帮助私人机构遭到民众强烈的反对和抗议，但这些需要救助的机构往往“太大而不能倒”，政府因投鼠忌器而不得不救。

落难家庭，各有各的不幸。与此前诸多银行因自身经营决策失误所致的危机不同，圣灵银行的危机源于银行股东家族的财务状况恶化，导致圣灵银行涉嫌内幕交易，银行成为其融资工具，并扮演了家族的“小金库”角色。不少私人财阀家族旗下拥有众多金融和实业企业，其控制权与关系设计极为复杂，银行资产负债表内和表外钩稽关系隐晦。危机前的真相隐瞒、危机中的账户腾挪和危机后多米诺骨牌般的崩塌是许多失败的家族产业的共同“道路”。圣灵银行的危机，使为数不多的又一家大型家族银行退出了历史舞台。

圣灵银行事件还引出人们更多的思考和遐想。从全球范围来看，早期驰骋天下、翻云覆雨的私人银行大佬们，无论富格尔家族、贝伦贝格家族、罗斯柴尔德家族、洛克菲勒家族、摩根家族还是梅隆家族等，都已金盆洗手、隐退江湖。几百年来，银行的经营模式从私人控股和合伙制走向了股份制及公众公司，因为经济变迁，产业兴衰，战争肆虐，家族财富的传承路上充满险境，“守承难，创富更难”。银行作为资本密集性行业，随着资产规模扩大必然导致家族资本比例稀释，上市银行则会加快这一进程。瑞士信贷曾有一项调查，上市公司的家族财富从一代传至二代便会降至30%~40%，传至三四代后几乎可以忽略不计了。家族企业中的家族股份占比越来越低，捍卫相对控股权和家族管理权，以及防止被恶意收购，又成为家族企业漫长而痛苦的战争。其实，家族银行更适合小型、单一的不上市银行，它们的优势是熟人、熟地、熟关系，但在企业日渐全球化、市场化的背景下，其优势正在消失。

值得关注的是，金融业具有社会外部性，银行经营管理又比较复杂，而家族控股和管理使公司治理具有独特性。人们担忧家族银行会模糊家族利益、银行利益以及国家利益之间的界限，在履行公司治理、关联交易和透明度披露的规定方面，以及处理与中小股东的关系上，家族银行可能存在着制度弱势。而当私人金融财阀对一国乃至国际金融体系具有重大影响力时，私人金融财阀若出现问题就会形成连锁破坏力。而今在多数国家的银行业更多转身为公众持股银行的同时，一些新兴市场的银行却走上家族、财阀控股银行的老路，难道这就是所谓的“围城效应”吗?

『汇丰』在法国

——一个『欧亚混血儿』的前世今生

CREDIT COMMERCIAL DE FRANCE

法国银行的瑞士起源

图 7–1 是一枚发行于 1962 年的法国商业信贷银行纪念铜章。铜章重 202 克，直径为 77 毫米。铜章上有设计刻模师路易·巴佐尔（Louis Bazor）的签名。此铜章是授予在银行工作 25 年的马妮尔·奥黛特女士的。铜章的一面是一位端坐在椅子上的美丽女神，她左手挽花束，右手持鲜花，并向其身后的一家银行致礼。这家银行就是法国商业信贷银行。

图 7–1　法国商业信贷银行纪念铜章

法国商业信贷银行的前身可追溯至1894年创立的法国瑞士银行。瑞士银行家可谓欧洲大陆银行业的先驱者，也是法国金融业的启蒙者。17世纪，法国在海外扩张及工业发展方面都落后于英国。1694年，英国已成立英格兰银行，并利用金融手段促进经济发展。担心落后的法国焦急地引入苏格兰金融“外援”，没想到“外来的和尚念歪经”，1718年至1720年，苏格兰人约翰·劳主导的“金融创新”惨败。

一朝被蛇咬，十年怕井绳。整整一个世纪，法国人对银行、纸币、股票等名词恐惧不已。法国人厌恶金融的群体意识给瑞士、意大利、荷兰和德国的外来银行家们腾出了金融空间。瑞士清教徒银行家们经验老到，为法国王室绝望的债务提交了各种“解决方案”。法皇路易十六病急乱投医，把瑞士银行家看成了救命菩萨。外来银行家把持了法国金融话语权和财政改革权。瑞士银行家雅克·奈克（Jacques Necker）还两次担任法国财政部部长。由于缺乏完善的金融工具和强大的金融市场支撑，法国只能靠严苛税收和高成本外债来提供资金。当财政无米下炊时，奈克借高利贷以饮鸩止渴，导致法国债务利率高达10%——是英国利率水平的两倍。18世纪80年代，法国债务支出已占本国税收一半以上。为还旧债，奈克采取了“休克改革”的方法，使经济濒于崩溃。法国各种力量开始集结，贵族、教士、新兴资产阶级及平民都将怒火聚焦于政府，路易十六坐在了即将爆发的火山口上。

1800年，法兰西银行创立，标志着法国银行业的苏醒。19世纪中叶，法国本土金融力量崛起。法国金融家埃内斯特·梅雅（Ernest Méja）和本杰明·罗西耶（Benjamin Rossier）两个人原在1890年成立的瑞士联邦银行（Banque Fédérale SA）的巴黎分行担任高管。他俩商量下海创业，着手从瑞士老板处收购了瑞士银行巴黎分行而自立门户，从伙计变成了老板。1894 年 6 月 18 日，法国瑞士银行成立，这家私营银行资本为 1 亿瑞士法郎，有 12 名员工，坐落在巴黎拉菲特街 27 号（27 Rue Laffit）。小银行人手紧，梅雅与罗西耶亲力亲为，分别担任董事总经理和高级行政主任。梅雅于 1910 年去世，罗西耶则忙到 1936 年退休才享闲暇。由于对法国经济的杰出贡献，他们两个人均获得法国骑士军团荣誉，可见法国政府对这家银行的重视。图 7–2 为 1916 年的法国瑞士银行海报。

图 7–2 1916 年的法国瑞士银行海报

法国瑞士银行在建行后致力于支持工商业发展，融资扶持巴黎电力、地铁交通、城市照明、汽车制造、影院通信及化工纺织行业等，还参与著名的老佛爷百货大楼的建设。由于业务发展得快，员工人数倍增，银行遂搬入更大的场所。1908 年，法国瑞士银行搬迁至巴黎老佛爷大街 20 号，那是一幢早期奥斯曼建筑风格的豪华大楼。乔迁之喜似乎给银行带来了好运：1912 年，法国瑞士银行在巴黎新设了 14 家分行，在 20 年的时间内跃居为巴黎排名前 10 的银行。本杰明·罗西耶雄心勃勃，决心将银行网络扩展到全法国。图尔宽和里尔分行在 1913 年 7 月开业。1914 年，法国瑞士银行收购了科隆比耶银行（Banque du Colombier）并将其改名为马赛分行。1914—1917 年，法国瑞士银行在巴黎开设 7 家分行。1917 年 1 月，法国瑞士银行收购了里昂的艾纳尔及其子公司（Maison Aynard et Fils）和尼斯信用社（Caisse de Credit de Nice）。里昂是法国的纺织之都。18 世纪初，艾纳尔及其子公司以布业起家，于 1858 年进军银行业。尼斯信用社创立于 1865 年，它是互助信用的产物，在地中海沿岸和意大利开设分行。在其银行品牌确立后，法国瑞士银行不再需要瑞士银行的“虎皮”了，便抛弃了行名中的“瑞士”二字，于 1917 年改名为法国商业信贷银行。此后，法国商业信贷银行不停步地收购，两年后又将法国波尔多银行（Banque de Bordeaux）纳入囊中。图 7–3 为 1819 年发行的法国波尔多银行八边形银章。银章重 18.9 克，直径为 35 毫米。

图 7–3　法国波尔多银行纪念银章

1922年，法国商业信贷银行总部迁往香榭丽舍大道103号一家酒店的旧址，之后该处一直是法国商业信贷银行总部的所在地。持续的扩张使法国商业信贷银行在20世纪20年代后期成为法国第六大银行。第二次世界大战期间，法国商业信贷银行吞并了法国西南部和东部的多家银行，实力大大增加。20世纪60年代，其分行数增至200家。1982年2月，正逢法国国有化大潮，法国商业信贷银行作为法国系统中的重要银行而被国有化，政府控制该银行资本高达94.3%。1987年，该银行又被私有化。当时，法国商业信贷银行在法国共设分支机构248个，其在海外的分支机构和代表处分布在意大利、美国、黎巴嫩、巴西、澳大利亚、新加坡、伊朗、日本等国家。1989年，该银行资产总额为456亿美元，在世界500家大银行中排名第177位。

1957年，法国商业信贷银行收购了法国马赛信贷兴业银行（Société Marseillaise de Crédit）。图7–4是法国马赛信贷兴业银行纪念铜章。该铜章发行于1937年，重59克，直径为50毫米。法国马赛信贷兴业银行历史悠久，成立于1865年10月2日（拿破仑三世时代），最初的名称为法国马赛工商存贷兴业银行（Société marseillaise de crédit industriel et commercial et de dépôts），其资本金为2 000万金法郎，总部在马赛。之后，通过网点增设及收购兼并，法国马赛信贷兴业银行扩张至法国多个地区。1890年，法国马赛信贷兴业银行按银行市值排名成为法国第十六大银行，该行1982年被国有化，1998年又被私有化，法国商业信贷银行乘机买下了它。一年后，英国汇丰买下了法国商业信贷银行，但汇丰似乎并不喜欢这个“拖油瓶”。2008年，汇丰将法国马赛信贷兴业银行及其他7家分行400余个网点出售给了法国大众银行。法国大众银行之后又将其出售给了法国兴业银行旗下的北方银行，这是后话。雁过留声，人过留名，难以磨灭的铜章留下了这家银行的金属记忆。

图 7-4　法国马赛信贷兴业银行纪念铜章

常言道："好花不常开，好景不常在。"法国商业信贷银行规模适中且经营良好，在弱肉强食的金融丛林中，自然成为欧洲各大银行觊觎的猎物。荷兰商业银行曾公开扬言要收购法国商业信贷银行，然而"郎有情妾无意"，法国商业信贷银行次日板脸回绝。不过，法国商业信贷银行自知规模有限，难有扩展实力。面对众多虎视眈眈、心怀鬼胎的"好色之徒"，法国商业信贷银行也暗自忖思自己的终身大事，既期盼寻到如意郎君，又期盼携手共创事业。有人认为，企业购并就像婚姻，既有郎情妾意、你情我愿，也有贪图利欲、以财娶人，更有霸道欺人、强嫁硬娶。企业购并虽然标榜"自由恋爱"，但难免有"父母之命"，在这方面西方父母不弱于东方父母。市场保护、国家安全等父母之命常是棒打跨国购并的冠冕堂皇的理由，其背后的复杂心理则不为人所知了。法国人特有的民族自尊心曾使他们对跨国购并比较警觉，此前法国大银行的兼并基本都是本土婚姻。然而，随着跨国兼并风起云涌，法国人讲求自由的天性终于让他们对跨国“婚姻”不那么反对了，这导致那位风姿绰约的女郎——法国商业信贷银行——最终招了个英国洋女婿（汇丰银行）。

欧洲银行的亚洲起源

有一家银行在欧洲人面前说自己是亚洲银行，在亚洲人面前说自己是欧洲银行，它就是汇丰银行。汇丰银行的出生地确实是在亚洲。鸦片战争后，中国的门户被打开，西方列强争相扩大在华经济利益。1864 年，中国香港大英轮船公司的监事［以苏格兰人托马斯·萨瑟兰（Thomas Sutherland）为首］创办了香港上海银行有限公司（The Hongkong and Shanghai Banking Corporation Limited），其资本金为 500 万港元，其首任经理为法国人克雷梭。1865 年 3 月，香港上海银行有限公司在香港开业，同年 6 月设立上海分行——第二年更名为香港上海银行。虽然香港地名列前，但上海分行成为汇丰对华业务的总枢纽，营业额远超出香港总行。1881 年，曾国藩的长子曾纪泽为该银行钞票题词，其中有“汇丰”两字，取意是“汇通八方”。不知从何时起，中国人都习惯称其为汇丰银行。

1925 年建成的上海汇丰银行大楼，曾被誉为“从苏伊士运河到远东白令海峡之间最华贵的建筑”，不禁让人们追忆起汇丰银行在亚洲扩张的历史。汇丰银行在中国当时特殊的环境下长袖善舞于中、英两国之间，赚得盆满钵溢。1866 年，汇丰银行在日本设立第一家分行。

1888年，汇丰银行在泰国开办分行。19世纪与20世纪之交，汇丰银行在菲律宾、新加坡、斯里兰卡、印度和马来西亚设立了分行和子行，其主要业务都在亚洲。抗日战争时期，汇丰总行迁址伦敦，在日本投降后又迁回中国香港。1959年后，汇丰银行先后收购了中东不列颠银行和印度商贸银行，并乘香港恒生银行危机，收购了恒生61.5%的股份，因此在亚洲的势力更加壮大，俨然成为亚洲银行业的代表。汇丰银行在香港曾是财富和权力的象征，美国《财富》杂志刊文说，统治香港的是马会、怡和、汇丰和香港总督。汇丰银行作为当时港英政府的首席金融"顾问"，几乎参与了香港所有重要的经济决策。汇丰银行连同恒生银行在香港的市场占有率高达60%，直至1980年汇丰银行收购了美国海丰银行，西方银行界才稍觉汇丰银行的存在。欧洲业务是汇丰银行的短板，一家英国人管理的银行却没有本土的银行是汇丰银行的隐痛。因而，汇丰银行一直在寻求机会返回欧洲。1987年，汇丰银行如愿收购了英国四大结算银行之一——米德兰银行——14.9%的股份，继而于1992年6月收购了该银行50%以上的股份——成为当时最大规模的银行收购案。

汇丰银行回家了！有诗曰："少小离家老大回，乡音无改鬓毛衰。儿童相见不相识，笑问客从何处来。"这正是汇丰银行当时的心境。1991年，汇丰银行完成重组，汇丰控股取代汇丰银行成为集团核心控股公司。汇丰控股总部在英国，以中国香港为集团总管理处。汇丰银行为汇丰控股的全资附属公司，在香港的注册地维持不变，以便发展香港的业务。1993年1月，汇丰集团总管理处由香港迁往伦敦，为香港回归中国做准备。

虽然汇丰银行的根基一直在亚洲，但它实际上是一家非常典型的英式银行。在历史上的大部分时间里，汇丰银行采取的都是“殖民地”风格的管理模式，委派到香港的高层管理人员都是英国人，这些人在香港工作晋升后，再返回英国总部。英国有着浓重的欧洲情结，汇丰银行一直在寻觅回归欧洲的机会。

由于英、法两国有着复杂的历史“情感”，所以当2000年4月汇丰银行宣布出价108亿美元收购法国商业信贷银行时，全球金融界大感意外。当时，这家法国商业信贷银行拥有650家分行，其总资产达690亿美元，在个人、工商、投资及私银行业务的影响力不可小觑。令人惊奇的是，法国政府居然予以核准，国际舆论一致认为这次收购冲破了坚固的“法国堡垒”。汇丰银行的收购策略十分得当，它提出以150欧元或13股汇丰银行股票换取1股法国商业信贷银行股票的条件，这大获法国商业信贷银行董事会的欢心。汇丰银行还答应在收购法国商业信贷银行后保持该银行的管理自主性，保留董事会和巴黎的决策中心地位。一系列“高情商”的措施颇受法国社会的好评，收购最终成功了。这场世纪并购极大地提升了汇丰银行在欧洲大陆的市场地位和影响力，夯实了汇丰银行在欧元区的业务基础。在收购完成后，汇丰银行在第四个证交所——巴黎证券交易所——挂牌交易，欧洲市场一时掀起了购买汇丰银行股票的热潮。自此，汇丰银行一跃成为以市值计算的全球第二大银行集团。2000年，汇丰银行营业利润增长了13%，达到110亿美元，股东应占利润增加至62.39亿美元。汇丰银行在欧元区建立了强大的发展平台后，成为真正的全球性银行。

雄心勃勃的汇丰银行意欲成为全球银行业的领导者，延续其在法国的扩张战略。汇丰银行于2000年收购了法国佩尔蒂埃银行（Banque Pelletier），于2005年收购了法国埃尔维银行（Banque Hervet）。图7-5

是法国埃尔维银行成立150周年（1830—1980）特大纪念铜章。铜章重422克，直径为180毫米。此铜章刻模师为埃尔奎伊（Ercuis），其设计师为特雷穆瓦（Tremois）。法国埃尔维银行成立于1830年，最早在布尔日从事信贷贴现，当时的名称为格雷努耶银行（Bank Grenouillet & Co）。这家家族银行在1875年购并了迪雷－马丁内特银行（Banque Duret-Martinet）。1905—1927年，埃尔维先生成为这家银行的董事，他也是布尔日交易商和商会的主席。1930年12月，法国埃尔维银行成为上市公司，埃尔维家族控股50%以上。1933年，法国埃尔维银行购并沙托鲁的热尔比耶银行（Banque Gerbier de Châteauroux），1957年，该银行又收购了巴黎的贝特朗银行（Banque Bertrant）。在收购法国商业信贷银行及一连串法国中小银行之后，汇丰银行还保留了各家银行的品牌，形成多品牌经营格局。

图7-5　法国埃尔维银行成立150周年（1830—1980）纪念铜章

1994年，法国商业信贷银行迎来了它的百岁诞辰。图7-6这枚方形铜质纪念章即为此发行。铜章重136克，长为71毫米，宽为55毫米。铜章的设计者为谢达纳·阿谢尔（Chedanne Arche）。没想到百年诞辰后的第6年，法国商业信贷银行即被汇丰银行收购，此后又在古老品牌下维系了5年经营。2005年11月1日，法国商业信贷银行的百年行名被抛弃，更名为汇丰银行法国。一批百年法国银行品牌卸下牌匾，统一于汇丰品牌麾下。法国商业信贷银行下属子银行——埃尔维银行、佩尔蒂埃银行、UBP等——全部冠上了汇丰的大名，改为英国品牌。如果你去过巴黎，那么你可能住过图7–7中的班克酒店。它坐落于巴黎的心脏地区，紧邻巴黎歌剧院和老佛爷百货公司等金融、商业中心圈。这家位于老佛爷大街18~20号的建筑，曾是法国瑞士银行1908年的总行，属于20世纪早期奥斯曼风格建筑。今日大楼依然灯光明亮，但已新桃换旧符，物是人非了。人们走进这栋建筑，可以看见壮观的玻璃穹顶。明媚的阳光透过穹顶洒落在大堂中，与红色的欧式丝绒窗幔相呼应，色与彩、光与影、明与暗交相映衬，美轮美奂。你在大堂品味咖啡的时候，遐想百年银行业的沧桑巨变，应该触景生情、吁嘘不已吧！

图7–6 法国商业信贷银行成立100周年（1894—1994）纪念铜章

图 7-7　班克酒店

全球银行的本土瓶颈

成为全球化的本土银行，曾是汇丰银行全球化战略理念的概括，也是汇丰银行始终不渝的目标。汇丰银行反复强调这样的理念：作为整体，汇丰银行是世界的；作为组成部分，汇丰银行的分支机构是本土的。汇丰银行这一战略是由其特定的历史与现实决定的。汇丰银行开始是一家没有母国之根的银行。纵观一些国际性大银行，多数是其母国的重要银行、金融的象征或代表，其服务的主要对象是母国的居民和公司，其全球化过程与母国的全球化进程高度关联。就像古希腊神话中的英雄安泰，其母亲是大地女神盖亚。安泰百战百胜，因为他可以从大地母亲处得到源源不断的能量，安泰的秘密最后却被敌人识破，敌人将安泰举离大地才杀死了他。然而，汇丰银行是个特例。没有母国之根的汇丰银行只能巧妙地寻找自己发展的基础。毋庸置疑，汇丰银行最初的发展是与英国的殖民地经济密切相关的。独立后的亚洲国家虽然金融发展滞后，但仍形成汇丰银行在后殖民地时代发展的巨大空间。在亚洲新兴市场国家经济起飞时，汇丰银行凭其品牌的认同度和熟悉东西方的优势成为东西方沟通的媒介，享尽黄金机遇。汇丰银行深知自己不是真正的“本土”银行，竭力融入本土文化，以降低文化冲突。汇丰银行通常采取并购与上市并举，以温和模式实现全球化与本土化的有机统一。

然而，全球化和本土化始终存在着冲突，这在一定程度上可谓“鱼和熊掌不可兼得”。全球化发展在壮大跨国银行的同时，也唤醒了本土银行的崛起。银行业对外开放，给跨国银行打开了市场，但又缩小了本土银行与外国银行的管理和技术差距。然而，跨国银行要破除本土化的瓶颈却不易。汇丰银行眼见亚洲金融在觉醒和进步，新的本土竞争者在加入，原有优势在削弱，以及机遇在收窄，同时又痛感自己在英国和欧美的市场占有率不高，根基不像其他欧美本土银行那么牢固。痛定思痛之后，汇丰银行将购并战略重心西倾，企图实现全球业务均衡，开启了从亚洲重返欧洲继而进军美国的漫长道路。2000年，汇丰银行收购法国商业信贷银行是其向欧洲战略转移的重要一步。2003年，汇丰银行又以148亿美元收购了美国最大的消费融资公司 Household，以稳固在美市场份额。购并后，汇丰银行成为美国十大银行之一。

全球化和本土化的冲突还是来了，对美国 Household 的收购成了汇丰银行的“滑铁卢”。2008 年，汇丰银行北美业务亏损 155.3 亿美元，超过了亚洲和拉美的盈利总额。此后，数百亿美元的损失更是汇丰银行的难言之痛，汇丰银行后悔“进行过这项收购”。亚、欧、美三足鼎立的全球战略，无疑美国一足已折。在法国，隐约也有与本土文化的冲突，加之看到法国本土银行经营的窘态，汇丰银行暗自心寒。2008 年，汇丰银行将法国南部的 7 家地区银行和 400 家网点出售给了法国大众银行，裁员撤点也在悄然进行中。

在美国次贷危机和欧洲主权债务危机后，全球经济阴雨绵绵。低迷复苏的欧洲经济，起伏动荡的股票、货币和商品市场，变幻莫测的货币政策甚至负利率，欧洲银行监管严厉的资本、流动性和合规要求，以及业务“圈养”和高额罚款、高管追责，都使银行业感到步入寒冬。许多欧洲银行收缩战线，快速“瘦身”以求熬过难关。汇丰银行意识到世界正在发生变化，分析自身业务虽然遍及全球，但以并购扩张形成的分散化布局并未带来更好收益，大部分地区业务的盈利贡献有限。2010 年，包括香港在内的亚太地区业务合计贡献了汇丰银行税前利润的 61.3%，欧洲业务贡献了汇丰银行税前利润的 22.5%，全球其余地区业务的税前利润仅占 16.2%，加之庞大网点、合规管理、跨国经营的成本越来越高，资本充足率和额外资本压力也越来越高。

汇丰银行痛下决心，做出大规模撤退的决策。在欧洲，汇丰银行全面退出了斯洛伐克、葡萄牙、格鲁吉亚市场，在法国、爱尔兰、摩纳哥等地出售了多项业务；在亚洲，汇丰银行也有选择性地出售了泰国的财富管理业务、日本的私人银行业务、中国平安及上海银行的股份，以及新加坡、中国香港及中国澳门的一般保险业务，等等。2009年，汇丰银行将其公司在纽约第五大道452号的总部出售给以色列IDB集团旗下两家附属公司；以9.04亿美元向西班牙桑坦德银行出售旗下汽车融资贷款管理部门；以7.725亿英镑的价格将伦敦总部出售给韩国国家退休基金（NPS）；以包括达信母公司威达信集团在内的共计1.35亿英镑的股份及现金的价格将英国第九大保险经纪公司汇丰保险经纪公司出售给保险经纪和风险管理公司——达信（Marsh）；以4亿欧元将汇丰银行法国总部出售给法国基金。汇丰银行先后出售伦敦物业、纽约物业及法国总部物业，共套现约167亿港元。2015年8月3日，汇丰银行宣布以52亿美元出售在巴西的全部业务，估计其出售在土耳其的业务也只是早晚的事，也许它还会退出中东地区，关闭在印度的私人银行业务部门……一番忙乱后，汇丰银行悄然摘下"全球性的本土银行"的广告，改换成"全球性领先银行"。

全球化和本土化始终是矛盾的。全球银行难以突破本土瓶颈，本土银行难以融入海外文化。全球金融浪潮跌宕起伏，在银行连续几十年推进全球化后，全球性银行进入了低潮期，并出现回归本土的趋势。英国的克莱银行、劳埃德银行等迅速从全球银行回归母国及少数核心国家。苏格兰皇家银行已宣布全面撤退，誓言将集中精力做好本地市场。像汇丰银行那样的全球性银行已屈指可数了。全球性银行的发展基础也已改变，从殖民地经济到欧洲美元，再到客户与项目跟进，全球性银行越来越受益于母国经济实力和全球化发展。新兴市场本土银行开始挑战全球性银行，它们迅速成长，打通业务上下游，延伸和扩展了对客户的国外业务和产品服务。像汇丰银行这样的老牌全球性银行将面临新的转折点，未来它应该何去何从呢？

汇丰银行自认百年来具有丰富的亚洲文化，在中国香港已有150多年历史，而在其总部迁往伦敦后才有20多年历史，更何况亚洲（尤其是中国）还是它的发源地和幸运地。英国媒体曾报道，汇丰银行考虑过把总部重新迁往中国香港，以规避英国巨额银行税赋及伦敦总部的高额成本。金融危机期间的三年里，汇丰银行在中国香港赢利240亿美元，在英国亏损40亿美元，加之自英国2010年引入银行税以来，税率已经提高了8倍，这令汇丰银行叫苦不迭。汇丰银行董事会经过了冗长的10个月的争论和权衡，还是决定把总部留在英国伦敦，搁置先前把总部迁往中国香港的方案。分析人员认为："这是一个政治决定，而非与数学相关的决定。汇丰银行不应该花费近一年的时间来决定这件事。权衡耗时如此之长，这一事实本身意味着董事会一直没能达成共识。"

总部不搬了，成本还是要压缩的。汇丰银行曾宣布4年全球裁员5万人以削减数十亿美元成本，声称将缩减业绩不佳的欧洲和美洲业务。至于汇丰银行在法国的未来走向，我们还有待观察。亚、欧、美三足中唯一得到强化的是亚洲"一足"，汇丰银行宣布了"转向亚洲"的战略，将资源重新部署到新兴市场，特别是中国的珠江三角洲，计划增加4 000名中国员工。汇丰银行的新战略是：从碎片化转向凝聚、有侧重的市场布局，集中于全球22个本土市场及优先市场；从复杂的管理架构过渡到简化的管理架构；从"联邦制"业务及运营结构发展为全球化业务及运营结构，各业务独立管理但联系更紧密，强调全球业务的一致性、连贯性。汇丰银行的历史沿革，无疑为未来可能崛起的全球性银行的战略谋划提供了一个难得的样板。2019年曾传出汇丰银行打算出售法国汇丰银行的零售业务，这可能导致员工规模缩小 4 000 人。但形势多变，在无协议脱欧阴影笼罩下的英国，银行业的业务量出现了 30 年来最快速的衰退，人们担忧若实现无协议脱欧，英国银行业进入欧盟的管道恐怕受阻，那么汇丰银行该如何权衡自己在法国及欧盟地区布局的利弊呢?

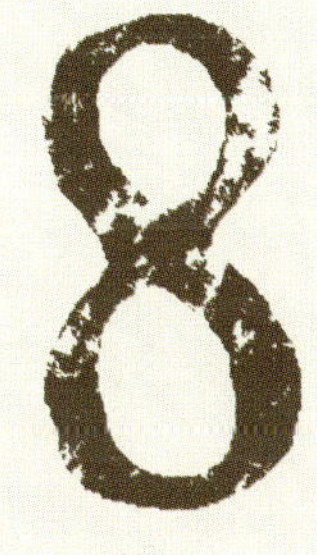

从集市到交易所

——探索币章中的欧洲交易所

EMPORIVM REGIVM A. THOMA GRESHAM EQ. AVR. CIVE LONDINENSI CONDITVM A.S. MDLXXI

谁是最早的交易所

人们熟知，阿姆斯特丹交易所是欧洲及世界最早的股票交易所，它创立于荷兰帝国时代的1602年。同年成立的荷兰东印度公司是全球最早的上市公司，与亚洲进行丝绸、瓷器、香料买卖。海上丝路贸易风险巨大但利润可观，荷兰人采用股份公司方式募资，从而被后人戴上了最早股票交易所的嘉冠。若去掉“股票”的前缀，阿姆斯特丹绝对不敢自夸是欧洲交易所第一，否则邻居安特卫普会撇嘴。

图8–1是1854年安特卫普交易所发行的铜章。铜章重100克，直径为60毫米。铜章的一面是安特卫普交易所大厅，铜章上的法语为“1850年7月27日，（安特卫普）市管理委员会决定，为安特卫普交易所大楼加装穹顶”；铜章的另一面为商人夏尔·马塞利（Charles Marcellis）的头像，周边法文是“向夏尔·马塞利致谢，安特卫普工商协会，1854年”。这枚精美的铜章出自荷兰币章艺术家雅克·维纳（Jacques Wiener，1815—1899）之手。维纳出生于币章雕刻世家，其兄弟三人都师从他们的雕刻家叔叔巴鲁克（Baruch）。维纳的一位弟弟利奥波德（Leopold，1823—1891）是比利时造币厂首位雕刻师；维

纳的另一位弟弟夏尔（Charles，1832—1888）曾担任荷兰国王的雕刻师，是葡萄牙造币厂的首席雕刻师。维纳一生创作了几百枚币章，他在1850年至1865年雕刻的41枚荷兰建筑币章尤为精美，安特卫普交易所纪念铜章就是其中一枚。值得一提的是，维纳也是首张比利时邮票的设计师。可惜因过分追求雕刻的完美，他在57岁时几乎失明。

图8-1　安特卫普交易所纪念铜章

美轮美奂的安特卫普交易所大楼始建于1531年，早于阿姆斯特丹交易所近70年，世界各地的商人在此交易商品、货物和金融票据。当时，安特卫普交易所大楼并没有穹顶，中间为开放的空间，人们在下雨时要自带雨伞。中国五行学说强调，“火能克金，金弱生火”，不知为何，交易所难逃火神的诅咒。1583年，安特卫普交易所遭遇火灾，两年后，安特卫普又遭西班牙军队炮火的攻击。人们逃往阿姆斯特丹，这促使新贸易中心和交易所诞生，那座被烧的安特卫普交易所大楼之后被改建为美术学院。1850年，这座美术学院又成为比利时安特卫普工商协会的办公楼，企业家夏尔·马塞利提议效仿伦敦水晶宫的样式，给大楼加装玻璃穹顶。为了纪念此事，维纳专门制作了图8–1中的铜章。该大楼现为安特卫普万豪酒店。

是否存在更早的欧洲交易所呢？法国人说，法国交易所和证券市场的历史更悠久，早在11世纪就有了债务交易的经纪人。15世纪之后，法国人在里昂、里尔、巴黎、马赛、波尔多、南特和南锡等地建立了交易所，筹集资金投入产业和城市设施。言外之意，安特卫普交易所还是效仿者呢！法国里昂交易所同样“以章为证”，图8–2中1964年发行的这枚铜章重14克，直径为32毫米。铜章的一面刻有历史书、羽毛笔及象征财富的蛇形杖，周边文字傲然列出了交易所历史“1464—1964”；铜章的另一面是交易所徽记，下方有设计刻模帅德罗兹·F.德农（Droz F. Denon）的签名。

图8–2 法国里昂交易所纪念铜章

15世纪的里昂是欧洲丝绸业和印刷业中心。1464年，欧洲商品博览会在里昂举办，贸易推动交易所的诞生。作为实物见证的还有里昂的证券交易所大楼，它始建于1631年至1653年，重建于1748年至1750年。1803年后，里昂证券交易所成为教堂，人们经常在此举办音乐会。

英国人比较谦逊，承认英国皇家交易所受安特卫普的启发而生。早期的“海漂”可称作伦敦交易所的推动者，理查德·格雷欣（1494—1549）为常驻安特卫普的伦敦绸布商，专为英国皇室采购织锦和挂毯。摩肩接踵的安特卫普交易所使理查德感到震撼，他梦想在家乡建立同样的交易所，他说，“商人没有交易中心将不复再来，这就像船员在大海中航行却没有水源一样”。他的儿子——以“劣币驱逐良币”的“格雷欣法则”闻名天下的托马斯·格雷欣（1519—1579）——让他梦想成真了。托马斯·格雷欣也曾在安特卫普“海漂”经商并替王室募资。1565年，在英国女王的支持下，托马斯·格雷欣着手建设伦敦皇家交易所，连大楼的样式都按图索骥地“复制”安特卫普交易所。但百年后火劫依旧难逃，伦敦皇家交易所于1666年被大火吞噬，于1667年在遗址上重建。当时，伦敦皇家交易所商贾云集，被英国作家约瑟夫·艾迪生称为“整个地球的商业中心”，不幸于1838年又被火灾摧毁。

如今，世人所见的伦敦皇家交易所是第三次重建后的遗存，由威廉·泰德爵士（Sir William Tite）设计。图8–3是第三次重建的伦敦皇家交易所纪念铜章，该铜章直径为74毫米。铜章的一面是交易所的创始人托马斯·格雷欣的半身像，铜章的另一面是维多利亚女王站在交易所前的侧身像。这枚铜章是维多利亚时代英国章牌艺术的典型纪念章，因铜章上美丽的咖啡色泽又被称为“巧克力章”。伦敦金融城自 1831 年至 1902 年发行了 30 枚系列纪念章。铜章的设计刻模者主要是英国皇家造币厂首席雕刻师、皇家艺术院院士威廉·怀恩（William Wyon，1795—1851）及其家族成员。铜章一般被赠予政要，后来也被提供给币章收藏家，由于发行量稀少，历来为古典币章收藏者所青睐。

图 8-3 英国伦敦皇家交易所纪念铜章

德国人在讲述交易所历史方面不甘示弱，他们提出德国的交易所早于 1558 年就在汉堡建立了，早于阿姆斯特丹交易所。当时，汉堡是北欧和中欧的商业中心、金融中心和保险中心。图 8–4 中的铜章是德国汉堡交易所于 1841 年 12 月 2 日新大楼落成并迁址的纪念铜章。铜章直径为 42.5 毫米，铜章设计刻模师是卢斯（Loos）和洛伦兹（Lorenz）。铜章女神后方古典风格的汉堡交易所新大楼被称为“汉堡的杰作”。在新交易所搬迁之前，老交易所毁于火灾。我们可以从图 8–5 中 17 世纪约翰·迪克森（Johan Dircksen）所制的汉堡交易所的铜版画中，一睹当年众人在老交易所户外广场举行交易的场景。

图 8-4　德国汉堡交易所纪念铜章

图 8-5　德国汉堡交易所户外广场举行交易的铜版画

德国的不来梅早在 8 世纪就是主教教区首邑，并因拥有市场特权而迅速繁荣。11 世纪时，它曾被称为“北方的罗马”。1260 年，不来梅因加入汉萨同盟而成为商业和贸易中心，与汉堡、吕贝克等几个重要的汉萨城市共同控制着北海和波罗的海沿岸的商业通道。不来梅人也将交易所历史溯源至 1616 年，他们在葡萄酒储库的空地上开办了交易市场。不来梅于 1683 年制定了第一个交易所条例，于 1687 年建成了巴洛克风格的交易所建筑（交易所于 1734 年至 1736 年重建，于 1864 年再搬迁到新址）。图 8–6 是不来梅交易所在搬迁时发行的泰勒纪念银章。银章重 17.5 克，直径为 33 毫米，发行量为 5 000 枚。

图 8–6　德国不来梅交易所搬迁纪念银章

丹麦的哥本哈根交易所则另辟蹊径，声称其交易所大楼是世界上保存完整且仍在使用的最古老的证券交易所，同样有实物为证。图 8–7 中的这幢文艺复兴时代的交易所始建于克里斯蒂安四世国王时期的 1619 年，于 1625 年使用，于 1745 年重建。它是哥本哈根市最具特色的建筑物，现在的交易所底楼是当时交易所商品的储藏间，楼上是当时交易所的买卖摊位。我们可以看见在建筑物顶部有一座以 4 条龙盘绕着的青铜尖塔，它与建筑主体的红砖色相互呼应、浑然天成。设计者可能试图“以龙镇势”，火神因而未敢光临吧！

图 8-7　丹麦哥本哈根交易所

从赶集、赶墟到交易所

谁是欧洲最早的交易所，其实很难判断。交易所源于集市，有了生产分工和产品剩余就有了商品交换。中国殷周时期就有集市，《易·系辞》曰：“日中为市，致天下之民，聚天下之货，交易而退，各得其所。”《左传》有“郑商人弦高将市于周”的记载。天涯若比邻，欧洲古罗马时代也有商品和奴隶市场。集市延续千年至今犹存，汇人气成集，聚人流成市，便利交易、降低成本、均衡价格。金融交易随着商品交易出现，据悉信贷早至《旧约》圣经时代诞生，古希腊已有汇款支付，米莱托城有债券发行。

11 世纪末和 12 世纪上半叶，欧洲大型集市出现。12 至 14 世纪，法国著名的香槟集市（Champagne Bazaar）形成于香槟伯爵领地上的跨国集市——Bazaar（巴扎）的读音与维吾尔语集市、农贸市场相仿。香槟集市上提供商品存储、贸易结算等中介服务。商业债务使用清偿余额划汇结算的办法，期票、汇票等信用工具已经开始被使用。《斯卡布罗集市》（*Scarborough Fair*）是一首闻名遐迩的英国民歌，歌词内容可追溯至 13 世纪的英格兰。斯卡布罗是由维京人形成的定期海边集市，“满载货物的三桅船驶进小镇的港口，熟悉的店主奉上久违的笑容与问候，迎接香芹、鼠尾草、迷迭香和百里香的货物”，歌词描述了集市的热闹场景。

大型集市与交易所的边界很难区分。集市成规模后从室外搬往室内，固定交易时间与地点，完善交易规则，提供中介服务，发布买卖信息，以及维护机构秩序，交易逐步规模化、标准化，交易所由此孕育而生。图 8–8 是一枚发行于 1949 年的法国铜章，铜章直径为 40 毫米。此铜章由法国著名雕塑家、画家和币章艺术家乔治·吉罗（Georges Guiraud，1901—1989）制作，为庆祝法国图卢兹交易所成立 400 周年（1549—1949）。铜章的一面中间坐着交易所的主人，两名商人分坐左右，下方有象征交易的钱袋和象征公道的天平，交易所主人的手上拿着的可能是维护公平交易的规章；铜章的另一面是城市和交易所的名称、交易所建筑、徽记及 400 周年的年份。法国图卢兹交易所是法国亨利二世于 1549 年 7 月设立的，早于阿姆斯特丹交易所。该交易所设立了商业裁判机构，以裁决买卖中的商业争端。

图 8-8　法国图卢兹交易所成立 400 周年（1549—1949）纪念铜章

经常举办集市的城市逐渐成为贸易中心和金融中心，其地理优势非常关键。13~15 世纪，佛罗伦萨、威尼斯因毛纺织业和海洋贸易成为欧洲最早的经济、金融和贸易中心。14 世纪初，布鲁日等地因其地理和贸易优势崛起为欧洲新贸易中心。1309 年，布鲁日交易所广场的露天交易固化。15 世纪早期，布鲁日建造了交易所大楼。布鲁日旅馆主范·德·博世（van der Beurse）的“大车店”常有商人聚集和交易，久而久之店主的名字成了交易所“博世”（法文 beurse、英文 bourse）名称的来源，也有说“交易所”一词源自拉丁语“袋子”（bursa）。据称，那时布鲁日交易场所前挂着类似三个钱包的“幌子”。

交易中心的迁徙

制度的建立与更迭总是沿着降低交易成本的方向进行。地理优势会变迁，贸易和金融中心会变迁，而商人追逐便利和价值的愿望不会改变。伴随着地理大发现，欧洲贸易重心从地中海转向了北海。安特卫普以商业和港口优势吸引贸易云集于此，逐步取代布鲁日的地位。安特卫普交易所提供寄售、库存交易和看样交易，配套外汇兑换、商业汇票背书转让，票据贴现创新规避了宗教对贷款的禁令。安特卫普逐步成为贸易中心、信贷中心和债券交易中心，交易规则日臻完善，交易信息更加透明。虽然12世纪的意大利就有了商业数据的收集、汇编和传播，布鲁日也早有供客户查阅的票据汇率，但至今犹存、有据可查的是1550年安特卫普提供的汇率服务的档案。16世纪，印刷新技术推动了金融科技创新，欧洲交易所的数据服务开始普及。从1610年代中期开始，世界范围的大宗商品和高值商品的价格都是由大约300名有执照的经纪人制定的。图8–9为荷兰阿姆斯特丹交易所。

图8–9 荷兰阿姆斯特丹交易所

16世纪，在宗教改革及与西班牙的战争后，安特卫普日趋衰落，其贸易和金融中心随着财富和人才转移至阿姆斯特丹，欧洲新的交易中心城市崛起。对于现代交易模式的惯例，人们大都可以从荷兰商人的实践中找到雏形。荷兰东印度联合公司垄断了欧洲抢手的亚洲货物，其股票成了交易所抢手的股票。另外，交易所是欧洲主要的黄金交易场所，银行服务业随之发展。1609 年，阿姆斯特丹银行成立。1614 年，市政贷款银行成立。银行加之一大批私人银行家，为贸易商人提供存款转账、票据融资、外汇买卖服务。为交易所服务的银行异常繁忙，至 1620 年，阿姆斯特丹银行已有 1 202 个账户。17 世纪中期发展的国际信贷，平均每年为 400 万弗罗林，大都流向英国和奥地利。1763—1780 年，国际信贷增加至平均每年 830 万弗罗林，并延伸至整个欧洲市场。从 1613 年 1 月至 1796 年，阿姆斯特丹交易所印制商品和汇率价格“行市表”。1700 年，阿姆斯特丹交易所已能提供 20 个城市的外汇汇率，降低了人们搜寻市场信息的成本。金融中心是国家财富的助推器，源源不断的资本和经济收入流入荷兰。1700 年，荷兰的发展水平明显高于其他欧洲国家，人均收入要比英国人高出 50%。

大国的崛起和衰落变化周期是人们不可抗拒的规律，这一规律可以加速或迟缓，但不可逆转。自 1720 年起，荷兰在波罗的海贸易中所占份额下降，其商业贸易地位被其他城市超越。17 世纪的汉堡成为西欧和地中海贸易和交易的中心城市，汉堡交易所成立于 1558 年，商品、票据和外汇曾为汉堡交易所的主要交易品种。至 1795 年，汉堡已取代阿姆斯特丹成为欧洲大陆的国际信贷市场。1585 年，法兰克福的商人联合进行统一的外汇交易，标志着法兰克福交易所的诞生。法兰克福交易所成为新交易中心和欧洲主权借款人的融资市场，同时也提供商品价格和汇率数据。1619 年，汉萨城邦建立了一个以阿姆斯特丹银行为模式的交易所，其他城市交易所（如科隆交易所、纽伦堡交易所）也迅速发展。德国柏林交易所成立于1685年，图8–10为德国柏林交易所图片。

图 8-10　德国柏林交易所

两次世界大战中的德国受到严重挫败。第二次世界大战后，德国重新崛起，德国的交易所虽列伦敦交易所和泛欧交易所之后，但其在期货交易方面独占鳌头。

17世纪初，英国主要出口毛纺产品，缺乏交易所的英国商人要想在安特卫普、阿姆斯特丹或汉堡参与交易，就必须辛苦学习荷兰语或雇用翻译。1588年，英格兰在与西班牙的海战中大获全胜，获得海上贸易霸权，逐步登上世界舞台，成为世界上第一个工业化国家。1640年，英国资产阶级革命被视作世界近代史的开端。17世纪，英国为了打败商业竞争对手荷兰，四次挑起对荷兰的战争，最终把军备废弛的荷兰打垮，并掠夺了荷兰丰厚的商队物资与殖民地。最终，荷兰东印度公司于1799年宣布破产解散。英国以战争为由将向荷兰人借贷的巨额国债免付利息，并低价向荷兰商人收购国债。伦敦取代了阿姆斯特丹的国际金融中心地位，伦敦皇家交易所成为全球最重要的交易所，英国贸易和金融最繁荣的时代来临。历经百年金融沧桑，伦敦皇家交易所的交易量依然名列欧洲第一，其欧洲债券和外汇交易量全球领先，伦敦皇家交易所更是外国股票发行和交易量列全球第一的交易所。

自16世纪起，法国资本主义生产关系开始萌芽和发展，整个欧洲的三大贸易区——地中海大商圈、波罗的海地区及大西洋沿岸——形成了完整的贸易链条，新航路的开辟使法国商业贸易日渐兴旺。17世纪，国王路易十四使法国的经济、文化、军事力量都达到了历史高峰，第二、三次英荷战争使法国渔翁得利——获得了大片土地与商贸利益。法国国力直线上升、超越荷兰，并成为欧洲最强霸权之一。法国工业革命、农业发展和文艺启蒙促进了法国资本主义经济的发展。法国成为世界资本输出中心，殖民地为法国实业发展提供了原材料和市场。巴黎、里昂、南特等重要城市的商品和金融交易中心历史悠久，之后又得到强劲发展，从而使法国成为世界上最重要的商业和金融中心国家。在法国交易所基础上成立的泛欧交易所，是目前欧洲第二大交易所。图8–11是1824年法国国王查理十世访问巴黎交易所时的纪念铜章。铜章重36.7克，直径为42毫米。

图 8-11 法国国王查理十世访问巴黎交易所纪念铜章

交易所历史发展的五大趋势

从集市走向交易所是金融业持续变革的结果，而交易所的变革依然是现在进行时。回顾历史和展望未来，交易所呈现了五大变革的趋势。

趋势之一：从混业走向专业。初期集市大多是混合交易市场，随着贸易发展，形式日渐多样，如牲畜、柴米、花鸟、丝绵等专门集市出现。与从集市演变而来的欧洲交易所发展道路相仿，法国香槟集市的布匹、皮革、杂品曾按不同时区交易，布鲁日、安特卫普及伦敦皇家交易所也是综合交易所，交易所从混业走向专业使交易聚焦、更具效率，还会使信息对称。欧洲专业交易所由来已久，西班牙瓦伦西亚丝绸交易所建于1482年至1533年，雄伟的哥特式建筑杰作和萨拉·德·孔特拉塔翁厅至今犹在，折射出西班牙丝绸贸易曾经的繁荣。“民以食为天”，粮食交易古已有之。1617年，阿姆斯特丹就建立了谷物交易所，这可是当时的大宗商品交易所。通过波罗的海的船只数量在16世纪初年均为1 330艘，在16世纪末已增加到年均5 000艘以上，这反映了昔日贸易盛况。1601—1620年，波罗的海地区出口谷物的年均价值相当于5.5万千克白银。1497—1660年，进出波罗的海海峡的黑麦和小麦总计达到460万拉斯特。今天世界航运业最重要的交易市场——波罗的海交易所的历史可以追溯到1744年，最初交易所设在伦敦的小咖啡馆里，从事动物油脂、石油、粮食、纺织品的交易，直到1823年，商人们才有了固定交易室。1935年，波罗的海交易所结束了货物交易，演变成了专业的全球海运交易市场。

金属交易所的历史也不短。19世纪初，英国是全球最大的金属生产国，也从国外大量进口铜锡矿石进一步精炼。1877年，金属贸易商们成立了伦敦金属交易所（London Metal Exchange Company）。除钢铁外，煤炭和蒸汽机也是英国工业革命的象征。18世纪中期，全球煤产量的三分之二在英国，最早的伦敦煤炭交易所于1770年应运而生。图8–12是1949年10月30日伦敦新煤炭交易所建成并开业纪念铜章。铜章重285克，直径为89毫米。铜章中间的人物是维多利亚女王，周边三位分别是阿尔伯特王子、威尔士王子和罗亚尔公主。此铜章为伦敦金融城系列纪念章的第6枚，由威廉·怀恩制作，仅发行350枚。

图8–13为1973年英国伦敦新煤炭交易所1盎司银章。该银章发行了1 266枚，重33.8克。银章设计者为约翰·平奇斯（John Pinches）。

图 8-12　英国伦敦新煤炭交易所建成并开业纪念铜章

图 8-13　英国伦敦新煤炭交易所纪念银章

趋势之二：从商品交易所走向金融交易所。金融票据的出现晚于商品，早期的证券和票据交易常混杂于商品交易中，人们视证券资产为商品的一种。我在《世界金融百年沧桑记忆 2》中的《梧桐树下的证券交易所》一文中介绍过，美国最早的证券交易可追溯至 1725 年的商品拍卖市场，当时夹杂在小麦、烟草或奴隶买卖中有零星的欧洲证券、票据拍卖。1790 年，美国联邦政府发行了 8 000 万美元债券，这标志着美国投资市场的诞生。随着交易数量增加，商人们觉得零散的交易形态不能满足市场需求，遂启动了美国证券市场的发展进程。1790 年，10 位商人创立了费城股票交易所以买卖银行股票和政府债券，它被认为是美国历史上第一个正式的股票交易所。

欧洲早期交易所的情况大致相同，其商品交易所的出现远早于金融交易所。安特卫普交易所已经有 480 多年的历史，而证券交易所的重设则迟至 1872 年。布鲁塞尔交易广场的历史可追溯至 12 世纪，当时行会修建的简易木结构交易市场簇拥着菜农、工匠、屠夫及鱼贩，直至 13 世纪，集市性的室内市场才出现。而布鲁塞尔证券交易所的出现则晚至 1801 年。图 8–14 是 1951 年发行的布鲁塞尔交易所 150 周年（1801—1951）高浮雕纪念铜章。铜章重 83.8 克，直径为 60.3 毫米。该铜章的设计刻模师是古斯塔夫·菲施韦勒（Gustave Fischweiler，1911—1990），他是比利时著名的雕塑家、画家，也是一名银行家。

图 8-14　布鲁塞尔交易所成立 150 周年（1801—1951）纪念铜章

早期的阿姆斯特丹交易所因股票交易占比较大，遂被后世认定为股票交易所的鼻祖，但其初始也交易商品，商品甚至包括郁金香球茎。德国人称，汉堡交易所和法兰克福交易所的历史均早于阿姆斯特丹交易所，不过交易所中的证券交易是汇票和外汇交易。18 世纪，德国才有了债券交易，股票则迟至 1820 年才面世。不来梅交易所经营商品、票据和房地产交易，1890 年才有专业证券交易。杜塞的专业证券交易所成立于 1875 年，于 1905 年与德国埃森证券交易所组成联合交易所。维也纳交易所成立于 1771 年，但其早期主要从事汇祟和外汇交易、债券交易市场业务，至 1818 年才首次交易股票。多数欧洲国家交易所的情况相仿，早期的证券交易所偏重于汇票、外汇和债券交易。

法国维埃耶交易所建成于 1653 年左右，而巴黎证券交易所（Bourse de Paris）则迟至 1724 年才创建。图 8–15 是 1825 年法国国王

图 8–15　法国国干路易十八和查尔斯参访巴黎证券交易所纪念铜章

路易十八和查尔斯参加巴黎证券交易所新址开幕式的纪念铜章。铜章重4.4盎司[1]，直径为68毫米。铜章的一面是端坐着的巴黎之神接受商业之神墨丘利等赠送的打开财富之门的钥匙，铜章的另一面是法国国王路易十八和其弟弟查理十世的头像。该铜章为著名的法国官方发行币章，是法国雕刻家珀蒂（Petit）的名作。巴黎证券交易所新地属于典型的新古典主义风格，是巴黎最珍贵的历史建筑之一，有人甚至认为它可以与圣母大教堂相媲美。

图 8–16 是 1842 年英国伦敦皇家交易所重建奠基纪念铜章，由英国皇家造币厂首席雕刻师威廉·怀恩设计制作，铜章直径为 50 毫米。英国伦敦皇家交易所建成于 1571 年，当时只是商品交易所。随着证券交易规模的扩大，交易所的专业要求趋高，证券交易与商品交易逐步分离。伦敦最早的证券专业交易始于 17 世纪末的露天市场，于 1773 年成形于柴思胡同的乔纳森咖啡馆。1802 年，英国伦敦证券

图 8–16　英国伦敦皇家交易所纪念铜章

1　1盎司≈28.35 克。——编者注

交易所获得英国政府批准成立，比英国伦敦皇家交易所晚了 231 年。同年，英国伦敦证券交易所搬迁至旧罗德街交易所大厦。图 8–17 为 1811 年英国伦敦证券交易所铜币，面值为二分之一便士。铜币上的图案为英国伦敦证券交易所大楼。

图 8–17　英国伦敦证券交易所铜币

趋势之三：以分散走向联合。正所谓“合久必分，分久必合”，交易所的“大势”是从混业走向专业，又从专业走向联合。早期欧洲货币繁多，交易所林立，在几十个交易所中买卖货币会徒增交易和汇率成本，投资人自然对此不堪忍受。竞争迫使欧洲各交易所通过整合降低成本，交易所的联合在欧洲经济一体化大背景下展开了，欧元诞生加快了交易所联合的步伐。2000 年 9 月 22 日，阿姆斯特丹、巴黎和布鲁塞尔三家证券交易所宣布合并，全球首个以欧元区为经济后盾，跨国境、单一货币的股票和衍生交易的泛欧证券交易所（Euronext N.V.）横空出世。2002 年，泛欧证券交易所收购了葡萄牙里斯本证券交易所和伦敦国际金融期交所（LIFF）。2007 年 3 月底，交易所联合再爆惊人消息，泛欧证券交易所与纽约证券交易所合并，组成纽约 – 泛欧证券交易所（NYSE Euronext），其客户遍布全球 160 多个国家。新交易所于 2007 年 4 月 4 日挂牌上市，图 8–18 为纪念纽约 – 泛欧证券交易所上市发行的蓝圈白铜章。铜章重 50 克，直径为 50 毫米。

图 8–18　纽约 – 泛欧证券交易所上市纪念铜章

2013 年 11 月 13 日，纽约 – 泛欧证券交易所与美国洲际交易所（ICE）合并，跃身成为全球第三大交易所，之后又分拆上市。交易所是国家竞争力的重要部分，交易所联合的背后是大国的角力。目前，泛欧证券交易所、伦敦证券交易所和德国交易所三足鼎立，这实质上是法、英、德三大国的竞争。德国交易所多次想与伦敦交易所联盟以抗衡泛欧交易所，均以失败告终。英国伦敦证券交易所于 2007 年收购了意大利交易所，以拓展其在欧洲的现货市场及衍生品业务。此外，欧洲其他地区的交易所也在整合。斯德哥尔摩交易所不断整合北欧各交易所，2003 年，与赫尔辛基交易所合并为 OMX 集团，2016 年又与哥本哈根证券交易所建立了联盟关系。2019 年 9 月，又传出香港交易所拟以 2 867 亿港元巨资向伦敦证券交易所提出收购要约，若这一具有划时代战略价值和巨大潜力的联姻成功，那么这将极大地改变全球交易所的格局。可惜的是，郎有情而妾无意，伦敦证券交易所对此予以拒绝。但由此可见，交易所的联合趋势仍在进行。

趋势之四：从基础走向衍生。基础资产交易也称现货交易或实物交易。现货交易也称实物交易。期货交易则是由现货远期交易发展而来的。期货市场萌芽于欧洲，古希腊和古罗马时期就有期货交易活动，期货、期权金融工具的应用可追溯至中世纪北意大利的伦巴第人。因大宗商品远距离运输成本高，以及销售风险大，商人使用契约形式来规避风险，以消除未来价格的不确定性。公元 10 世纪，意大利人以“commanda”远期合同确定特定土地或特定海洋捕捞收益权。16 世纪，阿姆斯特丹的谷物期货和期权交易有了标准化合同。在荷兰语中，这种交易称为“风中交易”（windhandel）。因为远期合约、期货、期权价格的形成不仅基于实体市场供求，也由资本和货币变量决定，所以其所具有的投机性一度被认为是欺诈和赌博，荷兰曾禁止谷物远期交易。政府的担忧并非无的放矢，17 世纪，因荷兰郁金香产量与价格不稳定，期货交易导致了 1634 年的“郁金香”泡沫。当时，一些郁金香球茎卖 5 500 荷兰盾——折合 55 千克白银，两年后，泡沫破灭、股市暴跌。荷兰南海公司的股票衍生品也造成过巨大损失。金融衍生交易的双刃剑效应，过度资本化对工商业的负面影响使金融衍生交易发展缓慢。直至 1848 年，美国芝加哥商人为了降低谷物交易风险，组建了芝加哥期货交易所（CBOT）。20世纪70年代，美国金融衍生品交易不断创新，期货市场快速发展，这对欧洲产生了巨大压力。人们开始赞同诺贝尔经济学奖获得者默顿的观点：“金融衍生工具使世界变得更加安全而不是更加危险。”1982年，伦敦国际金融期货交易所建立，而后法国国际期货市场、巴黎期权市场成立，欧洲主要国家都成立了各自的衍生品交易所。

期货交易所复制了现货市场的发展道路，商品期货、金融期货、期权和场外衍生品的品种及交易工具日趋丰富。今日，全球金融期货的交易量已经远超商品期货的交易量。2017年，全球期货及期权的总成交量250亿手（其中利率衍生品成交量激增），比2008年金融危机爆发时的交易量足足高出24%左右，商品金融化的趋势不可阻挡。

衍生交易领域也重复了从分散到集中的道路。1992年和1996年，英国合并了伦敦期权交易所、伦敦商品交易所，将衍生品业务拓展至期权及商品衍生品。1998年，德国期货交易所（DTB）与瑞士期货期权交易所（Soffex）合并，建立了欧洲期货交易所（EUREX）——世界上最大的期货和期权交易所。泛欧证券交易所加强了欧洲期货交易领域的竞争。美国洲际交易所收购了国际石油交易所（IPE），发展了欧洲期货交易所，在能源期货领域占有重要地位。德国交易所、伦敦交易所及欧洲期货交易所三巨头成为欧洲衍生品市场上最主要的交易场所。

趋势之五：从线下走向线上。20世纪90年代，依靠金融科技，数字化转型成为交易所的转型之路。传统的交易所摒弃人工喊话、手势交易及纸质交易。如掌心向内表示“买进”，掌心向外表示“卖出”，大拇指向上翘起表示“成交”的交易所手语几乎成为人类非物质文化遗产，成为历史“观光”项目。实体交易大厅被无形的电子交易替代，程式化的计算机交易和人工智能投资决策逐步普及，标志着旧交易所时代即将终结。2005 年，欧洲期货交易所转型为全电子化能源期货交易所，成为世界第一家能源期货交易所。业内人士认为，5G（第五代移动通信技术）时代将会出现新的交易所和交易概念，数据与资本将会越来越互相依赖，金融科技和海量数据将成为交易所的重要价值。交易所组织形式及其交易模式会被重塑，一个全新的技术与资本时代即将来临。

洞鉴废兴，遗珍永相传

——再拾美第奇家族的金融记忆

去意大利旅游的中国人越来越多，加之关于意大利的艺术、金融及历史的普及，人们了解到了意大利文艺复兴与美第奇家族的关系，也知晓了美第奇银行是全球最早的银行之一。

识读美第奇银行的金属记忆

从 11 世纪到 13 世纪末，一批城邦国家在意大利兴起了，城邦国家的主人是商人和手工业者。意大利北部的佛罗伦萨、威尼斯等城邦地处东西方交通要道，佛罗伦萨以呢绒织造及商业贸易著称，其经济需求推动了金融发展。在十字军东征后，欧洲人学习了阿拉伯人的商业和金融技术，如印发汇票、提货单，创立股份公司，等等。英文中的贸易（traffic）、关税（tariff）、风险（risk）、支票（check）、军火库（magazine）、零（zero）、薄棉布（muslin）、集市（bazar）等词就是从阿拉伯文字脱胎而来的。尽管基督教会的教义禁止人们放贷收息，但繁荣的贸易资金需求冲破了宗教的囚笼。一批专业从事借贷的银行在基督教势力较弱的佛罗伦萨诞生了。

1252 年，佛罗伦萨发行的金币弗洛林在整个欧洲被广泛采用，这凸显了佛罗伦萨银行业的地位。1272年的佛罗伦萨巴尔迪银行，1310年的佩鲁齐银行，1407年的热那亚圣乔治银行，以及1587年的威尼斯银行都成为全球银行业的鼻祖。如果我们把意大利中世纪银行比作夏夜的璀璨星空，那么美第奇银行无疑是星空中最耀眼的那一颗星。从1397年建立到1494年被其政治对手充公，美第奇银行三个重要人物维系了该银行的百年传奇。美第奇银行包括乔凡尼的创业年代、科西莫的辉煌年代和洛伦佐的衰落年代三个阶段。美第奇家族在世界金融发展史上留下了深深的痕迹，为世界经济、金融和文化谱写了辉煌的篇章。美第奇家族源于商业，兴于金融，继而政治，最终登上佛罗伦萨、意大利乃至欧洲上流社会的巅峰。美第奇家族产生了四位教皇，即利奥十世、克莱门特七世、利奥十一世和庇护四世（来自米兰的美第奇家族，与佛罗伦萨的美第奇家族是远亲）。美第奇家族产生了两位法国王后，即凯瑟琳·德·美第奇和玛丽·德·美第奇。美第奇家族产生了三位大公，即佛罗伦萨大公、内穆尔大公和托斯卡纳大公。同时，美第奇家族经历过三次政治放逐及兴衰沉浮。

然而，历史犹存，币章难寻。600多年过去了，难以磨灭的金融币章早已湮灭于茫茫人海中。我好不容易在网上看到一枚科西莫的古青铜章，但卖家要价不菲。我几经还价并咬牙以数千元的高价买下（见图9–1）。此铜章铸造于1570年，铜章重155克，直径为91毫米。高浮雕纪念章上是科西莫·迪·乔凡尼·德·美第奇（Cosimo di Giovanni de'Medici，1389—1464，以下简称科西莫）的半身像，铜章上厚厚的包浆蕴藏着不为人知的历史。令人不禁遐想，古老的铜章经历了怎样的曲折旅程，经过了多少沧桑岁月，才从佛罗伦萨王公贵族之家流向遥远的东方之地。沉默的铜章不会说话，但桃李不言，下自成蹊，让我们一起识读这家古老银行的金属记忆吧！

图 9–1 美第奇家族科西莫纪念铜章

美第奇银行“创一代”乔凡尼

图 9-2 是乔凡尼·德·美第奇（Giovanni de Medici，1360—1428 以下简称乔凡尼）纪念铜章，古意盎然。该铜章发行于 1740 年左右，重 154 克，直径为 83 毫米。铜章的雕刻师是安东尼奥·弗朗切斯科·塞尔维（Antonio Francesco Selvi，1679—1753），他是佛罗伦萨的币章铸造师、雕塑家和金匠。铜章的一面是乔凡尼的半身像，铜章的另一面是花环。

乔凡尼是美第奇银行的“创一代”，为美第奇家族的发展奠定了财富、人脉和政治根基。乔凡尼富有金融才能，他在亲戚的维尔依银行当学徒时就崭露头角。几年后，他成为该银行股东，25 岁时升任该银行罗马分行经理。银行被他经营得井井有条，风生水起。1397 年

图 9-2　美第奇家族乔凡尼纪念铜章

10 月 1 日，乔凡尼自立门户，在佛罗伦萨创建了美第奇银行。在银行开业资本的 1 万弗洛林金币中，乔凡尼占股 55%，其他两个合伙人并非美第奇家族的直系亲属。乔凡尼的祖父是从事典当及货币兑换买卖的，乔凡尼也算是承袭祖业。美第奇银行的金底红球徽章上有 6 个"小圆球"，有人称这是金币图案，它与美第奇家族曾从事钱币兑换有关。也有人称，美第奇家族可能是药剂师出身，一些中国人戏称美第奇家族徽记像"六味地黄丸"，确实美第奇的英文拼写（Medici）与药片的英文（Medicine）十分接近。美第奇家族自称是阿伟拉多骑士的后裔。传说，英勇的骑士杀死了巨人，查理曼大帝为表彰他的功绩，便把其盾牌作为美第奇的徽章，圆点是盾牌上被击打形成的凹槽。有趣的是，美第奇家族徽章上的红球数量从未统一过，不过最多不超过 8 个。图 9-3 为乔凡尼画像。图 9-4 为美第奇家族纹章。

图 9-3　乔凡尼画像

图 9-4　美第奇家族纹章

初创时，美第奇银行规模不大。乔凡尼贷款支持佛罗伦萨的羊毛加工业，热衷于贸易金融，采用成熟的商业汇票等创新工具。凭借乔凡尼营销的闯劲和理财的谨慎，美第奇银行开始崭露头角。美第奇银行成立首年获利 10%。至 1402 年，美第奇银行已拥有资本约 2 万弗洛林金币，在册职员达 17 人，这在当时已算是规模较大的银行了。1402 年，乔凡尼担任了佛罗伦萨银行和钱币商联合会主席，成为佛罗伦萨的名人。美第奇银行稳健小心、注重风险，但不知乔凡尼为何借出 1.2 万弗洛林金币给他在罗马结识的朋友波达萨・科萨，这笔借款不是小数目，况且那位海盗出身的借款人又是出了名的品行不端者，其贷款用途也是很不靠谱的“谋求红衣主教头衔”的荒唐理由。然而，我们不得不佩服乔凡尼投资“独角兽”的战略眼光，多年后，曾经落魄不堪的波达萨·科萨没有辜负乔凡尼的期望，终于成为教皇约翰二十三世（教会的圣统制后来认定他为伪教宗，因此20世纪时又出现一位约翰二十三世）。

美第奇银行押宝准确，从此为罗马教皇体系提供服务成为美第奇银行的垄断资源。由于教皇的信赖，1410年，美第奇银行接管了遍布全球的教区汇款、贡款、善款和出售圣物款项的资金往来。1420年，乔凡尼将业务移交给他的长子科西莫，自己在威尼斯和罗马成立了银行分支机构。乔凡尼还从两家佛罗伦萨羊毛工厂获取收益，又在日内瓦、比萨、伦敦和阿维尼翁增加了银行分支机构，给意大利、匈牙利、德国和法国的商人及领主发放贷款，提供转账服务。最丰厚的银行利润来自梵蒂冈教会，美第奇银行一半以上的利润产生于罗马两家分行，远超两家羊毛工厂创造的利润。1397—1420年，美第奇银行的利润为151 820弗洛林金币，年化为6 326弗洛林金币，年收益率为32%，仅其罗马分行的年收益率就高达30%。在教皇约翰二十三世被废黜后，美第奇家族不再享有特权，但在办理教皇业务的思比尼银行破产后，美第奇银行重操旧业。一名研究美第奇银行史的专家，在一堆不相干的档案中发现了乔凡尼时代的银行“秘密账本”，其中包含早期美第奇家族使用的先进资产负债表技术。美第奇银行坚持多元化经营，防范单一经营造成的违约风险。银行的资本和劳动结构是多重相关的股权合伙，银行分行经理和雇员可从银行的利润份额中获取分红，公司的治理架构很是超前。

美第奇银行很快成为意大利最成功的商业银行，声名远播，令人羡慕。乔凡尼的年收入相当于一个富裕家庭年收入的9倍，但他富而不傲。著名学者马基亚维利描绘，乔凡尼因在城邦贵族和平民的纷争中站在平民一方而受到拥戴。他乐善好施，身居高位却谦恭有礼，不善辞令却见解明达。乔凡尼不像其他银行家那样只对赚钱感兴趣，他还资助艺术家。他欣赏并长期赞助马萨乔——这位早逝的天才在透视法等方面对世界绘画做出了巨大贡献。他资助的年轻雕塑家洛伦佐·吉贝尔蒂日后成为文艺复兴的创始人之一。1429 年，乔凡尼的临终遗言是告诫他的继承人，要保持低调和对财务的敏锐性。之后，一个新的时代——科西莫时代开启了。图 9–5 为科西莫画像。

图 9–5 科西莫画像

银行与艺术巅峰的科西莫时代

你在游览佛罗伦萨时，一定看到过市政广场科西莫的雕像。科西莫是乔凡尼的长子。作为美第奇银行及家族的接班人，科西莫看着盾状徽章上的金币图案，时时想到家族的责任和期盼。科西莫娶康特斯娜·德·巴尔迪为妻，她来自著名的但已经破产的巴尔迪银行家族。科西莫颇具银行家才能，他将业务拓展到了整个欧洲大陆，还包括北非和土耳其。虽然他的金融帝国中心在佛罗伦萨，但他耳聪目明，对遥远的欧洲各国信息了如指掌。

在科西莫时代，美第奇银行达到巅峰。科西莫深具政治家权谋，他将金融势力扩展到整个意大利以及欧洲，将金融势力转变为世袭权力和政治地位，成为美第奇政治王朝的第一人。科西莫为国库捐钱，为雇佣兵发薪，从而减轻了中高阶层的纳税负担。他慷慨地发放贷款甚至无息贷款，使市民依附于美第奇家族。科西莫只是没有做到父亲要求的低调，也许低调的银行家早就成了刀俎下的鱼肉。然而，乔凡尼的担忧不无道理。在美第奇家族争夺并维护权利的过程中，阴谋、暗杀、诡计、战争如影相随，科西莫躲过了多次刺杀还一度被囚禁。1433 年，美第奇家族对卢卡的战争失败，反对者借机希望终结美第奇家族的权势。科西莫被判流放 10 年。因为他一贯慷慨大度，仍有不少支持者跟随着他。事后，佛罗伦萨很多小商人失去收入，工人失去工作，人民的不满情绪暴增、抗议升级，执政者不得不释放科西莫。科西莫转而依靠民众的支持，驱逐政治对手。1434 年，科西莫在佛罗伦萨建立起僭主政治，成为佛罗伦萨的实际统治者。教皇庇护二世曾说：“政治事务都是在科西莫的办公室解决的，公共事务则由他挑选的人掌控……他决定着是战争还是和平……他是事实上的国王。”

在科西莫管理家族时期，美第奇家族的财富几乎翻了一番。美第奇家族成为欧洲最富裕的家族。这一金融帝国的财富包括银行、公司、土地、房产、数不清的金银珠宝和大量的钱财，美第奇家族真正富可敌国，其财富超过绝大部分王室。科西莫在文化艺术领域也享有声望。雅各布·布克哈特在《意大利的文艺复兴》一书中写道，乔凡尼在去世时，留下了179 221枚金币，而从1434年至1471年，美第奇家族为慈善事业、公共建筑和捐税所付出的金币不下663 755枚，仅科西莫一人负担的金币就有40多万枚。马基亚维利对科西莫的慷慨、教养和谈吐称颂备至。对于作为统治者的美第奇家族成员来说，艺术不仅仅是他们的个人爱好，赞助艺术还可以让他们获得更多的关注，这是他们取得政治认同的手段之一。

商业和金融发达的地方往往是人类创造力和想象力最旺盛的地方，美第奇与佛罗伦萨的历史就证明了这一点。今天我们仍可见美第奇家族建造的建筑遗产，如圣马可修道院、圣罗伦佐教堂、卡法鸠罗别墅、碧提宫、韦奇奥宫、市政厅和公共设施，雄伟壮阔、金碧辉煌、美轮美奂，令人叹为观止。美第奇家族酷爱文艺和科学，是佛罗伦萨学者、艺术家、科学家、文学家的首要赞助人。科西莫尊重艺术家不为世人所接受的古怪性格，给予他们创作的自由，卓越的艺术家因而自由地创造了大量的、闪耀着文艺复兴时代光芒的艺术作品。当时，积聚在佛罗伦萨的名人众多，佛罗伦萨成为文艺复兴、欧洲艺术和思想的中心，在诗歌、绘画、雕刻、建筑、音乐领域均有突出成就，在历史、哲学、政治理论等研究方面也居于意大利各邦前列。科西莫培养了人们对古代艺术和文献的鉴赏品位，是希腊罗马时期文献和雕塑的狂热搜集者。

美第奇家族被称为“文艺复兴的教父”，一部文艺复兴史几乎就是一部美第奇家族史。科西莫引进了多那泰罗这样的艺术家为佛罗伦萨创造传世的大卫雕像。当时，佛罗伦萨的主教堂——圣母百花大教堂——还没有圆顶，没有人相信能在如此高度下建造一个比罗马万神殿还大的拱顶。科西莫发现了疯疯癫癫的佛罗伦萨建筑师布鲁内莱斯基。布鲁内莱斯基精通物理和数学，通过计算，将圆顶设计为内外两层结构，采用红砖而非大理石来减轻圆顶的重量，并建造了起重器，将400多万块砖头运送到了教堂顶部，用了将近20年的时间建成一个前所未有的圆顶。他在样式及结构设计方面完成了划时代的重大革新，影响了欧美建筑500余年。整个佛罗伦萨沸腾了！

随着科西莫的逝世，美第奇银行的巅峰时代已然过去，但美第奇的艺术时代方兴未艾。科西莫有两个儿子和一个私生子。他为寄予厚望的次子的不幸早夭而痛苦，担心家族事业后继无人。然而，他不知道，他的孙子洛伦佐（1449—1492）是如此优秀。1464年，科西莫在卡里奇去世，佛罗伦萨政府授予了他“国父”的称号，这个荣誉曾一度被授予古罗马伟大的教育家西塞罗。科西莫的儿子皮耶罗继承了银行和家族企业。可惜，除了财富和权势以外，他还从父亲那里“继承”了痛风，这一疾病使他无法像正常人一样行走，甚至在大部分时间里都需要卧床工作。与科西莫激进、大胆的经商风格不同，皮耶罗的主要目标是维持稳定。成为美第奇家族的掌门人5年之后，皮耶罗便离开了人世。

洛伦佐华丽的谢幕

图9–6是洛伦佐方形镀银铜章。铜章重71克，长为65毫米，宽为41毫米。铜章的一面是洛伦佐的雕像。在父亲皮耶罗过世后，20岁的洛伦佐成为美第奇银行和家族的继承人。他在商业方面缺少祖父科西莫那样的经营才能，并不擅长经营家族银行业。在他任期内，美

第奇银行开始走下坡路，经营逐渐萎缩，来自贸易和外汇的收益变得不稳定。美第奇银行还需救助那些濒临破产的分行，一些分行的管理失控，冒险的行为屡现。布鲁日分行冒险贷款给勃艮第公爵查尔斯，伦敦分行向从未全部偿还贷款的爱德华四世放贷。1480 年，美第奇银行被迫关闭了一些海外分行。

图 9-6 美第奇家族洛伦佐纪念镀银铜章

洛伦佐虽然忽略银行但热衷政治，被称为“华丽者”。在他的统治下，佛罗伦萨进入黄金时代，城市粮食供应充足，慈善事业兴旺，艺术家和科学家得到慷慨赞助，美第奇府邸成为学者向往的圣地。洛伦佐是个了不起的政治家，在意大利各个邦国间纵横捭阖，洛伦佐晚年是意大利和平的保护人，其他国家若发生争端都会请求他调解。

但与外交上的天才形成鲜明对比的是佛罗伦萨军事上的软弱。美第奇家族的政治资本只有巨大的声望，佛罗伦萨只是在形式上保持了独立和自由，但其地位并不那么稳固。洛伦佐与教廷的矛盾开始激化。教皇西克斯图斯四世期冀扩大势力范围，而洛伦佐企图维护家族利益，双方矛盾开始尖锐。教皇拒绝洛伦佐的儿子乔瓦尼担任红衣主教，洛伦佐则不同意教皇亲戚从事暴利工作。愤怒的教皇开始禁止美第奇家族在梵蒂冈从事金融及贸易业务。1478 年，教皇西克斯图斯指使洛伦佐的反对者在教堂弥撒时袭击洛伦佐及其弟弟朱利亚诺。朱利亚诺被刺死，洛伦佐受伤逃入教堂中躲过一劫。

危难关头，洛伦佐得到了民众的支持，挫败了教皇的阴谋，抓获了反对者，刺死了比萨大主教，处死了参加暗杀的帕齐家族，迫使那不勒斯国王费迪南德一世屈服。洛伦佐成立了自己的御用机构——70 人会议——以代替旧的百人团。教皇继续还击，开除了洛伦佐和整个佛罗伦萨宫廷成员的教籍，剥夺了他们的教权。教皇还和那不勒斯同盟组建了军队，准备动武。洛伦佐前往那不勒斯说服敌人，解除了危机。教皇濒临破产，洛伦佐也囊中羞涩，双方最终握手言和。1483 年，洛伦佐获得教皇国畜牧税和盐税的部分收益。教皇诺森八世负债累累，接二连三地向美第奇家族借钱，有时还要低价变卖教廷的珠宝首饰。1483 年，在法国国王路易十一世去世后，许多王室官员要求提取存款，拿回自己的钱，而美第奇银行无钱承付。因此，洛伦佐挪用信托基金和国库，变卖房产以渡难关，此时美第奇银行已岌岌可危。图 9–7 为洛伦佐画像。

图 9-7 洛伦佐画像

烦恼的洛伦佐沉湎于科学和艺术中，并以此解忧。他的人格魅力吸引着有才华的科学家和艺术家聚集在他身边。他赞助了达·芬奇和伽利略这样的天才。他以极高的鉴赏力成为艺术家的伯乐，引导艺术家们发挥独特才能，他还慷慨赞助佛罗伦萨杰出的艺术家们，如波提切利、米开朗琪罗、拉斐尔、多那泰罗、提香等。美第奇家族“哺育”了艺术家，伟大的艺术家开创了历史。佛罗伦萨变成了欧洲文艺复兴时期的人文主义之都，美第奇宫廷为艺术家们开放，日夜歌舞升平、饮酒作乐，整个佛罗伦萨都受到了影响，市民生活日趋精致。

然而，佛罗伦萨的享乐风气引起多明我会修士萨佛纳罗拉的不满，他反对贵族的奢侈生活，大肆抨击美第奇家族，并在民众中聚集了不少支持者。1492 年，洛伦佐去世，萨沃纳罗拉指责美第奇家族给城市带来了厄运，并呼吁净化“虚荣的篝火”。萨佛纳罗拉在市政府前点燃大火，蛊惑佛罗伦萨市民烧掉一切世俗享乐物品，包括书本、首饰、画像、雕塑、乐器和精致的衣服等。一群暴徒闯进美第奇家族居住的宫殿，焚烧了大多数美第奇银行的记录（今天那些幸免于难的文件上的黑色污渍仍然清晰可见）。

在洛伦佐死后几个月，哥伦布发现了新大陆。两年后，法国入侵意大利，美第奇银行被迫关闭，美第奇家族被驱逐出境，其所有财产被没收并充公。洛伦佐在世时，将儿子乔瓦尼和侄子朱利亚诺（被刺杀弟弟的儿子）送入教廷，之后乔瓦尼成为红衣主教。兄弟俩说服曾受美第奇家族支持的教皇尤利乌斯二世，派出军队收复佛罗伦萨。然而，当时自治的佛罗伦萨市民不愿再受统治，和军事家马基雅维利一起组织了军队抵抗，市民军队最终不敌教皇军队，佛罗伦萨再一次受美第奇家族掌控。洛伦佐的儿子乔瓦尼·美第奇在1513年当选教皇，被称为“利奥十世”，成为佛罗伦萨历史上的第一位教皇。这位教皇沿袭美第奇家族的传承，他出资赞助的作品有拉斐尔的《雅典学院》、米开朗琪罗的美第奇家族陵墓雕像。10年后，美第奇家族的朱利奥·美第奇成为教皇“克莱门特七世”。但家族产业每况愈下，后继者无力维持大局。

由于欧洲稳定和平的环境不再，教廷争夺和意法战争使美第奇家族的重心一度南移到罗马。同时，意大利羊毛加工业衰落，英国纺织业兴起，欧洲金融中心及贸易中心北上。佛罗伦萨在1338年有80家银行（包括货币兑换商在内），在1399年仍有70家银行，然而至1516年只剩下8家银行了。世界金融中心转移到安特卫普、阿姆斯特丹、巴黎、伦敦等新的中心了。1737年，第七代托斯卡纳大公吉安·加斯内·德·美第奇没有留下继承人便去世了，大公的爵位落到了洛林家族的弗朗茨·斯蒂芬（神圣罗马帝国皇帝弗朗茨一世）手里。声名显赫的美第奇家族的家脉自此断绝。图 9–8 为意大利于 1992 年发行的 500 里拉面值的洛伦佐纪念银币。该银币重 15 克，直径为 32 毫米。

图 9–8　洛伦佐纪念银币

永存的科学和艺术的遗珍

美第奇家族在历史的长河中起起伏伏，时而辉煌，时而衰落。如今，美第奇银行早已荡然无存，然而保存美第奇家族世代收藏品的乌菲兹美术馆则成为世界上馆藏最丰富的博物馆。那些恢宏的不朽建筑依然竖立在佛罗伦萨。1564 年，凯瑟琳·德·美第奇——法王亨利二世的遗孀——建了一座名为“杜伊勒里宫”的小宫殿，即今日卢浮宫的雏形。人们说，没有美第奇家族就没有意大利文艺复兴。确实如此，如果没有美第奇家族，那么意大利文艺复兴的风貌肯定不是今天我们所看到的和理解的。

直至今日，美第奇家族的故事还为人们所津津乐道，从这个意义上来讲，美第奇家族依然活在人们的记忆中。人们对美第奇家族的评价也像硬币一样有着两面。法国启蒙思想家、文学家伏尔泰将美第奇家族誉为“文化全盛时代的推手”。然而，在历史上个人及家族拥有巨大财富和影响力通常会遭到社会的负面评价。商业创新通常被视为贪婪和无耻，权钱追求则被视为冷血及阴谋，富豪们的生活被指责为炫耀与堕落，其行事风格常被丑化或憎恶。权势很少会在历史上被公共知识分子认可，而后者却是记录历史和塑造话语体系的群体。侥幸的是，美第奇家族对科学和艺术的贡献为其带来了美誉。

图 9–9 的大铜章是 1990 年欧盟为表彰美第奇家族 500 年来在科学和艺术领域为欧洲所做贡献而发行的。该铜章重 91 克，直径为 60 毫米，发行于 1980 年，共铸造 1 000 枚。我们从铜章中的图案可以看到，众多天使簇拥着美第奇家族徽记，欧洲地图和欧盟标志展示了美

图 9-9　美第奇家族纪念铜章

第奇家族的巨大影响力。今日，美第奇银行的痕迹已难以寻觅，但坚硬的金属记忆难以被磨灭，科学和艺术的遗珍永存人间。

美第奇家族的独特金融贡献

从金融历史的角度来看，美第奇家族对打破金融的宗教禁锢起到了重要作用。在美第奇银行时代，金融面临的巨大障碍是宗教的戒律。金融与宗教的关系可以追溯到公元前3000年左右有息贷款的诞生。借款人因无力偿债而失去土地、沦为奴隶，这加剧了阶级分化。例如，希腊本来没有农奴制度（荷马和赫西奥德的著作中都未曾提及），而在罗马时代，农奴制度十分盛行。从希腊到罗马，信贷并不是农奴制度的主要成因，但金融在历史上曾多次成为社会不满的替罪羊。从《旧约》圣经开始，谴责信贷的训诫书稿汗牛充栋。当时，人们怀念财产公有、生活简朴的摩西社会，信奉畜牧社会至上，对贸易、农业和手工业引起社会的混乱表示反感。

公元前6世纪的柏拉图从哲学和道德层面对有息贷款进行谴责。在他乌托邦式的“理想国”里，贸易无足轻重，市场非常罕见，借贷绝对被禁止，他不赞成经济发展，认为“富人不可能有德行”，“卑下”的“生产性”职业让人堕落。亚里士多德措辞严厉地批评收取利息的行为。他鄙视贸易和手工业，憎恨放贷收息。他认为，在社会各行业中，放贷人最卑下，“最为可恨的和最有理由仇恨的就是高利贷”。柏拉图和亚里士多德的观点在中世纪被神学家们广泛引用，他们信奉“钱不生钱”（Money does not beget Money），并对高利贷进行谴责和讨伐。

基督教一直反对有息贷款，将高利贷认定为一切社会邪恶的起因。在末日审判的绘画中，人们对高利贷的诅咒从不缺乏。卒于公元220年的亚历山大里亚的圣·克雷芒（Saint Clement of Alexandria）是最早依据《旧约》典籍谴责信贷的人。在公元4世纪确立基督教“三位一体”教义的该撒利亚主教圣·巴兹尔（Saint Basil，329—379）和尼撒的圣·格里高利（Saint Gregory of Nyssa，331—400）神父领导了反对财富的运动，他们用《圣经》教义严厉攻击高利贷。圣·巴兹尔是基督教1 000多年来绝对禁止利息的创始人，对基督教的影响极其深远，至今在庞德的《诗章》中人们还能听到他的余音。尼撒的圣·格里高利则发展了亚里士多德的理论，完善了“钱不生钱”理论，并强调了高利贷带来的社会恶果。4世纪的拉丁系基督教会也攻击高利贷，米兰的圣·安布罗斯（Saint Ambrose of Milan）写了《托比特书》（*The Book of Toby*），以宗教的名义谴责有息贷款，认为其有悖自然法则且不利于永世的拯救。公元325年，罗马教皇正式颁布法律禁止教徒使用高利贷，强调这不利于基督教团结和超脱财富的精神。公元5世纪，对神职人员禁止使用高利贷的这一禁令已经全面实行。公元6世纪，拜占庭帝国查士丁尼大帝颁布规管信贷的法律条文。公元789年，法国加洛林王朝国王“矮子”丕平（Pepin le Bref）和他的宫相夏尔·马特尔（Charles Martel）颁布了第一个世俗信贷禁令——《通令》（Admonitio Generalis）。公元800年，罗马帝国查里曼大帝将禁令扩展到世俗社会。

千年来，从但丁到佐拉，从莎士比亚到狄更斯、巴尔扎克，高利贷者的负面文学形象如夏洛克、高老头等深入人心。在语言学方面同样如此，意大利语“贷款人”（lo strozzino）一词源于表示“勒死”的动词，德语中表示“债务”（die schuld）的词汇的另一个意思是“错误”。宗教始终认为自己站在了社会的道德高地。在其集体潜意识中，贫困导致乞讨是可以的，但有息信贷则应予谴责。至此，储蓄转化为投资的通道被彻底堵塞，“宗教在倾倒洗澡水的同时也倒出了孩子”。

宗教的禁锢使欧洲迈入了数百年的黑暗期，社会发展得不到资本的推动，金融抑制严重阻碍了社会生产力的发展。当然，《圣经》中关于借贷问题的论述有区分“兄弟”和“非兄弟”，“兄弟”（乡邻、亲朋）之间的有息借贷被禁止，而“非兄弟”（陌路人）之间是可以借贷的。在宗教和世俗的双重打击下，只有被排斥的犹太人才会进入这个领域，金融业的前生都在这一狭缝中进行着千年的挣扎。世俗对犹太人的蔑视及迫害的背后就有着鄙视信贷的哲学和宗教的阴影。

自 12 世纪起，劳动生产率和技术普遍提高，农民和手工业者阶层逐步壮大，城市经济发展，商业贸易兴起，货币经济规模扩大，资本主义萌芽。伴随着地理大发现，新的经济扩张出现，海外贸易的收益与风险巨大。因宗教对利率的限制，信贷收益无法覆盖风险，这严重束缚了商品经济的发展，同时靠战争掠夺财富和田产收租的方式也无法满足统治阶级奢侈生活的需要。君王、贵族、教会成为借款人，以期解决消费或战争的资金需求。1140 年，克吕尼的教会债台高筑，无力自拔。1145 年，西多会教堂开始借债。14 世纪早期，巴尔迪、佩鲁齐和阿奇艾乌奥利三大家族银行，因英国国王爱德华三世和那不勒斯国王罗伯特借款赖账，而在 14 世纪 40 年代相继倒闭。由于维罗纳、比萨和米兰等邻近城市的战争，佛罗伦萨也欠了大量政府债务（1343 年大约 60 万弗罗林）。1378 年，佛罗伦萨与教皇的战争使其损失了 100 万弗罗林，它只能向外借款。由此可见，货币经济的力量开始挑战传统的政治权利结构，禁止贷款的宗教哲学思想在现实面前有些妥协了。

面对巨大的宗教力量，美第奇银行贸然挑战并非易事。美第奇银行依靠金融创新来逃避宗教禁令和神学家的指责。当时，欧洲不同国家和城邦的货币是不同的，而佛罗伦萨的金融业务主要是跨国贸易，美第奇银行巧妙地将金融与贸易、贷款与汇率交易捆绑起来。基于跨国贸易的商业“汇票”，美第奇银行存在不同汇率的兑换和不同期限的贴水（调换票据或兑换货币时所补的差额），而这些金融技术中隐藏了实质的利息。存款人则通过参与投资的方式获得分红，虽然交易链条拉长增加了交易成本，但贷款利息被隐藏在复杂的交易结构和场景之中了。美第奇银行可以解释，商业贸易不是金融，商业汇票不是贷款，交易利润不是利息，它丝毫没有违反宗教法令的地方。这样维护了宗教意识形态和教会法令的体面，新型银行家变得受人尊崇而不像从事典当行或货币兑换的犹太人那样地位低贱，后者因被认定为“高利贷者”需主动认缴“赎罪券”以维系其“罪恶”的职业。

当然，那时的主教培训班也不会讲授金融知识，宗教界人士怎能理解美第奇银行贸易背后的金融本质。不过，这一打“擦边球”的做法也可能使当时的银行家内心忐忑不安。1517年和1532年，安特卫普的一群西班牙商人曾向神学家询问交易所交易的宗教合法性。美第奇家族成员是否因存在内心的痛苦煎熬，以至通过建造修道院、赞助宗教艺术来自我救赎及拯救灵魂，这方面就需后人来研究和探讨了。

人们解除宗教对利息的偏见花了7个多世纪。从谴责、容忍到规定可例外，再到允许“适度”的利率，直至冲破宗教禁锢，美第奇银行等先驱银行做出了很多努力。它们看到了新的经济现实与旧的宗教理论之间的矛盾冲突，敢于通过实践创新予以突破和改变。作为当时欧洲最著名的银行，美第奇银行的做法具有示范性，为后世的银行蹚出了一条新路。1517 年，宗教改革运动兴起，新教领袖加尔文等支持信贷合法存在，同时也反对纵欲、贪婪、炫耀和滥用财富。因为新教徒的主体是新兴的城市工商业者、银行家等资产阶层群体，有息信贷是合乎他们利益的。他们要将利润资本化，将剩余价值转化成更多的资本，就必然要向贷款收取利息。在代表时代方向的新兴经济力量面前，旧教会已无法束缚有息信贷的发展，坚固的宗教围墙终于被推倒了。之后，欧洲各国纷纷将有息贷款合法化。德国的路德宗、法国的胡格诺派、英国的清教徒、苏格兰的长老会等新教，从教会到信徒都公开、合法地放贷，即便是旧的基督教最终也默认并参与了放贷，借贷被视为有创业精神的表现。再后来，欧洲各国政府也以法令形式确立了利息的合法性。1545 年，英格兰允许有息贷款。此后，信贷的可及性大大提高，市场竞争又使信贷利率趋于合理。

回顾历史，美第奇家族不仅推动了欧洲文艺复兴，也推动了欧洲银行业的复兴并冲破宗教神学的禁锢。世界金融的曙光终于在佛罗伦萨初现，金融资本推动了资本主义工商业的发展，为资本主义国家的繁荣提供了源源不断的血液，逐步瓦解了西欧的封建社会，使世界历史初露近代曙光，从而开启了人类新时代。

10

从金匠到银行家

SAINT ELOI

图 10–1 是一枚发行于 1980 年的白铜章。此铜章重 107.8 克，直径为 59 毫米。此精美铜章的设计师是法国著名艺术家罗贝尔·科歇（Robert Cochet，1903—1988）。科歇专长于奖牌、钱币和青铜小作品的设计。他毕业于巴黎国家高等艺术学院，是法国艺术家沙龙成员，曾设计面值 100 法郎的硬币。他的币章作品可在大英博物馆、克莱斯勒博物馆和哈佛美术馆的藏品中被找到。铜章的一面是钳打着金属件的金匠，铜章的另一面是冶金的锅炉。铜章中这位法国金匠的全名是圣·艾里基乌斯（Saint Eligius，法文名译为圣·埃卢瓦）。他早年师从著名金匠——法国利摩日造币厂工匠阿布博（Abbo），此后技艺出众，声名远播。他兼职甚多，被众多行业奉为祖师爷，如金匠及铁匠的祖师爷，钱币收藏者及造币厂的祖师爷，皇家机电工程师的祖师爷。他也是马的守护神，大概是制作马蹄铁掌的缘故吧！众所周知，金匠业曾是银行业的前身，银行人拜他为祖师爷也不为过。图 10–2 为 15 世纪尼德兰画家彼得鲁斯·克里斯蒂笔下的圣·艾里基乌斯。

图 10-1　法国金匠圣·艾里基乌斯纪念白铜章

图 10-2　15 世纪尼德兰画家彼得鲁斯·克里斯蒂笔下的圣·艾里基乌斯

金银天然就是货币，所以从事这一行的人需要诚信至上。阿基米德受洗澡时水溢出得到启发，将国王的纯金皇冠放入水盆中，利用金银比重不同测出金匠是否在纯金皇冠中掺了银。这一故事说明人们对金匠的信任不足。圣·艾里基乌斯品德高尚，诚实无欺，从不掺假，因而受到客户的高度信任。法国国王克洛泰尔二世慕名让其进入王室，任命他为铸币厂的大师。圣·艾里基乌斯施舍穷人，为奴隶赎身，朋友称赞他“眼泪中有大慈悲”。圣·艾里基乌斯担任了达戈贝特一世国王的首席顾问，因其成功地促成了布列塔尼亚王子同达尔贝尔签订和平协议而声名远播。圣·艾里基乌斯还修建教堂，推行感化教育，反对买卖圣职。他虽去世于公元 659 年，但因其身后自带光环并外溢而成为圣人，千年后还被许多行业尊崇为祖师爷。法国巴黎圣马德莱娜教堂的彩色玻璃画就是于 16 世纪创作的圣·艾里基乌斯工作时的画像。1967 年，法国邮政还为此发行了邮票。每年 12 月 9 日，巴黎圣母院都会为圣·艾里基乌斯兄弟会的成员奉献一场弥撒，以答谢 17 世纪的巴黎金匠们对圣母院的奉献。图 10–3 为圣·艾里基乌斯正在铸币的纪念铜章。

图 10–3　圣·艾里基乌斯正在铸币的纪念铜章

早在罗马时代，西方人就掌握了高度发达的金银制作工艺。中世纪的大多数金器是虔诚教徒的宗教礼物，教会是金匠的主要顾客和庇护人。公元 7~10 世纪，许多教会隐修院及周边也是金匠和铁匠等作坊汇集的地方。作坊扎堆逐渐成市并演变为城镇。社会分工发展产生交换，贸易发展促使金融发展。金匠是当时一种专业化职业，中世纪隐修院僧侣西奥菲利乌斯在《论多种技艺》（*De Diversis Artibus*）一书中讲道，天主将敬畏、孝爱、聪敏、刚毅、超见、明达、上智七重恩典注入工匠们的心神当中，使其创造出了精美绝伦的作品。宗教场所为了营造庄重威严的气氛，对金银工艺品的需求量很大，许多僧侣本身就是有名的金匠。圣·艾里基乌斯是法国墨洛温时代主教，英国金匠的祖师爷邓斯坦（Dunstan）曾任坎特伯雷大主教。每年 5 月 19 日是邓斯坦的瞻礼日，所有的金铺都闭门歇业，伦敦圣保罗大教堂还为金匠们敲钟和祈祷。英格兰圣阿尔班斯隐修院僧侣约翰曾在 12 世纪后期担任英格兰国王的御用金匠。13 世纪上半叶，英格兰最著名的教会金匠是埃塞克斯郡的华特（Walter）。1243 年，英格兰国王亨利三世请他用黄金和各种珠宝制作了坎特伯雷大教堂的圣体龛。金匠们有一技傍身，衣食无忧。1500 年左右，布鲁日画家杰拉德·大卫（Gerard David）画下了金匠的生活，如图 10–4 所示。画中的金匠头戴珍

图 10–4 布鲁日著名画家杰拉德·大卫于 1500 年左右所绘的无名金匠

贵的水獭皮毛帽子，身披羊毛坎肩，左手握着一串套满宝石金戒指的纸卷，右手拿着一枚蓝宝石戒指，仿佛正在向顾客介绍自己的杰作。

图 10–5 是圣 · 艾里基乌斯纪念银章。该银章重 5 盎司，直径为 50 毫米。银章的一面是螺旋式压币机，称量的天平、砝码，以及圣 · 艾里基乌斯手中的钱币胚料和成品。不过，这里有些让人时空错乱。圣 · 艾里基乌斯是公元 7 世纪的人，而螺旋式压币机的雏形最早见于 16 世纪初。1508 年，意大利佛罗伦萨的一位艺术家用螺旋式压床来压制质地柔软且不需要人压力即可完成的铅质徽章，这一时期，螺旋式压床在造币方面通常只用于剪料。1530 年，另一位意大利人在罗马设计了一种螺旋式压床，它可以为教皇制出图案、文字完整的金币。1585 年，法国开始用此技术铸造纪念性金融币章。看来，此银章设计师在历史知识方面还需要补课。银章的另一面上方是欧洲最早的吕第亚的狮子图案金币，沿顺时针方向依次是中国开元通宝、拜占庭银币、美国双柱图案银币、英国圣乔治银币和现代硬币。这些基本反

图 10–5　圣 · 艾里基乌斯纪念银章

映了世界的货币发展史。

图 10–6 为八角形钱币协会纪念铜章，由 1966 年美国肯塔基州布鲁克造币厂制造。铜章的一面是圣·艾里基乌斯在鉴赏钱币，铜章的另一面是古钱币。该铜章重 34 克，直径为 41.2 毫米。

图 10–6　钱币协会纪念铜章

欧洲早期的金匠身份比较卑微，但人们要想掌握金匠手艺并不容易，其市场准入门槛很高。12 世纪后期，巴黎、伦敦等地兴起金匠行会组织，保护行业，排斥外人。人们从事金匠业不仅需要手艺，还需要资金实力和社会信誉。中世纪后期，金匠的地位逐渐改善，他们慢慢受到社会尊崇。从 13 世纪中后期开始，金匠行会在制作的金银工艺品上签章，以检验和证明其作品的贵金属纯度。在贵金属货币时代，金匠行会与国家货币发行联系密切。金匠行会的会长一般兼管国家铸币厂，负责制定金银质量标准，把金银铸造成符合规定重量和纯度的钱币。当时，英格兰要求所有银器的纯度不得低于银币的纯度（92.5%）。由此可见，英格兰的银币比其他国家在英格兰流通的银币纯度高，这造成了市场上英格兰的优质银币都被收藏起来不再流通了。这就是格雷欣法则（劣币驱逐良币）的由来。

图 10–7 是 1975 年芬兰金匠联合会纪念铜章。该铜章重 18 克，直径为 30 毫米。铜章中的人物还是法国金匠圣·艾里基乌斯，看来圣·艾里基乌斯真有国际影响力。社会经济的发展使富人阶层对金银制品需求增大，成功的金匠容易致富，有才华的青年涌向金匠行业，这导致金匠行业人才辈出。英格兰的金匠威廉·柏提乐（William Botiller）既是金匠，又是艺术家，也是买卖金银宝石的商人。他为英格兰国王亨利三世服务，于 1257 年制作了英国历史上第一枚金币，其图案还用在了 1259 年亨利三世的皇玺上。威廉·柏提乐的学生伦敦金匠艾德蒙·沙阿（Edmund Shaa）被任命为伦敦塔造币厂和皇室金矿的雕刻师，还担任过伦敦金匠行会的会长。1483 年，艾德蒙·沙阿被任命为伦敦市长，还被授予爵位。英国的威廉·荷加斯（William

图 10–7　芬兰金匠联合会纪念铜章

Hogarth，1697—1764）是英国著名画家、版画家、讽刺画家以及欧洲连环漫画的先驱，被称为“英国绘画之父”，他早年也是金匠。

从古埃及到古罗马时代，主管艺术的缪斯和主管造币的朱诺都居于神庙，艺术与金融的联系是源远流长的。文艺复兴时期，意大利佛罗伦萨画派著名的写实主义画家和雕塑家安东尼奥·波拉约洛都是金匠出身，后来他们改学绘画和雕塑。意大利安德烈·德尔·维罗乔闻名于绘画和雕塑业，他也是金匠出身。达·芬奇和波提切利等著名画家都是安德烈·德尔·维罗乔的学生。安德烈·德尔·维罗乔的学生佩鲁吉诺还是拉斐尔的老师。15 世纪末，波提切利热爱绘画，他的皮匠父亲让他以金匠业谋生，因为当时金匠比画家的地位略高。波提切利在金匠铺做了很久，由于一心想要画画最后跟着著名的风流僧侣画家弗拉·菲利普·利皮学画画去了。本努韦托·切利尼（Benuveto Cellini，1500—1571）是意大利文艺复兴时期著名的画家、雕塑家和音乐家，以及风格主义艺术的代表人物，他也是金匠。法国作曲家艾克托尔·柏辽兹（Hector Berlioz）于 1838 年将本努韦托·切利尼的生平搬上舞台，创作了三幕歌剧“金匠切利尼”。图 10–8 是本努韦托·切利尼纪念铜章。该铜章重 236 克，直径为 80 毫米。铜章的正面为切利尼的肖像，背面主图是他的代表作《珀耳修斯像》。本努韦托·切利尼是一个出色的币章雕刻设计师，在其自传里不止一次地描述了自己制作币章的经过。此铜章的雕刻师是丹尼·弗洛艾（Daniel Flourat），他曾在巴黎国立高等艺术学院学习，于 1951 年获得章牌雕刻罗马大奖二等奖。丹尼·弗洛艾生前一直担任巴黎造币厂的雕刻师。

创新与金融亦密不可分。德国金匠约翰内斯·古登堡（Johannes

图 10–8　本努韦托·切利尼纪念铜章

Guttenberg）的父亲是教会金匠，从事金属铸币工作。1439 年，约翰内斯·古登堡在欧洲独立发明了活字印刷术，使印刷书得以大量生产，这在文艺复兴、改革、启蒙时代和科学革命过程中发挥了关键作用。图 10–9 是约翰内斯·古登堡纪念铜章，该铜章直径为 40 毫米。

图 10–9　约翰内斯·古登堡纪念铜章

著名的金融创新家、前法国财政部部长约翰·劳出身于爱丁堡一个富有的金匠及银行主家庭，他领导了法国金融改革，组建了法国首家银行，发行了纸币，并且创新了货币理论。法国初始经济繁荣，最终“密西西比泡沫”破灭，经济崩盘。约翰·劳成为金融史上最具争议的人物。罗斯柴尔德家族的创始人摩西是金匠和放贷人，在法兰克福从事古钱币交易以及金银与纸币的兑换，他的后代创立了当时最有名的银行，并推动了世界金融业的发展。罗斯柴尔德家族的金融故事流传至今。

中古时代，币制复杂，成色不一，金银货币的鉴别、估价、兑换需要有专业、诚信的中间商，这成了金匠们重要的中间业务收入。金匠也稍带办些整金换零、零金凑整的业务。古希腊语称银行为“trapeze”，意指金匠为得出金银的精确数量而使用的天平。要想从事金匠业务，金匠自身多少需要有些“资本金”。在金匠替人打制金银饰品时，客户会有部分贵金属积余。聚少成多、积沙成塔后，金匠处的存货（存款）规模就可观了。如果一些熟识的富户急需打制饰品，但自身贵金属的存量又不足，那么金匠会通过资金融通来收取一些费用。用现代银行术语来表述，金匠已经在承担兑换、支付和存贷等金融中介角色，并开始赚取手续费和融资利息收入了。金匠对贷款抵押物的鉴定（如金银的成色判断）需要技能。数百年后，这依然是银行的当家本领。

1545 年，英格兰允许收取利息的法令使金融业从宗教的束缚中解放出来了。金匠们突然发现，他们兼职从事的金融业务收入已经超越他们的金匠手艺收入了，金匠遂感叹实体经济赚钱不如金融行业啊！金匠也认识到金融的一个重要性质是信用。当时，人们在金匠那里存金会得到纸质的收据证明，金匠承诺存金人随时可以取金。存金收据背后是实物黄金，存金人有时将此收据用于交易支付，让债权人自己去金匠处取金，因而最早的银行券或纸币（bank note）就被创造出来了。由于携带金银不便，人们喜欢用金匠收据进行交易。时间久了，便于携带又随时可兑现的金匠收据演化成了纸币，它是以金银为抵押和以金匠信用为担保的纸币。当时，这种“时髦”的信用支付方式像后来的银行卡和支付宝一样为人们所推崇。当然，这不是历史上最早的纸币。在中国公元1000年左右的北宋初年，四川商人就发行了纸币交子以代替铸币流通，并设有铸币与交子兑换的交子铺，开世界金融之先河，但交子最终难逃因人们滥发而寿终正寝的命运。同理，当金匠开出的存金票据有100%的黄金库存时，票据是安全的，但“聪明的”金匠银行家发现平时只有很少的储户前来将“银行券”兑换成金银。当借钱的人来找金匠时，由于利益的诱惑，一些金匠在没有金银存储的条件下也签发存金收据给借款客户，让其用于商业支付，金匠则收取借金利息。于是，金融的另一重要性质——杠杆——被人们发现了。随着工商业的发展，越来越多的人开始向金匠申请融资，金匠不再热衷于当工匠了，开始“脱实向虚”。金匠诱以利息，让人们将闲置和窖藏的金银放置于金匠处。金匠则将金银拿去放贷，这就是现代银行业的存贷款业务。金匠签发的收据流通范围越广、被接受程度越高，利润也就越大，相比之下，光靠赚取铸币费和保管费也不刺激了。从此在没有足额金银储备条件下，多发行银行券或纸币的模式开启了。这就是信用货币创造机制的起源。银行券或纸币多印的倍数就是金融的杠杆率，高杠杆金融业务牟取的利益更高。当时没有银监会的监管，没有《巴塞尔协议》的约束，金匠们只有靠自律和良心了。由于金匠的获利动机，真正意义上的银行被这些富于冒险精神的金匠创造出来了。最终，金匠演变为银行家。

金匠中产生了许多著名银行家。以英国为例，图 10–10 是英国豪尔银行成立 300 周年（1672—1972）纪念银盘。银盘重 76 克，直径为 90 毫米。豪尔银行起源于由理查德·豪尔（Richard Hoare，1648—1719）于 1672 年在英国伦敦城创建的金匠铺。图 10–11 是理查德·豪尔的画像。如今，豪尔银行已经成为金匠银行的“活化石”，340 多年来，延续了 11 代依然以同样的名称存世，发展稳健但缓慢。爱德华·巴格威尔（Edward Backwell，1618—1683）是有记载的当时英国最著名的金匠银行家，他为英国皇家造币厂提供黄金，还活跃在政治领域，被誉为“英国银行体系的创始人”。弗朗西斯·查尔德（Francis Child，1642—1713）曾当了 8 年金匠学徒，于 1664 年正式从事金匠金融业务。1671 年，由于家族婚姻，父亲和他管理了伦敦最早的金匠银行之一——查尔德银行（Child Bank）。1698 年，弗朗西

图 10–10　英国豪尔银行成立 300 周年（1672—1972）纪念银盘

图 10-11 理查德·豪尔画像

斯·查尔德成为伦敦市长。巴克莱银行的前身是 1690 年伦巴第街的金匠铺，至今成为英国著名的跨国银行。英国著名的私人银行顾资银行是由苏格兰金匠约翰·坎贝尔（John Campbell）创建的。如今，顾资银行作为苏格兰皇家银行的子公司依然存在，它还是为英国女王理财的私人银行。其实，除金匠外，当时欧洲的一些商人、经纪人、公证人和包税商也介入了金融行业。在 17 世纪的 100 年中，金钱的概念和形式都发生了深刻变化，金匠们抓住了这一历史性的重要机遇，主导了现代金融业的历史走向，适应了贸易支付的需求，发明了信用货币。资金融通极大地缓解了商人们的资金周转压力，商人们不需要储存足够的金银以备资金短缺，因为他们可以去金匠银行家处融通资金。全社会现代意义上的存款、贷款、贴现、支付结算和发行银行券等业务基本成形，金匠银行较好地履行了银行的支付功能、资产转化功能、风险控制功能和信息处理功能。纸币支付工具推动了货币市场的流动性。1776年，亚当·斯密的《国富论》问世，同年人类历史上银行发行的纸币量第一次超过了流通中的金属货币总量。

信用和杠杆的发展必然导致风险。金匠的商业模式不是无懈可击的，金匠的存贷业务存在期限、数量错配，金匠在发行银行券后必须保有兑付的流动性。如果金匠多留金银库存，盈利就会受限。虽然提高杠杆，盈利会扩大，但当客户在提取金银而无法承兑时，金匠就会面临信誉风险、挤兑危机甚至倒闭破产。若金匠挪用金银或客户借贷违约导致金匠违约，金匠就大祸临头了。金匠很难找到合适的融资对象。当金匠借钱给小企业时，小企业身单力薄，违约概率高。当金匠借钱给王公贵族时，虽然王公贵族违约概率低，但一旦他们违约，金匠就损失巨大。1778年，豪尔银行借款给一位公爵，一年之内写信15次催讨都无功而返。1625年后的两次内战和政局动荡使英国国库空虚，国王之手便不安分地染指金融。当时，很多英国金匠和商人把黄金存放在伦敦塔（造币厂）以铸金币，但这些黄金在1640年被英国国王查理一世因财政枯竭强行借走。在金匠和商人无奈答应国王以海关关税为抵押放贷4万英镑后，这些黄金才物归原主。1650年前后，伦敦的银行和金融制度在全欧洲范围内即使不是最落后的，也是最落后的之一。政府因战争耗费极大，只能向金匠借钱。克伦威尔政权时期，政府没有金银，就想出用税收作融资抵押的新招。1660年，查尔斯二世否定了护国政府的一切，唯独延续了以税收向金匠银行家抵押融资的方式，开创了最早的政府融资平台模式。1672年，英国查理二世国王拒绝偿还政府债务及付息，其中包括欠金匠们的 130 万英镑。当时，人心恐慌，金匠大量破产。之后，王室承诺政府允许欠账凭证流通转让，事实上这成为英格兰银行纸币的前身。劫后余生的金匠及商人再也不愿出钱购买财政债券了。在英法"九年战争"中，国王发行政府债券并将其卖给商人，承诺支付利息，允许财政债券用于交税。最初的政府主权债务和信用货币露出尖尖角。图 10–12 为 1964 年发行的圣・艾里基乌斯纪念铜章，铜章直径为 62 毫米。

图 10–12　圣・艾里基乌斯纪念铜章

17 世纪，工业革命在欧洲迅猛发展。工业革命所产生的对铁路、矿山、造船、机械、纺织、军工、能源等新兴行业空前巨大的融资需求与传统金匠银行古老低效和极为有限的融资能力之间产生了日益强烈的矛盾。同时，金匠银行家的贷款利率很高，虽然对政府的贷款利率是 6%~8%，但对其他借款者的融资利率更高，这引起了英国新兴资产阶级的不满。单个金匠由于实力和信誉有限，满足不了市场对信用供应的需要。金匠银行家曾在英荷战争期间，为了私利推迟了银行券的兑换，这导致民众对金匠银行家的信任大幅下降，日渐充盈的社会资本也迫切需要可靠的储蓄之所。人们都渴望一个更加可靠、低利息的新型银行的诞生。

1689 年，威廉一世在入主英国时面对的是一个烂摊子，加之英法战争，极度需要资金。以威廉·帕特森（William Paterson）为首的银行家向国王提出一个从荷兰学到的新生事物，即建立英格兰银行来为国王庞大的开支进行融资。英格兰银行愿意提供 120 万英镑的现金作为政府的“永久债务”（perpetual loan），年息为 8%，每年的管理费为 4 000 英镑，这样政府每年只要花 10 万英镑就可筹到 120 万英镑的现金，而且不用还本钱。但政府要允许英格兰银行发行国家认可的银行券，该银行券的流通范围和被接受程度远超过金匠的银行券。英格兰银行抛弃了金匠们用黄金作抵押的做法，而是把国王和王室成员的私人债务转化为国家的永久债务，以全民税收作抵押，发行基于债务信用的国家货币。这一创新工具推出后，英国政府的赤字直线上升。1670—1685 年，英国政府财政收入为 2 480 万英镑。1685—1700 年，英国政府财政收入增加了 1 倍多，达到了 5570 万英镑，但英国政府从银行的借贷暴涨了 17 倍多。金融财政成为工业革命和商业活动的有力推动者，使英国超越葡萄牙、西班牙、荷兰，并在国际竞争中处于优势。到了 19 世纪，伦敦已经成为无可比拟的世界工业、贸易和金融中心。当时，40% 的国际贸易以英镑结算，英国的海外投资占到了西方列强对外总投资的一半以上。英格兰银行成为世界“中央银行之母”，即各国中央银行体制的鼻祖。图 10–13 为 1994 年英格兰银行创立 300 周年（1694—1994）纪念铜币，铜币面值为 2 英镑。

图 10-13　英格兰银行成立 300 周年（1694—1994）纪念铜币

虽然失落的金匠银行家并不甘心自身地位的丧失，但英格兰银行的信誉和优势很快显现，一些金匠也开始放弃自己的银行券而使用英格兰银行的银行券。到 1708 年，英格兰银行的总资本金达到 6 577 370 英镑，这是金匠银行家望尘莫及的。1876 年据英国官方的《伦敦公报》报道，1671—1688 年的 17 年间，英国的金匠银行新设了 61 家。而在英格兰银行成立后的 1701—1766 年的 65 年间，英国的金匠银行只新设了 8 家。无可奈何花落去，金匠银行家终于退出了历史舞台。1844 年，英国政府颁布《银行特许经营状法令》，规定只有英格兰银行有印钞权，其他银行不得发行钞票，随后，超过 4 000 家银行倒闭或被兼并。未转型的金匠银行已不复存在了。

银行的本质——从信用到杠杆——就是从小小的金匠银行原理开始的。金匠们虽然知道库房里金银数量不多，但在利益驱动下还是忍不住开出一张张银行券，将全额准备偷换成部分准备，继而埋下了后世通货膨胀和金融危机的种子。1944 年的布雷顿森林会议确定的 1 盎司黄金兑换35美元，依然沿袭了非全额货币发行准备。1971年，美国砍断了黄金与美元最后的关联，货币发行完全脱离黄金储备。以国家信誉为准备的信用货币时代开启，货币与黄金渐行渐远。2018年，全世界政府债务、企业债务、家庭债务和个人债务的总和已经达到247万亿美元；全世界流通硬币、纸币、股票账户资金、活期存款、定期存款和汇票等广义货币的总量约为90万亿美元；而全世界的已经开采的黄金只是18万吨，折算仅8.6万亿美元。这一巨大差额的形成就是从17世纪的金匠开始的。金匠的继承人——现代中央银行家，其基本行为逻辑与金匠没有本质差别。当年，金匠面临杠杆诱惑，而今天的中央银行家同样面临巨大诱惑。由于脱离了黄金的束缚，货币之锚系在相对更不靠谱的国民生产总值“锚”上。对货币发行的约束，只能依靠各国政府的自律了，一场场金融危机并没有给人们足够的教训。在政府促进繁荣或制止萧条的理由下，超额的货币依然被现代“金匠”一张张地签发出来。杠杆率不断被提升，没有最高，只有更高。2018年，全世界的杠杆率已经高达318%，远超150%的警戒线。仰望高不可及的“3.18米的横杆”，人们只能埋怨当年金匠为何要打开那个“潘多拉”盒子。

纠缠千年的『融资难』与『融资贵』（上）

——历尽艰辛的普惠金融探索史

PROFESSOR
MUHAMMAD
YUNUS
ACT OF CONGRESS 2010

图11–1 是 2013 年 4 月 17 日在美国国会大厦举行的纪念穆罕默德·尤努斯（Muhammad Yunus）教授的铜章，用于表彰尤努斯对消除全球贫困的贡献。铜章重 25 克，直径为 38 毫米。铜章的一面是尤努斯肖像；铜章的另一面是水面上升起的莲花，“地球”摇曳在花瓣的摇篮里，铜章上方的文字是“穷人银行家”（banker to poor），“把贫困送到博物馆”是他的名言。该铜章是由美国造币厂理查德设计的，是由雕塑家吉姆·利卡茨雕刻的。

图 11–1　孟加拉国乡村银行创始人穆罕默德·尤努斯纪念铜章

尤努斯是孟加拉国乡村银行（Grameen Bank，也译作格莱珉银行）的创始人。1940 年 6 月 28 日，尤努斯出生于孟加拉国吉大港一个富庶的穆斯林家庭。他毕业于达卡大学并获得经济学学士学位、硕士学位，毕业后任教于吉大港大学。1974 年，孟加拉国发生严重的饥荒，尤努斯在乡村调查中惊讶地看到，贫穷农妇苏菲亚每天借 5 塔卡（相当于 22 美分）的高利贷，以购竹制凳为生，还贷付息后每日仅剩 2 美分的收入，陷入难以摆脱的极贫陷阱。尤努斯把 27 美元借给了 42 位贫困的村民，帮助他们免受高利贷盘剥。同时，他在深思如何解决融资难的问题，希望扭转村民们的贫困局面。

1979 年，尤努斯在国有银行体系内创立了格莱珉分行，为贫困的孟加拉国妇女提供小额贷款业务。1983 年 10 月 2 日，格莱珉银行独立运营，开创了“格莱珉模式”的小额融资。如今，格莱珉银行已是孟加拉国最大的农村银行，被称为“穷人自己的银行”，有 650 万借款者，为 7 万多个村庄提供信贷服务。每一位借贷者都在这家银行拥有不可转让的股份——总共占据这家银行 92% 的股份。格莱珉银行的偿债率高达 98%，这足以让商业银行同行感到嫉妒。尤努斯因此获得了 2006 年度诺贝尔和平奖，并引起全球金融业的强烈反响。

联合国于 2005 年提出了普惠金融（inclusive finance）的理念。这一理念强调每个人都应拥有并获得金融服务的权利，每个人都应有机会参与经济发展、实现共同富裕和构建和谐社会。金融机构要以可负担的成本为有金融服务需求的社会各阶层和群体提供适当、有效的金融服务，小微企业、农民、城镇低收入人群等弱势群体更要成为其重点服务对象，这为金融业的发展提出了普惠金融的新目标和新要求。其实，回溯世界金融发展史，其总体是朝着解决金融之普（融资难）

和金融之惠（融资贵）的方向发展的，并经历了创新、禁锢、突破、发展的跌宕起伏。近百年来，金融业去除束缚，飞速发展，但存在着目标迷失、发展失衡和经营异化的问题。好在人类终于认识到了金融业的病患，第一次将普惠金融写在了金融业的旗帜上，其目的是要求金融业回归至为人们美好生活提供服务的初心，确立金融业更崇高的社会价值观。

借贷诞生，为何被赋予原罪

金融的基本功能是借贷，先有借贷，后有银行。从公元前5000年开始，人类社会实现了从游牧到定居的转变，人们通过农业和畜牧业来生产食物。慢慢地，城市及专业分工出现，生产水平和私有制发展。当时，原始的资本形态是土地、生产资料和人力。资本的积累导致社会财富增加，那一时期创造的许多金融术语至今仍被人们使用。例如，“资本”（capital）和“金钱”（pecuniary）就是源自拉丁语的pecus，意思是“一群牲畜”。再如，苏美尔人用mas表示牲畜的“幼崽”及利息。又如，埃及人用ms表示“利息”，此词源自动词msj，意思是“生（孩子、幼崽）”。但是，财富剩余和贫富不均也随之产生。穷人在农作物歉收及饥荒时期产生了借贷需求。有息借贷的历史早于货币的产生，有息借贷有别于家庭成员间的无息借贷。利息是还贷时的孳生物。近代在巴比伦和亚述出土的楔形文字泥板，记载了从公元前3200年至公元前1600年的借贷活动，通常是粮食、畜力和金钱借贷。泥板合同上有借贷金额和利率水平，有借贷双方及见证担保人签章——借贷人有时会对因灾受损的贫苦农民减免利息。在埃及，直到公元前9世纪才出现有息贷款。恩格斯在《家庭、私有制和国家的起源》一书中讲到，在公元前6世纪前后，雅典出现了土地抵押贷款。公元前5世纪，古希腊有一位叫帕新（Pythius）的银行家，他的业务还延伸到亚洲地区。早期的信贷业务主要服务于王公贵族和有钱人。有时，银行也贷款给当地农民或普通市民，但需要土地或贵金属等抵押或担保，当地农民和普通市民需要承担较高利息及违约惩罚。融资虽不易，但初步改变了人们无资金的窘况。金融创新随之发展，贷款、存款、汇款、货币兑换、货币验证等业务一并开展，这在一定程度上推动了经济和科技发展。在现存的古巴比伦时期（公元前1800—公元前1600）的数学教科书中，许多研究是关于如何计算利息的。科学史学家奥托·诺伊格鲍尔（Otto Neugebauer）研究了柏林博物馆的巴比伦时代的一个匾额上的文字：如果人们将一单位的白银以每5年翻一番的方式进行长期投资，那么经过长时间白银的价值会变成原来的64倍？其中，每5年计算一次复利相当于20%的利率。

融资难问题尚未解决，融资贵问题又凸显了。贷款与风险是相伴而生的，在人们为商业牟利及弥补风险的同时，高利贷出现了。刻有楔形文字的信贷合同泥板确实是沉甸甸的，借款人必须付出沉重的利息代价。为了社会的稳定，国家出台了法律。颁布于公元前1792年至公元前1750年的《汉穆拉比法典》（The Code of Hammurabi）中就有借贷法令，该法典刻在两米多高的黑石碑上（见图11–2），现藏于法国卢浮宫中。这是世界上已知的最早的信贷法、合同法和利率管理法，规范了从贷款发放、还贷方式、担保模式到债权债务管理的整个过程。该法典一共280节，至今留有260节。该法典规定，所有贷款活动都必须有书面合同，并有官方盖章。贷款交易的“货币”一般为谷物或白银。跟早期苏美尔习俗一样，该法典制定的谷物贷款利率上限高于白银贷款利率上限：谷物贷款的年利率最高为 33.333%，白银贷款的年利率为 20%。距其 1 200 年后的大约公元前 600 年，谷物贷款利率上限才降低到与白银贷款利率相同的水平。该法典第 48 条和第 52 条规定：在遭遇旱灾或水灾的年份，农民没有义务归还本金或利息。如果他们没有谷物或白银，那么他们可以用自己的其他农产品抵债，也可以用谷物归还白银贷款。该法典第 113 条禁止放贷者强取借贷者的谷物抵债，否则放贷者会被责令退回谷物，并取消债务。法典中暗含着当时货币从白银、大麦到其他谷物的质量递减状况。

图 11-2　汉穆拉比法典

《汉穆拉比法典》也是世界上最早的限制“融资贵”的文件。该法典第 71 条规定，若放贷者收取超过规定的利率，那么其债权将被取消。该法典明确了债权债务管理，土地和其他物品可以作为偿债抵押品，借债人及其妻妾、子女、奴隶也可以作为抵押品。借债人若无力还债就要被充作奴隶，不过时间限制为 3 年。该法典第 89 至 91 条对高利贷进行了限制。该法典第116条禁止放贷者虐待及致死其债务奴隶。据历史学家对公元前450年罗马《十二铜表法》的研究，当时最高利息是年息12%，或是本金的十二分之一。公元前443年,《十二铜表法》规定最高利率不得超过8.3%。公元前88年,《十二铜表法》规定的最高利率又提高到12%。在罗马帝国时代（公元前27—公元395），利率没有法定限制，民间利率一般为4%~12%。公元前376年，罗马平民保民官李锡尼颁布了《李锡尼法》，该法律规定可以免除无力偿债的借款人的利息，其本金可以延缓3年还清，但该借款人要受到债主的惩罚，如囚禁、出卖甚至被处死。公元前326年的《波提利阿法》则废除了死刑。

法律并不能解决社会的贫富分化问题。希腊本来没有农奴制度[荷马和赫西奥德（Hesiod）的著作中都未曾提及]，而罗马时代的农奴制度十分盛行。贫苦农民若遭自然灾害或疾病，就只能靠借贷维生。若时运不佳，贫苦农民就可能失去土地，甚至沦为债务奴隶。人们开始怀念财产公有、生活简朴的时代，对社会混乱表示反感。

借贷不是农奴制度的主要成因，但融资贵不幸成为社会不满的替罪羊。哲学家们认为，只要取消有息贷款就能重回过去的黄金时代。公元前6世纪的柏拉图从哲学和道德层面对有息贷款进行谴责，在他的乌托邦式的“理想国”里，贸易无足轻重，市场稀罕少见，借贷绝对禁止。柏拉图几乎不赞成经济发展，因为“富人不可能有德行”，“卑下”的“生产性”职业让人堕落。亚里士多德鄙视贸易和手工业，憎恨放贷收息，措辞严厉地批评收取利息的行为。亚里士多德认为，在社会各行业中，放贷人最卑下，“做钱的生意是违反自然的行为，不能创造财富，是歪门邪道”，“最为可恨的和最有理由仇恨的就是高利贷”。

借贷禁锢，倒洗澡水倒出了孩子

犹太人的祖先古希伯来人一贯憎恨古巴比伦、古希腊和古埃及放贷收息的做法。公元前1000年左右，古希伯来游牧部落定居迦南，这一时期社会劳动生产率提高，阶级和财富分化，加之战争波及，一些贫穷的古希伯来人沦为债务奴隶——若借债人无力还债，那么债权人可要求借债人以期限6年的劳役偿债。为了避免社会分裂，教会反对债权人借贷收息，希望回归生活简朴的摩西社会。公元前900年至公元前600年形成的《旧约》中的《出谷记》记载：“如果你借钱给我的一个百姓，即你中间的一个穷人，那么你不可像放债人一样向他取利。”《旧约》中的《申命记》禁止犹太人之间放高利贷，只准许他们向外族人放债。《旧约》中的《利未记》第24章记载：“如果你兄弟贫穷，无力向你还债，那么你应像待外族人或旅客一样扶持他，让他能与你一起生活。借他银钱，不可取利息；借给他粮食，不可索重利。”公元前6世纪《约西亚法典》亦反对古希伯来人相互借贷收息。

为了防止贫穷教众因借贷破产、沦为奴隶，反对高利贷一直是基督教思想的核心。《马太福音》中讲述了耶稣基督将货币兑换者从圣殿中驱逐出来的故事。《德训篇》第31章第5节中讲：“凡贪爱金钱的，不能称为义人；凡追求利益的，必走入迷途。”《福音书》讲了税吏马太的故事，马太抛弃了满桌金钱，追随耶稣。马太说：“一个人不能侍奉两个主，不能既侍奉神，又侍奉玛门（Manmon，拉比文学中象征极不公正的财富与金钱）。”基督教在末日审判的描述中对高利贷者极尽诅咒，用地狱、魔鬼的惩罚以及人们对死后世界的恐惧，让人们对金钱望而却步，用忏悔来抑制欲望的萌生。

高利贷被认为是一切社会邪恶的起因，宗教史上谴责有息贷款的训诫书稿汗牛充栋。卒于公元220年的亚历山大里亚的圣·克雷芒是最早依据《旧约》典籍谴责信贷的人。公元3世纪的教父拉克坦提乌斯（Lactantius）说过，“出借人不要接受利息，以使济贫善事完美无缺”,“富人的财产通过损害穷人而增加，这是不公平的”。公元325年，罗马教皇则一棍子打死利息——颁布法律禁止教徒参与有息贷款。公元4世纪，确立基督教“三位一体”教义的撒利亚主教圣·巴兹尔是基督教1 000多年来提出绝对禁止利息的第一人，他对基督教的影响极其深远。我们至今在庞德的《诗章》中还能听到他反对金融的余音。圣·巴兹尔认为，“乞讨胜于借钱”，他对借债人说：“你来寻求帮助，却找到了敌人。你来寻医觅药，却得到了毒药。钱到手中，你有了一时的高兴和轻松；但钱要消失，时间流逝，利息增长。夜晚不再带来休息，白昼不再给予光明，太阳失去光彩，你开始痛恨生活。”他对信贷的咒骂更加恶毒，认为毒蛇是通过咬破母亲的肚皮出生的，利息来自被债务吞噬的房舍。圣·巴兹尔的弟弟——尼撒的圣·格里高——利完善了“钱不生钱”理论，痛斥高利贷带来的无比恶果。米兰的圣·安布罗斯在公元377年撰写的《托庇书》中，以宗教的名义谴责有息贷款，认为其有悖自然法则，不过他许可人们向敌人放贷收息。

图11–3是1956年梵蒂冈安布罗斯银行为庆祝其成立60周年（1896—1956）而发行的特大纪念铜章。铜章上手握法杖的人物即圣·安布罗斯，他手持打开的枷锁，意味着要去除高利贷的束缚。此铜章重336克，直径为96毫米。

图 11-3　梵蒂冈安布罗斯银行成立 60 周年（1896—1956）纪念铜章

哲学家与神学家罕见地携手声讨高利贷（利息），从而形成了强大的舆论压力。公元 325 年，尼西亚大公会议禁止神职人员从事高利贷业务。公元 5 世纪，罗马教皇利奥一世全面实行对神职人员的高利贷禁令，从事高利贷业务的神职人员将被开除教籍。在基督教成为政教合一的国教后，金融更是被暴力践踏。公元 6 世纪，拜占庭帝国颁布信贷法律禁止高利贷。公元 789 年，法国加洛林王朝国王"矮子"丕平和他的宫相查理·马特也颁布了世俗信贷禁令。公元 800 年，神圣罗马帝国在查里曼大帝统治时代，将信贷禁令扩展到世俗社会。之后，法兰克国王艾克斯拉沙佩勒宣布《普遍训诫》，在教徒中发布信贷禁令，禁止将世俗社会有息信贷归为政治正确，高压措施变本加厉。1179 年，天主教会宣布不允许为高利贷者安排宗教葬礼。11 世纪，英国国王爱德华没收高利贷者的财产，并宣布他们不受法律保护。1234 年，教皇格雷戈里九世命令基督教统治者驱逐所有的高利贷者，废除所有不悔改的高利贷者的遗嘱。1311 年，教皇克雷芒五世宣布放贷收息是异教行为，废除所有允许利息的法规。14 世纪，法国国王飞利浦诏令："谴责和禁止一切形式的高利贷。"1564 年、1565 年和 1567 年，法国相继出台大量高利贷禁令，像"扫黄打非"一样巡查高利贷，并鼓励人们互相告发（不论高利贷者的身份、资格、条件如何，不论经商与否，不论是男是女，凡放高利贷者一概罚款 100 斤银），将高利贷者视为瘟疫患者，希望将其消灭殆尽。此后，禁令加强处罚力度，对于屡教不改者，除了永远开除教籍外，又加上罚款和没收财产。16 世纪，统治者还有拒绝高利贷者参加圣事、基督教葬礼的做法。1579 年，布卢瓦诏令禁止任何有息贷款，违者首次将处以当众认罪、开除教籍以及判刑。这项条款一直持续到 1789 年的法国大革命。

图 11–4 为 1986 年意大利科德罗伊波大众银行成立 100 周年（1886—1986）纪念铜章。铜章的一面为高利贷商人和他的妻子。他正神情专注地用戥子称金银；他的妻子在旁翻阅祈祷书但眼神并不专注，而是斜视着丈夫的活动，隐含讽刺钱商对宗教的虔诚敌不过世俗的诱惑。

图 11–4　意大利科德罗伊波大众银行成立 100 周年（1886—1986）纪念铜章

借贷松绑，解铃还须系铃人

数千年宗教文化对金融进行道德声讨，文学和情感的渲染永远比价值分析和事实判断更能赢得人心。但丁在著名的《神曲》中尖刻地挖苦高利贷者："脖子上挂着钱袋子，装饰着五颜六色的挂件，满眼都是饥饿。"莎士比亚是高利贷者的儿子，生活阅历使其作品更加生动。《威尼斯商人》中贪婪吝啬的犹太商人夏洛克，在借款人安东尼奥无法还贷时，让其按约定割下自身一磅肉。巴尔扎克在其文学作品《高老头》中对高利贷者的描述也是入木三分。14 世纪初，乔托（Giotto）在帕多瓦著名的阿雷那教堂为高利贷主恩利克·斯克罗维尼亚的家庭绘画，通过 37 幅连环壁画表现出高利贷是通向炼狱之路。伊斯兰教《古兰经》里明确"真主准许买卖，但禁止利息"。放高利贷者将永受地狱之火的煎熬，至今伊斯兰金融机构都不能计付利息。中国传统的儒家思想提倡重农抑商，重本抑末，高利贷被视作负面事物。

高利贷成为金融业始终摆脱不开的道德符号，贷款被视为欺诈、贪婪的不道德行为，借款人犯下了沉湎享受的罪恶。高利贷的希伯来语为 Nesech，意思是"咬人"，这个词会使人联想起伊甸园里的那条蛇。意大利语"贷款人"（lo strozzino）一词源于表示"勒死"的动词。德语中表示"债务"（die Schuld）的词汇的另一个意思是"错误"。"高利贷"的英文是 Usury，这个词汇的内涵是有变化的。在欧洲中世纪之前，"高利贷"一词原意指收取利息的借贷，与"利息"概念具有相同内涵。在 15 世纪之后，高利贷一般指高于市场利息的额外利息。高利贷也是一个价值判断，它并没有确立多高利息才符合正常标准，而是一种因时而异、因地而异、因事而异的主观判断。

漫长的金融禁锢和追求“惠”的极致，导致了匮乏的均等和贫困的普及，导致了金融极度被抑制，储蓄转化为投资的通道彻底被堵塞。欧洲迈入了数百年的黑暗期，加之战争导致欧洲商路隔绝以及黑死病等因素，欧洲经济凋零，发展迟滞，沦为自给自足的封建农庄经济。这种经济形式进一步遏制了社会及经济的发展。从批判、禁锢、容忍到允许“适度”的利率，再到冲破宗教禁锢、解开宗教对利息的偏见，人们花了 7 个多世纪。然而，人们思想上的禁锢更难破除，在 800 年前的欧洲，人们仍认为货币是魔鬼的产物或者导致魔鬼产生的非正义之物。至今，在一些人的意识形态中，千年阴影犹存。

传统的宗教政治结构终究受到货币经济力量的挑战，宗教神学在现实面前开始妥协了。第一个破壁者是 13 世纪意大利的神学家圣·托马斯·阿奎那（Saint Thomas Aquinas），他从贸易市场切入对高利贷加以分析，认为出现坏账，贷款人应得到利息补偿。此后是佛罗伦萨的大主教圣·安东尼（Saint Anthony），他为佛罗伦萨成为欧洲银行业中心而辩解。一个世纪后，萨拉曼卡的教士们大胆地向禁止有息贷款的禁令提出挑战。一些学者也将银行家与高利贷者区分开来，认为银行发展经济而收取利息是本分，从而给贷款人以道德抚慰和学术支持。

16 世纪，欧洲宗教改革是以 1517 年马丁·路德（1483—1546）发表《九十五条论纲》抨击罗马教皇出售赎罪券发端的，这场改革很快遍及欧洲各国。运动产生了脱离罗马教廷的新教各宗派，其中主要有：德国路德宗、法国胡格诺派、英国清教徒、苏格兰长老会、英国圣公会等新教。在代表时代方向的新兴经济力量面前，束缚有息信贷的宗教神学禁锢被冲破了。新教的经济思想包含着新兴资产阶级反封建思想的内容，它提倡个人主义和自由主义，对重商主义和古典学派产生了重要影响。

真正为高利贷正名的是新教领袖加尔文（1509—1564），他反对教会安于贫困的说教。他视懒惰和乞食为不道德的行为，主张不能仅仅以享有维持生活的必需品为满足，同时也反对纵欲、贪婪、炫耀和滥用财富。加尔文重新诠释《圣经》，声称《圣经》并不禁止高利贷，人们应宽容地对待利息和高利贷。在高利贷问题上，他认为要区分可容忍的和不可容忍的。他反对亚里士多德认为货币不能增值的观点，打破了钱不生利的宗教教条。加尔文声称，放债是一种帮忙，借贷是正常的不可避免的事情。任何劳动都应得到报酬，钱并非不能创造财富，否认借钱收取报酬是罪恶，永恒的法则是放贷要“公平和公正”。他认为，为资本付利息和为土地付租金一样合理，但是个人的良知应当注意，别让它超出自然公平的原则。他大声疾呼：“不要让钱闲着，让它生利。”加尔文的经济思想更充分地代表了新兴资产阶级的利益。

新教徒的主体是新兴的城市工商业者、银行家等新兴资产阶层群体，有息信贷合乎其利益，从而借贷被视为具备创业精神的标志，施舍被贬低为寄生虫式生活。此后，从瑞士到尼德兰，再到英格兰，各新教国家纷纷奉行有息贷款合法化政策，欧洲各国政府也先后以法令形式确立了利息的合法性。在英王亨利八世脱离罗马教会后，有息贷款在英格兰被接受。1542 年，英国颁布了《反高利贷法案》，允许贷款合法收取 10% 的利息，1624 年的利率降为 8%。教会、信徒可以公开、合法地放贷，但高利率会被限定。马克斯·韦伯在《新教伦理与资本主义精神》一书里指出，宗教改革后的新教允许通过有息信贷扫除融资障碍，这样有利于利润资本化，从而刺激了资本主义的发展。金融资本在财富创造过程中发挥了加速器的作用，推动了资本主义工商业的飞速发展。世界历史初露近代的曙光。图 11–5 为德国宗教慈善金融家的长方形铜章。铜章上有一位圣人，头带光环，手提称量金银的天平。铜章重 170 克，长为 100 毫米，宽为 70 毫米。

图 11–5　德国宗教慈善金融家纪念铜章

扶贫之道，从宗教慈善到金融机构

在金融极度抑制的情况下，穷人一旦遇到天灾人祸就囧途了，好在欧洲社会尚存宗教慈善的基础。《圣经》中提到："周济贫穷的，不致缺乏；佯为不见的，必多受诅咒。"当时，财富积聚于教会与寺庙，当农户遇到灾荒时，寺庙与高利贷站在对立面，发挥借贷粮食或货币的救急作用。但慈善金融规模有限，受众面很小，只能救急不救穷，勉强解决人们生存问题。常见的宗教慈善金融机构还有当铺。典当这个词汇源于拉丁文 pinus，意为“物品被质押了”。1198 年，由意大利僧侣创办的巴伐利亚·佛赖辛（Bavaria Freising）典当机构，就属于慈善金融性质，为穷人提供负担得起的贷款。有些教会银行对庄园主或农户借款，借款人需要抵押物，如土地或土地收入。其中，抵押土地以保证债务归还的，叫“活押”；抵押土地收入但不抵押土地的，叫“死押”。典当虽有宗教和慈善的性质，但与完全的慈善机构相比，增加了典当融资，这应该算是一种进步。13 世纪中叶，教会从事慈善贷款比较普遍了。1361 年，伦敦主教迈克尔就建立了具有官方色彩的公共典当行，这是英国最早的典当行。中世纪时期，英国典当业种类齐全，除了教会办的公立典当行和官办的公共典当行外，还有民办的典当行。教会和官办典当行费用低，有扶贫济困的目的，对农民和城市手工业者具有吸引力。

尽管中世纪的天主教竭力反对贷款收息，但似乎对 15 世纪意大利佩鲁贾（Perugia）的方济修士网开一面。方济开办了被称为蒙特斯·彼达（Monte de Piete）的小微信贷机构，通过慈善金融和典当方式给予穷人无息或低息的小额信贷，以抑制当时高额的高利贷利率。这类小微信贷机构后来在欧洲和拉丁美洲十分受欢迎。爱尔兰通过慈善捐赠的财物向贫困农户提供无抵押的零息小额贷款，用“共同监督”机制来保证贷款者每周分期还款。慈善或慈善金融资金多半来自馈赠、施舍等慈善收入。由于资金来源有限，粥少僧多，还款约束差，其覆盖面和持续性都不理想，而且不乏打着为穷人献爱心的旗号而伪装成虔诚的慈善机构实质从事高利贷业务的行为。图 11–6 为

1985 年墨西哥国家小微贷银行成立 210 周年（1775—1985）银章。银章重 1.18 克，直径为 40 毫米。

图 11-6　墨西哥国家小微贷银行成立 210 周年（1775—1985）纪念银章

宗教与金融的联系是不分国界的。中国典当行的历史同样悠久，最迟起源于南朝，早期亦由寺庙发起，距今已有 1 600 余年的历史。“先有典当，后有票号，再有钱庄”，这是对中国旧时代金融业发展过程的清晰描述。

古代中国敦煌的庙宇也从事银行借贷业务。法国学者童丕曾在《敦煌的借贷：中国中古时代的物质生活与社会》一书中对公元 8 至 10 世纪中国敦煌借贷契约做了详尽研究，敦煌寺庙或都僧统司向佃农、农民或不富有的僧人发放贷款。在莫高窟出土的资料中，不论是严格的借贷契约，还是主掌财政金融的僧人记录贷款的簿册，大都完整地反映了这类贷款的借贷性质、借贷原因、借贷时间、担保方式、债权债务人等信息。据童丕对同期西域出土资料的分析，公元 7 至 8

世纪货币借贷在西域地区的借贷中占优势，但敦煌地区还是以实物（粮食、织物、畜力）的借贷为主。其中，粮食一般出自寺庙，而织物则来自私人，这就有了揽存放贷的意义了。人们考据借贷原因也揭示了借粮食者境遇通常较悲惨，而借织物者往往有投资的需求。尽管有不少贷款在契约表现上是无息的，但研究者认为这可能是因为借款人与寺庙有依附关系，或寺庙做慈善为了招揽更多的信徒及捐奉，抑或在灾荒年为了维持地区的稳定。当时，商业性有息贷款的利息是极高的，该书转载了唐耕耦在一张表格中论证的五代及此后的 17 张契约，其中有 15 张的利息是 50%，有一张的利息为 100%，还有一张的利息为 30%。

金融受到严厉禁锢，但借贷需求无法被扼杀，有息贷款仍在地下顽强地运行着，在狭缝中进行了千年的挣扎。有息贷款的从业者多数是迁徙流浪、没有土地、不允从事农耕的犹太人，经营着“不道德”的营生。10 至 11 世纪，不少流亡欧洲的犹太人开办了规模微小的物品质押贷款机构，这些欧洲金融业的“先驱”被视作低贱流民和反面人物。统治者经常会鼓动暴民攻击犹太人，为博得民心，一些欧洲统治者宣布欠犹太人的借款可以勾销或延期偿还。在十字军东征期间，教皇英诺森三世为了奖励十字军战士，宣布借犹太人钱的十字军战士可以免除所有利息。1275 年，英王爱德华一世颁布《犹太人法令》，借口犹太人放贷收息非法，300 名犹太人被绞死，其他犹太人则被驱逐出境及没收财产。1492 年，西班牙驱逐犹太人，勒令其在半年内离开并不能带走金银家产。欧洲人对犹太人的蔑视及迫害的背后有着鄙视信贷的哲学和宗教的阴影。在宗教改革后，虽然欧洲人对放贷者的歧视失去了法律依据，但宗教文化的影响依然根深蒂固。人们仇视拥有财富的犹太人，社会矛盾有意转嫁到犹太人身上。希特勒虐杀犹太人就是欧洲罪恶文化的继承。

即使在宗教禁锢时期，借贷也并非完全被杜绝，金融业百折不挠地在狭缝里艰辛成长。究其原因：一是商业获利动机，统治者及教会对借贷业准入课以重税，让从业者认缴“赎罪券”以维系其“罪恶”的职业；二是自身借贷需求，君王、贵族、教会对宗教禁令变通处理，因为之前靠战争掠夺财富、靠田产收租的方式已无法满足他们奢侈生活的需要，他们只能靠借钱解决需求问题。1140 年，克吕尼的教会债台高筑，无力自拔。1145 年，西多会教堂开始借债。西班牙女王伊莎一世典当珠宝进行融资，对哥伦布首航新大陆进行风险投资。1338 年的英国爱德华三世和 1415 年的英国亨利七世为了与法国作战，分别向巴尔迪、佩鲁齐和阿奇艾乌奥利三大家族银行借钱。当还不起贷款时，统治者往往赖账并谴责高利贷的罪恶。

自 12 世纪起，欧洲的劳动生产率和技术普遍提高，城市经济发展，商业贸易兴起，伴随着地理大发现，新的经济扩张出现了。在 13 世纪后，意大利城邦出现了银行，它们主要贷款给从事跨国贸易的商人。美第奇银行依靠金融创新来逃避宗教禁令和神学家指责。当时，欧洲不同国家和城邦的货币及汇率是不同的，美第奇银行掩盖信贷真相，将金融与贸易、贷款与汇率交易捆绑起来。贷款利息被隐藏在复杂的交易结构和场景之中。存款人则通过参与投资的方式获得分红。这样虽然拉长了交易链条并增加了交易成本，但维护了宗教意识形态和教会法令的体面。新型银行家也开始受人尊崇而不像从事典当行或货币兑换的犹太人那样地位低贱。正是由于先驱银行家们的努力，正视新的经济现实与旧的宗教理论之间的矛盾冲突，通过实践创新予以突破和改变，为后世的银行蹚出一条新路。

在宗教改革后，金融发展终于翻过了苦涩的一页。从意大利长凳到商业银行，从欧洲金匠到英格兰银行，各类商业性金融机构如雨后春笋般诞生，一个新的金融时代到来了。图 11–7 和图 11–8 两枚纪念章反映了近代商业银行的起源。图 11–7 是意大利大众银行（banca popolare Rieti）成立 100 周年（1876—1976）时发行的纪念铜章。铜章上的人物是坐在长凳旁办公的女钱币兑换商，她的长凳上零零落落地摆放着账簿、天平、金币和钱袋等，这条长凳（Banca）成为现代银行业的共同称呼。图 11–8 中的人物是欧洲金匠业和钱币业的祖师爷圣・艾里基乌斯，他正钳打着金属件。金匠业曾是银行业的前身，英格兰银行就是受金匠业启发而来的。

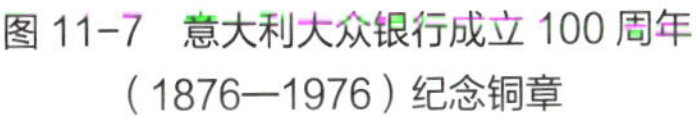
图 11–7　意大利大众银行成立 100 周年（1876—1976）纪念铜章

图 11–8　圣・艾里基乌斯纪念银章

数千年来，金融业在重重阻力下艰辛、曲折地成长、创新。从 17 世纪末开始，人们对金融的看法才逐渐客观。回顾这段历史，我有众多感悟。

一是金融的诞生由需求推动。从历史上来看，人类社会在相当长的时间内都处于“短缺经济”阶段。物质生产受自然条件的影响较大，社会生产能力相当有限，人类为了满足基本生存需求而忙碌着，社会贫富差距、暴政、战争、愚昧等落后现象普遍存在。金融背后体现的是社会生产力发展水平，金融发展阶段也是经济发展阶段的反映。融资难和融资贵与金融供求变化密切相关。不同阶段的融资难、融资贵有各自鲜明的时代特征。在历史上一些经济发达、贸易繁荣、人民生活水平较高的国家或区域，金融活动相对活跃，金融普及程度相对较高，金融交易成本相对较低。因此，即便历史上西方的金融发展从未受到宗教的桎梏，其金融的发展和深化原本也是一个缓慢的过程。从这个意义上来看，金融发展就是不断扩大覆盖范围、降低交易成本的过程，也就是金融“普惠”的过程。

二是金融的诞生是重大创新。金融使储蓄转化为投资，将社会剩余价值转化为资本使用，并通过借贷付息的价值手段激励双方，从而极大地促进了社会经济的发展。人类在社会实践中发现金融这一功能很早，但对金融的理论认知却很晚。重大实践创新缺乏重大思想解放，加之有息贷款客观上加速了社会分化，对仅维持生计水平的原始社会思维习俗、伦理道德及社会结构带来了巨大冲击。从柏拉图到亚里士多德，从犹太教到基督教，人们都在强调只有“劳动+土地”才能创造价值。基督教强调“钱不生钱”，任何成果都必须出于劳作。“未经物质生产而获得收益”是贪婪、欺骗和不劳而获的，这一思想成为借贷禁锢的理论依据。1662年，英国政治经济学家威廉·配第还认为，“土地为财富之母，而劳动则为财富之父和能动的要素”。直至

1776年，亚当·斯密在《国富论》中才将劳动、资本和土地作为生产三要素。马歇尔又将生产要素扩充为劳动、资本、土地和组织（或企业家才能）。资本在财富创造中的作用开始被经济学界普遍认同，从而引发了人们对金融业资本筹集、运用的作用做出正面评价。

三是人们对金融认知的根本错误，非此即彼、二元对立的思维方式，以及宗教行政化的制度，对金融业的发展产生了严重抑制。这种思维方式并非专属于中世纪的僧侣，甚至社会主义时期的苏联也不承认商品经济，漠视金融作用。银行长期被认为不能创造价值，甚至其创造的GDP也不被计算在内，这导致金融竞争力严重落后。至今，许多人仍认为只有劳动型的制造业和农业才创造价值，将实体经济与服务经济、实体经济与金融业对立起来。这与数千年来人们的宗教文化烙印密不可分。

金融抑制必然导致融资难，而融资难又加剧了融资贵。资本匮乏、政局不稳、法制不健全也会导致利率高企。水可导不可堵，不仅宗教禁令、严厉处罚对融资贵无济于事，道德劝说也无法解决融资的利率难题，只有市场化方式才能最终解决融资难和融资贵的问题，只有金融业的充分竞争才有利于促进融资利率下行。科学的商业化金融是解决金融业发展权问题的良好措施，就如庞巴维克所说的，一个民族的智力和道德力量越强大，其利率水平就越低。

在金融业发展的初始阶段，其资源短缺且覆盖面窄，参与者主要是少数统治阶层。美第奇等银行的服务对象依然是欧洲王室、宗教上层和跨国贸易公司。即便17世纪后的欧洲商业银行广泛发展，其受益者仍是跨国公司、贸易商人和工业厂商等新兴资产阶级，中小企业和农民依旧融资难。随着经济发展和社会保障体系的建立，贫困人群的金融需求开始从生存需求转向发展需求。自 18 至 19 世纪起，社会聚焦至金融普惠问题，期盼金融面向大量的民众（解决融资难），尽可能降低金融成本（解决融资贵）。在这一阶段，互助合作理论和储蓄银行、合作银行实践拉开了世界早期金融普惠的帷幕。

纠缠千年的「融资难」与「融资贵」（下）

——历经艰辛的普惠金融探索史

FIRST SAVINGS BANK ESTABLISHED
1816

由兴而衰，金融普惠的最初实践

借贷禁锢不能解决贫困问题，慈善救助无法覆盖普罗大众。宗教对利息解禁及对银行解绑只是将服务对象由国王、僧侣转为资产阶级和工商阶层，银行高门槛仍将众多穷人拒之门外——即便是简单的存汇业务。18 世纪，“高大上”的英格兰银行和苏格兰银行一般不接受低于 10 英镑的存款，而农工年薪只有 10 英镑左右。1601 年，英国伊丽莎白时代的《济贫法》规定，除政府济贫之外，政府确定的低息借贷也是解困的方法之一。然而，如果光有规定没有激励，那么金融普惠只是纸上谈兵。

在资本主义工业革命后，传统农业经济解体，不少农民因破产失地，困苦无援；产业工人薪酬微薄，境况恶劣；社会贫富差距扩大，社会矛盾激化；人口膨胀，通胀剧增。1815 年，英国八分之一的人口陷入贫困，此后爆发的经济危机加剧了社会恐慌、混乱。人们基于对资本主义制度的反思，空想社会主义、慈善人道主义运动和互助合作思潮兴起。以穷人为主要服务对象和参与者的金融普惠模式在 18 至 19 世纪登上金融历史舞台，并产生了巨大影响。图 12–1 和图 12–2

中的币章人物是两位金融普惠领域的先驱。图 12–1 是 1960 年发行的英国信托储蓄银行纪念铜章。铜章上的人物为英国储蓄银行之父亨利·邓肯博士。铜章重 16 克，直径为 33 毫米。图 12–2 是 1968 年发行的德国合作银行之父赖夫艾森 150 周年（1818—1888）诞辰纪念银章。银章重 11.2 克，面值为 5 马克。对此，我在《世界金融百年沧桑记忆 2》中分别有过专文介绍。

图 12–1　英国信托储蓄银行纪念铜章

图 12–2　德国合作银行之父赖夫艾森 150 周年（1818—1888）诞辰纪念银章

储蓄银行——向穷人打开银行的大门

中世纪，欧洲手工业行会就有设立慈善基金的传统，它们在人们生病、失业和衰老时给予救助。意大利典当行蒙特斯·彼达是宗教慈善和非营利金融机构，它们发放小额贷款以满足穷人的急迫需求，并被视作储蓄银行的前身。全球最古老并至今尚存的意大利锡耶纳银行起源于 1472 年的锡耶纳蒙特斯·彼达。图 12–3 是锡耶纳银行于 1933 年发行的纪念铜章。铜章重 8.1 克，直径为 27 毫米。之后我还会专门介绍这家银行。早期的一些储蓄社更像是“标会”，以富人捐助和穷人储蓄两种方式形成互助机制。储蓄银行真正得到发展，是从确立了吸收低收入阶层储蓄的发展道路开始的。它们鼓励穷人节俭、自立，坚持小额储蓄，从而实现财务独立。储蓄银行使穷人生活得更有尊严，不靠政府、社会或富人的施舍、救济维生，在穷人遇到失业、疾病、年老、丧偶或婚姻时可解燃眉之急。这点使其与当时已存在的以营利为目的的商业银行大相径庭。

图 12–3　锡耶纳银行纪念铜章

图 12–4 是 1949 年发行的乌拉圭国民储蓄银行（其前身名称是乌拉圭蒙特斯·彼达）成立 50 周年（1899—1949）纪念铜章。铜章重

20.7 克，长为 39 毫米，宽为 32 毫米。

图 12–4　乌拉圭国民储蓄银行成立 50 周年（1899—1949）纪念铜章

在贫困、危机和灾难面前，穷人除了互助合作、抱团取暖之外无路可走。在宗教人士的推动下，全球最早的储蓄银行于 1778 年在德国汉堡诞生。1810 年，丹麦创办了荷尔斯泰因储蓄银行。瑞士的储蓄银行分别于 1787 年在伯尔尼成立和于 1805 年在苏黎世成立。1816 年，美国费城储蓄银行开业。1817 年，荷兰沃尔克姆储蓄银行创立。1818 年，法国巴黎储蓄银行创建。图 12–5 为美国首家储蓄银行——美国费城储蓄银行——成立于 1816 年的纪念铜章。

图 12–5　美国费城储蓄银行纪念铜章

其中影响巨大的是英国传教士亨利·邓肯创建的鲁斯韦尔储蓄银行，它于 1810 年 5 月在贫瘠的苏格兰乡村开业。亨利·邓肯鼓励穷人勤俭节约，甚至欢迎穷人们的小额便士存款。其实，从存款余额来看，鲁斯韦尔储蓄银行的成功并不显赫，4 年后才吸收储蓄存款 1 164 英镑，相当于百年前牛顿任职伦敦造币厂厂长时半年的工资。但其巨大的变化是银行第一次改变了服务对象，从少数财富拥有者的专属品转向为多数人提供金融服务。众多贫困的仆人、小店主、工人、农民成为银行客户，甚至其中许多人从未走进过银行。当时，一些储蓄银行客户中三分之一是文盲，他们不会签字只能用十字架签章来替代。图 12–6 是鲁斯韦尔储蓄银行博物馆原址内外的照片。简陋的乡村银行可能使第一次进入银行的贫穷农民客户没有太大的心理压力。

图 12-6　鲁斯韦尔储蓄银行博物馆原址

涓涓细流汇成大海。1816 年以前，英格兰和威尔士只有 6 家储蓄银行；至 1820 年，近 500 家储蓄银行遍布整个英国地区。1844 年，英国储蓄银行的储户已达 101 万人。1900 年，德国的储蓄银行达 2 685 家。众多民众享有了金融服务权利，储蓄银行模式在欧洲、亚洲和拉丁美洲各国被广泛复制。第二次世界大战后，储蓄银行与商业银行、合作银行一起，成为世界商业银行的三大体系。图 12–7 是法国最早的储蓄银行——巴黎储蓄银行——成立 150 周年（1818—1968）纪念铜章。铜章重 161 克，直径为 68 毫米。铜章上的图案是象征储蓄的蜂巢和银行的徽志。

图 12–7　巴黎储蓄银行成立 150 周年（1818—1968）纪念铜章

储蓄银行的金融普惠举措受到了执政阶层的欢迎。1817 年，英国通过法令为储蓄银行储户提供国家保障的稳定收益。1829 年，法国认可的储蓄银行是公益性的私人银行，政府给予其隐形保障和无风险回报。1838 年，德国出台储蓄银行法规给予其支持。美国储蓄贷款协会也可以享受政府税收和政策优惠，其坏账准备被免予缴税。因低收入人群风险承受能力低，政府通常鼓励储蓄银行购买固定收益的政府债券，或将资金存放在大银行以保证安全的收益率。这一措施一石二鸟，在资金短缺的年代，政府通过储蓄银行购买国债可以将储蓄转化为投资（中国也曾通过邮政储蓄系统吸揽储蓄，并给予其 2% 的手续费）。不过，在储蓄存款逐步增加、社会资金短缺问题缓解之后，人们对政府利息补贴的争议越来越大。由国家替代储蓄银行投资的体制从一定程度上也削弱了储蓄银行的信贷经营能力，增加了银行的惰性。早期意大利合作银行的创始人吕采蒂曾说："储蓄银行将穷人的钱贷给富人，信用合作社将穷人的钱贷给穷人。"这种说法固有自吹自擂、贬低同业之嫌，不过也指出了早期储蓄银行的短板所在。

合作金融——让穷人得到低成本贷款

储蓄银行虽在存款和支付领域实现了金融普惠，但弱势群体仍不满其借贷需求被漠视，合作金融的诞生剑指更深层次的金融不公平现象。虽然互助合作的货币借贷古已有之，如中国古代社仓制度、民间合会等，但近现代互助合作思想则源于 19 世纪初，以英国欧文、法国傅立叶和圣西门为代表的空想社会主义者，他们针对初期资本主义的弊端，指出互助合作的实践方向。最早倡导信用合作的是法国的蒲鲁东，他认为货币信用行为是社会剥削关系存在的根源，主张通过信用合作实现互助互惠。

信用合作银行的出现有外部因素的催化。19 世纪中叶，德国逢大饥荒，农产品歉收。不法商人趁火打劫，高价售卖农具、肥料。农民陷于极度困境，高利贷更使其雪上加霜。1848 年，德国赖夫艾森创办了以贫苦农民为本位的信用合作社。次年，德国舒尔茨创办了为手工业者和商人服务的城市信用合作社。由此，德国被世界公认为信用合作的发源地。1876 年，德国建立“赖夫艾森合作社总联合会”，确定了中央信用合作机构与地方信用合作机构的关系——不是控股或子公司关系。地方合作信用社自治管理、独立经营，由总公司为地方信用合作机构提供业务技术和咨询支持，合作银行的低息贷款打击了高利贷，满足了农民的金融普惠需求，弥补了商业银行在农村覆盖不足的缺陷。图 12–8 是德国高克尼格斯霍芬市赖夫埃森银行成立 100 周年（1886—1986）纪念银章。银章重 15 克，直径为 35 毫米。

图 12–8　德国高克尼格斯霍芬市赖夫埃森银行成立 100 周年（1 886–1986）纪念银章

合作金融在德国获得极大成功，并为其周边国家所效仿。奥地利最早的信用合作社是 1851 年成立于克拉根福的救济金融机构联合会。法国的合作运动及其思想一直根深于法兰西共和国长的历史中，但法国在银行创建方面总比英国慢半拍。1861 年，法国成立了首家信用合作社——柏布朗扬银行（Caisse de Beblenhiem）。1878 年，在法国安日尔出现了第一家城市信用社。如今，法国的第二大银行——法国农业信贷银行——的基础就是互助合作信贷机构。荷兰最早的合作银行于 1898 年分别成立于荷兰的乌德勒支地区和埃因霍温地区，之后两家银行合并成为荷兰第二大银行——拉博银行——的前身。图 12–9 是荷兰埃因霍温中央合作银行的高浮雕铜章。铜章重 48.6 克，直径为 50.28 毫米。荷兰埃因霍温中央合作银行成立于 1898 年，其社员由信仰法国天主教的信徒组成。

图 12–9　荷兰埃因霍温中央合作银行纪念铜章

信用合作金融机构是植根于自助、责任、平等、民主和团结价值观基础上的企业，其成员积极、平等地参与决策和政策制定，是以人而不是以利润为中心的。由赖夫艾森奠定的合作金融基本理念是：第一，慈善救济只是帮助穷人的一种权宜之计，设立互助性质的信用合作社，从而让农民自己救自己才是解决问题的根本出路；第二，人的品质是其偿还贷款最重要的保证，因此合作社在吸纳社员时要严格审查，朴实的、热衷本社区事务的以及在村庄享有一定声望的人应该被接纳；第三，为了降低信贷调查过程中搜集信息的成本，社员应该被限制在一个单独的教区，控制社员人数是为了减少其违约倾向，通常应该由本地区受过良好教育的人来充当贷款的监督者；第四，所有参加信贷联盟的社员都有着共同的利害关系，所有的社员都可以取得低息贷款，并且这些贷款只能用于勤俭生活和生产目的。信用合作社积累的资本主要投资于合作社。1966 年，国际合作联盟将各国合作信用的精神归纳为 6 项“合作制原则”。

1883 年，在舒尔茨去世时，按照他的思想组织起来的德国城市信用合作社约有 1 900 家，社员人数有 50 万人。1888 年，在赖夫艾森去世时，按照他的思想组织起来的德国农村信用社已达 425 家。赖夫艾森与舒尔茨的银行之后联合成立了德国中央合作金融组织（简称 DG 银行）。一个多世纪以来，他们兴起的金融模式风靡欧洲乃至世界，许多国家搬用了赖夫艾森银行（Raiffeisen Bank）或舒尔茨的大众银行（Volks Bank）名称——尽管各国银行间无统属关系或资本纽带。2004 年年底，欧盟国家合作银行总数达 4 500 余家，拥有 1.3 亿顾客、约 70 万员工、6 万家分支机构，总资产达 37 428 亿欧元。其存款总额为 19 438 亿欧元，占整个欧洲存款市场约 17% 的份额；其贷款总额为 18 689 亿欧元，占整个欧洲贷款市场约 15% 的份额。一些国家的银行资产占比更高，奥地利赖夫艾森合作银行和大众银行两大体系资产合计占奥地利银行系统总资产的三分之一以上。合作银行和储蓄银行的分支机构占比更是高达 76%。塞浦路斯的合作信贷银行在当地存贷款市场的占比为20%左右。2007年，意大利合作银行的市场份额占比为26.6%，其客户超过800万人。意大利合作银行成为意大利金融市场的主角。

中国首家农村信用社于1923年6月成立于河北省香河县城，创始人薛仙舟于20世纪早期在德国研究合作金融。回国后，他提出全国合作共和，通过自救互助对抗农村高利贷。至1928年2月，河北、江苏等地的56个县已设有信用社422家，社员达13 711人，自筹资金2.58万元，发放贷款2.32万元，缓解了当地贫困农民生产生活资金困难问题。1943年，陕甘宁边区在延安南区沟门建立了全区第一个农村信用社，以实现扶贫帮困目的。中华人民共和国成立后，中国农村广设农村信用社，这在较大程度上解决了社员生产和生活资金困难问题。

金融普惠为何由兴到衰

第二次世界大战后，储蓄银行和合作银行曾蓬勃发展，为缓解资本主义制度下的城乡与工农矛盾，以及维护各国经济发展和金融稳定做出了重要贡献。储蓄银行和合作银行多数经营稳健、管理规范、资本充足、风控良好。通过一系列的重组整合，法国农业信贷银行、法国储蓄银行、德国中央合作银行、德国储蓄银行、荷兰拉博银行、奥地利合作银行、意大利大众银行等成为全球著名的实力雄厚的大银行。上述银行及其分支机构成为各国中小企业、农村经济、偏远地区和社区居民的主要金融服务者。它们服务了420万家欧洲中小企业，占欧洲中小企业总数约32%。它们扩张了零售银行业务份额，几乎每

5个欧洲人中就有1人是储蓄银行或合作银行的客户。它们在贴近客户，服务社区、农村方面做得十分成功。当时，许多学者认为，互助合作性质的银行更关注顾客的长期利益，其业绩不易受股票市场波动的影响。尽管这些银行在经济繁荣时期看上去业绩平淡无奇，但它们在经济下滑时期的表现令商业银行的同行感到汗颜。在欧洲银行业的多次危机中，看似弱小的互助合作金融却扮演了缓冲器的角色，在一定程度上增强了欧洲金融系统的稳定性。1 100多家地方性互助银行被标普授予较高的评级。德国中央银行在2009年关于金融稳定性与银行所有权内在联系的研究认为，互助合作金融相比私人股东而言，其银行破产的可能性更小。国际货币组织的研究认为，互助合作银行迥异的行为方式恰是其优势所在，其独特的所有权、治理结构，向下分权的决策模式，以及为利润最大化而承担更大风险的动机不太强烈，等等，都有利于风险管理。

不过，储蓄银行和合作银行并没有笑到最后，这些银行的初始依托是社区及熟人环境，其信息搜集和处理成本低，信息可靠性及道德约束力强，因而能以合理的价格提供服务，并且在其他银行不愿进入的区域生存。然而，随着经营区域和业务规模的扩大，经营环境复杂及信息不对称的矛盾加剧，它们对传统信贷风控方式变得难以适应。不少储蓄银行熟悉存款业务、擅长债券投资，但其信贷短板明显。此外，在银行规模大型化后，社员对银行的关心递减，内部摩擦成本增加，效率优势骤降。金融科技发展又加剧了行业竞争，技术含量低、规模效益差的银行运营成本压力陡增，财务陷入困境。不少银行受政府股东影响，过多进入房地产领域，从而产生巨额损失。金融危机的惨痛教训使政府和监管者认为“一根筷子比十根筷子易折”，着手将千千万万的独立法人的储蓄社、信用社的小舢板捆绑成了大船。20 世纪八九十年代，全球储蓄银行与合作金融机构开始了大规模的机构合并和经营转型。虽然上述银行的业务相对简单，较少涉及衍生产品等高风险投机，但它们依然没有躲过 2008 年全球金融危机的腥风血雨。成立于 1836 年的西班牙储蓄银行体系爆发了危机，储蓄银行被合并及改制成股份制商业银行。俄罗斯储蓄银行被改制上市成为商业银行。德国邮政储蓄银行被德意志银行收购为子公司。德国合作银行被多次合并以应对挑战。美国大型储蓄银行（华盛顿互惠银行）因深陷次贷危机被摩根大通银行收购。法国储蓄银行和合作银行抱团取暖，成立了法国 BPCE 银行集团。而亨利·邓肯创建的英国储蓄银行也成为大型银行劳埃德银行的子银行。古老的欧洲储蓄银行和合作银行体系走向了历史的低潮。

金融普惠为何使命漂移

储蓄银行、合作银行开创期的初衷和宗旨，包括客户对象、股东结构、资产负债、融资利率等都具普惠金融的特征，其使命是为成员（社员）创造价值。银行赢利要求和商业化程度较低。银行利润需部分用于公益事业，其业务范围、资本要求也与商业银行不同。然而，百余年后，人们却发现了金融普惠发展过程的“使命漂移”现象。现象之一是从银行服务对象来观察，从偏向于弱势群体转为偏向于富裕人群，从支持弱势群体的小额贷款转向热衷于富裕客户的大额贷款；现象之二是从银行经营目标来观察，从扶贫济困、合作互助导向转为财务利润最大化偏好，这与普惠金融的方向渐行渐远。

“使命漂移”是缓慢的演变过程。据奥地利合作银行的调查，早在19世纪70年代，该国合作银行就产生了“使命漂移”现象，渐变成为富裕中产阶级服务的小银行，同时也资助大型制造商发展，却忽略了贫困工匠的融资需求。但在偏远乡镇和欠发达的农村地区，银行“使命漂移”变化则较慢。荷兰合作银行的蜕变出现在20世纪30年代，赖夫艾森的合作原则逐渐被抛弃。百余年来，全球储蓄银行和合作金融都或迟或速地产生了“使命漂移”现象，其总体趋势是越来越脱离互助合作的普惠原则，并朝着商业金融机构的方向发展，具体呈现了四方面的变化。一是业务内容发生了变化，经营方针从不以营利为目标改为追逐利润；二是机构性质由互助合作制性质转向现代商业银行性质，不再坚持社员资格股和社员投资股，而是引进了投资股，投资者必然要追求股东回报，从而使其商业模式和股息分配也随之变化；三是股份构成发生变化，股份控股权从社员手中丧失，合作银行治理模式发生了变化；四是资金来源运用发生变化，资金来源从小额储蓄、资本金和社员存款为主变为多渠道来源，包括央行借款、发行债券及多源存款，其吸收的资金超过了社员需要，它们必然涉足商业化经营。从资金运用来看，合作银行对信贷与投资风险的偏好产生了变化，从发展社员到发展非社员，再以非社员为主，贷款数额从小额贷款发展到中大额贷款，贷款期限和用途也向商业银行方向靠拢。不同银行的经营环境、战略定位、组织架构、业务范围、服务对象的差异也衍生出不同的银行模式和类型。

20世纪八九十年代，中国城市信用社发展至5 000多家。图12–10是成立于1986年12月9日的上海市第一家城市信用社——川南城市信用社——的纪念银章。银章重2盎司，直径为50毫米。上

图 12–10　川南城市信用社纪念银章

海城市信用社实行股份合作制，其业务对象也是中小企业，但已背离对社员融资的合作制初衷。1995 年 12 月，上海市 99 家城市信用社合并组建了上海城市合作银行。图 12–11 是上海城市合作银行成立 1 周年（1995—1996）纪念银章。银章重 1 盎司，直径为 40 毫米。我作

图 12–11　上海城市合作银行成立 1 周年（1995—1996）纪念银章

为上海城市合作银行的首任行长，十分清楚合作银行已名不副实了。当时，我写过一篇文章，阐述上海城市合作银行的宗旨和目标已经是“城市银行、中小企业银行和市民银行”。之后，上海城市合作银行改名为上海城市商业银行，再定名为上海银行，从而避免了与“合作银行”名称产生概念混淆。以此开端，全国城市信用社改制后的命名多数采用“城市名 + 银行”的做法。2018 年年底，全国城市信用社已全部完成改制，134 家城市商业银行占银行业金融机构的比例超过 16%。城市合作金融也正式宣告退场。

农村信用社走过了相仿的道路。图 12–12 是 2005 年上海农村商业银行开业纪念银章。银章重 1 盎司，直径为 40 毫米。上海农村商业银行是在上海 234 家农村信用合作社基础上合并组建的，其历史可以追溯到 20 世纪 50 年代市郊农业合作化时代。至 2018 年年底，全国共有 1 427 家农村商业银行，尚剩 812 家农村信用社未完成改制。农村商业银行与农村信用社合计占中国金融机构（共 4 571 家）的

图 12–12　上海农村商业银行开业纪念银章

49.6%，其资产占比为12%，尽管它们的业务方向还是服务“三农”和小微企业，但其宗旨、机制、股东和客户都已经偏离了互助合作制的初衷。

客观地分析，金融普惠“使命漂移”与政策环境密不可分，在一定程度上也是由发达国家政府的“使命漂移”现象造成的。储蓄银行和合作银行的诞生和发展由人们对金融扶贫济困、缓解社会矛盾的需求推动。因此，各国政府对其全力支持并予以法规保障。在战争及战后重建年代，在通过筹集资金支持国防开支、配合政府工业发展和基本建设方面，上述银行发挥了重要作用。不过，政府平台融资及大额项目融资也挤占了原本为小微企业及贫困人群提供的融资空间。随着西方国家社会生产力的进步，社会福利制度普及以及绝对贫困状况改善，政府已经不再迫切需要金融普惠发挥扶贫济困的作用了。图12–13为美国联邦信用协会纪念铜章，铜章直径为38毫米。

图12–13　美国联邦信用协会纪念铜章

20世纪60年代，金融自由化和金融创新使金融业的竞争加剧，储蓄银行与合作银行的传统业务领域受到侵蚀，其区域优势、客户基础动摇，政府放开对储蓄银行和合作银行的业务及区域限制，采用取消税收等优惠政策，让其与商业银行同台竞争，导致其银行业务的差异性和金融普惠特色逐步减弱。加之金融危机的冲击，1980—2010年，全球出现了153次银行危机，储蓄银行与合作银行大多规模小、抗风险能力弱，容易发生破产倒闭现象。1983—1993年，美国共有1 340家商业银行倒闭，1 241家储贷机构破产或清偿。英国中小银行数量从1990年的125家减至1994年的80家。政府遂将改善金融业质量、防范金融风险作为其主要使命。原先储蓄银行与合作银行的经营目标旨在增加成员或社区福祉，不遵循盈利最大化目标，银行利润需部分用于公益事业，因而储蓄银行与合作银行缺乏利润压力，日久导致银行制度僵化、机构臃肿、效率低下。一些合作金融和储蓄银行曾因此遭受批评，被认为严重落伍，半官半商的体制不符合市场经济制度，并被质疑在全球化和高度发达的信息社会，利用亲缘、地缘和业缘解决信息不对称问题有无现实意义。在这样的大背景下，储蓄银行和合作银行被迫转型，日渐商业化和大型化，日渐偏移其初衷与目标。有人认为，这种改变是与时俱进的，否则银行无法生存。还有人认为，原先的普惠模式是经济发展的阶段性需求，不能持久，最多只能坚持一代人。曾经蓬勃发展的金融普惠徘徊于新的十字路口，不知何去何从。图12–14为1926年发行的日本邮政储蓄银行创立50周年（1875—1925）纪念铜章。铜章重80克，直径为50毫米。日本邮政储蓄银行是全球最大的邮政储蓄银行，占日本个人储蓄存款30%的市场份额。

图 12-14　日本邮政储蓄银行成立 50 周年（1875—1925）纪念铜章

普惠金融重新整装出发

图 12–15 为美国金融危机后“占领华尔街”运动的广告画，反对以华尔街为主导的金融体系忽略了 99% 的人群利益。

社会呼吁金融包容性增长，呼吁在公平与效率、普惠金融与商业可持续之间平衡发展。人们开始重新思考金融发展的初心和使命，开始认识到金融追求的目标并不是唯一的效益最大化。金融资源配置的最优化是指最大限度地为社会创造价值，为人类幸福赋能，为实体经济服务。让更广泛的人群以可负担得起的成本享受到质量更优、效率更高的金融服务，并能实质性控制风险，这是普惠金融、金融包容性发展的内核。

普惠金融仍行走在探索与争论的过程中。争论的焦点涉及普惠金融与商业可持续的平衡发展，以及金融的“普”与“惠”平衡发展的实践难题。普惠金融具有双重属性，它是金融，不是慈善或救济，但

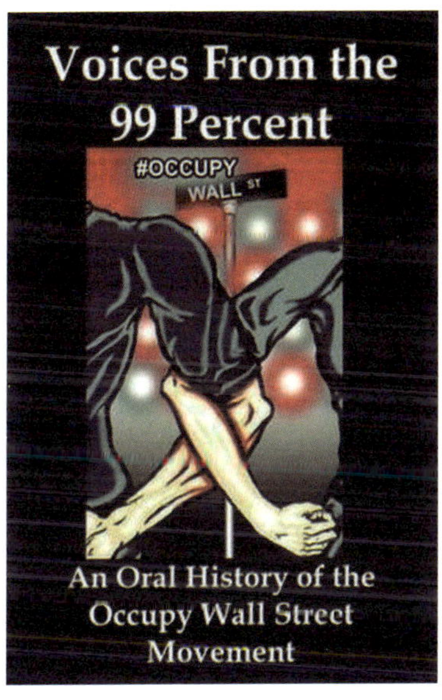

图 12-15 美国金融危机后“占领华尔街”运动的广告画

又具有准公共产品的特征。因此，普惠金融既要贯彻商业化、市场化经营，遵循契约原则，有借有还、还本付息，又要以可负担的成本、尽可能广的范围和尽可能高的效率提供金融服务，尤其是融资服务，以帮助贫困人群解决发展权问题。通过金融的激励约束机制，普惠金融可以使小微企业和弱势群体自立自强。金融机构针对小微企业贷款的利率应尽可能低，但又能覆盖成本和风险，以保持可持续发展的动力。合理利率也有利于融资供给量的扩大，而效率的提升以及金融竞争和服务的充分性会促使其边际利率趋降。金融机构还应从培育客户、综合回报、品牌效应等方面来平衡收益。我们要完善金融生态体系，实现大中小银行共生并存，使其共同在减少贫困、减少金融排斥和推动经济增长方面发挥重要作用。一些新金融机构在法律许可条件下以较高利率进行融资的方式，是对正规金融机构的适当补充，我们应持宽容的态度，但必须严格定义银行利息（费用）内容，以防止变相高利贷。我们还要建立健全“反高利贷”法并严格执法，打击低借高贷的金融套利行为。

解决“融资难、融资贵”痛点的关键点在于解决信息不对称问题。商业银行在叹息缺乏有效信贷需求的同时，又望洋兴叹于庞大的小微信贷市场。因为传统的银行融资方式和技术，既无法满足需求面广、需求量大、需求急迫的小微企业的融资需求，也无法有效控制利率成本与信贷风险。事实上，信贷市场半径取决于风险控制半径，而风险控制半径又取决于信息数据半径。要解决普惠金融的需求问题，我们只能从金融科技中寻找解决方案。银行可以通过金融场景构建，使资金流、商品流和信息流可视、可控、透明和可靠，从而使风险控制从单客户、单品种、局部化、碎片化的管理方式向业务关联、上下游联动、跨账户交易的大数据风控方式转变。银行通过数据模型可以准确判断客户状况，有效实现信贷决策和风险定价。金融科技的运用能大幅改善小微企业和弱势群体的服务供给，适应其小额高频、期短急迫的全线上、标准化融资。政府在行政和公共事务中，通过税务海关、工商行政、公用事业、教育医疗、社会管理的场景收集了大量有价值的数据资源，却将其闲置浪费。政府若能建立社会公共信用数据库并在一定规范内对其开放利用，加之各金融机构自有的数据应用，就能有效提升全社会的信用数据水平。我相信中国普惠金融的发展会迎来又一个春天。

新时代全球普惠金融的发展将呈现多元化的发展态势。普惠金融的产生和发展具有强烈的内生性，具有因市场需求而诱制性变迁的模式特性，普惠金融与合作金融之间的差异性大于同质性，耶鲁大学的经济学家蒂莫西·W. 吉南（Timothy W. Guinnane）曾论述合作金融内生性的本质不适宜强制性移植。赖夫艾森合作金融的成功就有其独特的历史、宗教和人文原因。虽然今天中国的产业合作社生机勃勃，但曾被人们寄予厚望的合作金融并未带来令人满意的结果。城市商业银行或农村商业银行虽蓬勃发展，但也背离了合作制的初衷。曾经的信用社存在着效率低下、经营不佳、民主管理缺失等诸多问题。农民加入信用社的积极性不高，缘于社员在受教育程度、自身素质、社会关系、要素投入、入社目的、角色定位、风险承担等方面均存在差异性，社员利益诉求的多样性导致冲突。因此，人们怀疑信用社能否适用社员制、封闭性、不对外吸储放贷、不支付固定回报的基础条件。尽管联合国宣布 2012 年为国际合作社年，但复制历史上的金融普惠模式已经不具有现实可行性。孟加拉国格莱珉银行的模式是欠发达国家的普惠金融实践之一，其极低金额、较高利率的融资方式在中国能否移植也值得怀疑。前方并没有现成可仿效的道路，如今中国蓬勃发展的小微企业贷款、微型金融、“三农”信贷等普惠金融实践，尤其是在金融科技模式下的普惠金融实践，都可被视为对普惠金融发展的新探索。普惠金融的发展关系到金融从何来，为了谁，以及往何去的宗旨与目标，关系到金融观念、理论和实践的重建与突破，关系到资源配置和财富分配的优化和公平，关系到金融是服务多数人还是少数人的问题。新的道路只会在探索中形成，新的理论只会在实践中诞生。抚今追昔，我相信百年金融沧桑会使人们更明晰金融的初衷和使命，革故鼎新，我们才能让金融真正为推进实现人类的公平发展、自由和解放而努力。

起底世界上最古老的银行

——话说意大利锡耶纳银行百年盛衰史

ROMA·COMMVNIS·PATRIA
A.MORBIDVCCI

“伟大”是熬出来的

在游历罗马、米兰、佛罗伦萨后，越来越多的中国游客涉足意大利中部托斯卡纳名城锡耶纳。从佛罗伦萨出发，我们只需一个半小时的车程便可来到这座历史悠久的中世纪古城，文化遗迹、巍峨建筑及艺术典藏的完美结合，使其无愧为人类文化遗产。穿梭在古老而蜿蜒交错的狭街曲巷，欣赏着贝壳状的卡姆博广场、散落在城市各处的古罗马和哥特式的教堂以及周边的意式田园风光，游客仿佛穿越至中世纪的欧洲（见图 13–1）。

不过，你要小心谈及佛罗伦萨及美第奇银行是意大利的骄傲，因为锡耶纳人会对此不以为然。锡耶纳有世界上最古老的大学之一，即创立于 1240 年的锡耶纳大学。锡耶纳有连接意大利和法国的佛朗西哥那古道，因而成为欧洲中世纪贸易、金融和艺术中心。锡耶纳银行家和贸易商以羊毛生意和货币借贷而著称，比美第奇家族更早在欧洲享有声望。皮科洛米尼（Piccolomini）的银行创办于 12 世纪，是欧洲最早的银行之一。奥兰多·邦西尼奥里（Orlando Bonsignori）的金融企业被誉为 13 世纪最伟大的银行、欧洲最大的银行和企业，其机构

图 13-1　意大利中部城市锡耶纳

遍布欧洲各地，经常参加法国香槟集市并提供汇票、贴现、兑换及融资业务，还成为教皇的主办银行。自 12 世纪以来，锡耶纳人在城市建设方面与佛罗伦萨展开竞争。13 至 16 世纪，锡耶纳与佛罗伦萨以战争相怼，可惜锡耶纳失败了。奥兰多·邦西尼奥里家族银行也在 14 世纪初倒闭了，连带着教皇尼古拉斯四世损失了 80 000 弗罗林。其后才有了美第奇银行的兴起，美第奇的祖先原是托斯卡纳的农民，开办银行或许是受锡耶纳金融意识的启示。可惜，美第奇家族也没能笑到最后，而创立于 1472 年的锡耶纳银行却生存至今，熬成了意大利乃至全世界现存最古老的银行。常言说得好，金融业“剩者为王”。

在锡耶纳银行创立时，达·芬奇还是一个 20 岁小伙子，英国的玫瑰战争正打得火热，美国还没有被哥伦布发现，而锡耶纳银行已经在向客户提供金融服务了。540 多年的历史，使锡耶纳银行不仅拥有珍贵艺术收藏和无价历史文献，而且银行自身也成了古董文物。图 13–2 为锡耶纳银行纪念铜章，该铜章发行于 1933 年 6 月 11 日，是为在罗马的埃斯波斯兹奥尼宫举行的展览会而发行的。铜章重 8.1 克，直径为 27 毫米。铜章的设计师是普布利奥·莫尔比杜奇（Publio Morbiducci，1888—1963），这位意大利著名的艺术家和雕塑家出生于锡耶纳，他的家庭为传统工艺世家。他本人求学于罗马美术学院，也是 1923 年里拉硬币的设计师。铜章的一面是头戴母狼、公牛雕塑羽型头盔的罗马皇帝肖像，上方文字是“罗马共同家乡”（Roma Commvnia Patria）；铜章的另一面呈现麦穗和谷仓的图案，展示了锡耶纳银行为农业服务的宗旨。

图 13-2 锡耶纳银行纪念铜章

位于萨林贝尼宫（Palazzo Salimbeni）的锡耶纳总部大楼，属于仍在使用的全球最古老的银行大楼，锡耶纳银行自1472年入住后从未搬迁过。银行大楼始建于14世纪，于19世纪重修。大楼外部哥特式的风格简洁低调，内部存有艺术珍品及银行古老的账册、票据等档案。大楼原属萨林贝尼（Salimbeni）家族，13至14世纪，萨林贝尼家族为锡耶纳的豪门。银行门前柱子上是母狼喂乳的雕像，据说锡耶纳城是由罗马城奠造者两兄弟之一列莫的两个儿子塞尼奥和阿斯卡尼欧于公元前29年创建的。锡耶纳的城市名亦源自塞尼奥，因此喂乳父亲和伯伯的母狼也成为锡耶纳城的徽记。银行大楼前的塑像人物系18世纪的经济学家和主教班迪尼·萨卢斯蒂奥（Bandini Sallustio，1677—1760），雕像创作于1882年。萨卢斯蒂奥以自由贸易和单一土地税理论而著称。图13–3为锡耶纳银行及萨卢斯蒂奥雕像。

图13–3　锡耶纳银行及萨卢斯蒂奥雕像

合抱之木，生于毫末

意大利可谓欧洲现代银行业和贸易的发源地，在金融发展中扮演了至关重要的革新角色，其中威尼斯、佛罗伦萨、锡耶纳、热那亚、米兰等城邦发挥了主导作用。但意大利早期的金融机构只为少数富有的贵族、教宗和精英服务，贫困农民、工匠和商人被迫接受高息借贷的盘剥。15 世纪下半叶，为了反对高利贷和避免社会两极分化，意大利方济会的修士开办了被称为蒙特斯·彼达的典当行，通过慈善或典当方式给予穷人无息或 5% 以下的低息小额信贷，以廉价借贷来对抗从事高利贷及垄断金融市场的犹太借贷者。1462—1470 年，蒙特斯·彼达典当行在意大利发展了约 40 家。据学者对意大利 1300 年至 1861 年境内各城市的人口数量序列回归研究，当时犹太人聚居区的借贷店铺数量比其他地区高 35%~55%。而教会针尖对麦芒，在犹太高利贷商较多地区成立蒙特斯·彼达典当行的数量也比其他地区高 54%。

1472 年 3 月 4 日，锡耶纳开设了首家蒙特斯·彼达机构，它是锡耶纳银行的起源。不同的是，锡耶纳银行并非宗教机构所办，而是有公营金融机构的色彩。银行开业资本金得到地方政府的税收和医院、教堂 5 000 弗罗林的资助，锡耶纳市著名的家族人士成为银行的董事并轮换担任。银行的存款资金源于当地社区、宗教团体、慈善机构和医院，银行付给储户 5% 的存款利率。锡耶纳银行不忘“初心”和“使命”，贷款坚持普惠性和小额化，对一般市民的利率把握在 7.5%，远低于高利贷。1483—1484 年，锡耶纳银行发放了 7 392 次贷款，合计 7 500 弗罗林，单笔贷款平均仅为 1 弗罗林，真可谓“合抱之木，生于毫末”。

锡耶纳银行在成立后并非一帆风顺，一度也曾想“贷大贷长”，却不料铩羽而归。1492 年，锡耶纳银行参与的哥伦布远征融资就遭受了很大损失。然而，“亡羊补牢，为时未晚”，锡耶纳银行后来还是重归初心，围绕“三农”、服务“小微”，将客户定位为周边熟识的农民。

气候良好、生产稳定使当地农业贷款的风险明显小于贸易融资和商人贷款。锡耶纳银行通常接受服装和珠宝作为贷款抵押品，之后以土地为主要的贷款抵押品。因客户违约收回抵押品，锡耶纳银行也因贷款贷成了大地主，当地许多地产和巴罗洛（Barolo wines）葡萄酒庄都成为该银行的财产。1574 年，锡耶纳银行尝试对畜养农户发放无担保的信用贷款，以扶持贫穷农民。1624 年，在锡耶纳并入托斯卡纳大公国后，锡耶纳银行更名为锡耶纳牧山银行（Banca Monte dei Paschi di Siena，缩写为 BMPS，简称锡耶纳银行）。银行名中新增加的 Paschi 一词是意大利语的“牧羊人”，而 Monte dei Paschi 指的是“牧山”。

随着政府取消对储蓄银行利息的保障，锡耶纳银行开始发行土地债券以吸收资金。假如大家有兴趣考证，或许锡耶纳银行还是全球土地信贷银行的祖先。锡耶纳银行的业务紧紧围绕锡耶纳区域经济和公共工程的策略，使其躲过了 20 世纪 30 年代初的全球经济危机，而当时意大利其他银行则几乎全面崩溃。几个世纪以来，锡耶纳银行作为当地政府控股的银行，在锡耶纳农业经济、工业发展、城市建设和就业领域发挥了重要作用。锡耶纳银行保持了审慎的贷款组合和经营策略，其利润每年都留有一半或更多以备不测，其他利润每 5 年分配一次，因政府持有锡耶纳银行的主要股份，不少利润用于宗教事业和帮助贫民。图 13–4 为托斯卡诺银行佛罗伦萨分行纪念铜章。

图 13–4　托斯卡诺银行佛罗伦萨分行纪念铜章

购并的“饕餮盛宴”

随着意大利的统一，锡耶纳银行开始向国内其他城市扩张，1929 年收购并整合了托斯卡诺信贷和佛罗伦萨银行（Credito Toscano and Banca di Firenze），拉开了购并序幕。20 世纪五六十年代，意大利经历了一个快速现代化和持续的经济成长时期，锡耶纳银行则抓住机遇，发展至 20 世纪 80 年代末，成为意大利最赚钱的银行之一。在意大利统一前，其城邦众多，形成了星罗棋布的小银行格局。20 世纪 80 年代，意大利政府鼓励银行业购并整合，以适应欧共体降低贸易壁垒的需求，锡耶纳银行利用其雄厚的资本大肆收购和扩张，朝着做大、做强的目标狂驰。1990 年，锡耶纳银行收购了西西里岛和伦巴第大区的若干小银行，控股了托斯卡诺中等信贷银行（Mediocredito Toscano）和国家农业信贷银行（Istituto Nazionale peril Credito Agrario）。图13–5为1935年意大利普拉托储蓄银行（Cassa di Risparmio di Prato）纪念铜章。铜章重13.7克，直径为30毫米。铜章的一面为该银行徽志及银行名称，铜章的另一面为储蓄银行支持工农业建设的国像。

图13–5　意大利普拉托储蓄银行纪念铜章

1992年，锡耶纳银行收购了意大利普拉托储蓄银行，于2003年将其出售给维琴察银行，并与法国农业信贷银行成立合资人寿保险公司蒙特斯·帕琪·维塔（Monte Paschi Vita），之后发展成为意大利最大的银行保险产品提供商。1994年，锡耶纳银行开办资产管理公司（Ducato Gestioni）。1995年，锡耶纳银行改制为股份公司并于1999年在意大利证券交易所上市，同年，它控股收购曼托瓦纳农业银行（Banca Agricola Mantovana）。2000年，锡耶纳银行又收购了萨伦塔银行（Banca del Salento）。2007年，为了向意大利全境扩张，锡耶纳银行以 90 亿欧元的高价从西班牙桑坦德银行手中收购了安东维内达银行（Banca Antonventa）。安东维内达银行在意大利银行业中的贷款排名第 9，资产排名第 8，拥有 1 000 家分行、10 800 名员工和 500 亿欧元资产。安东维内达银行的历史可追溯至 1893 年，后来在经过多次收购合并后被荷兰银行吞并。图 13–6 为曼托瓦纳农业银行成立 100 周年（1871—1971）纪念铜章。

图 13–6　曼托瓦纳农业银行成立 100 周年（1871—1971）纪念铜章

在苏格兰皇家银行、比利时通用银行和西班牙桑坦德银行对荷兰银行的世纪并购后（我在《世界金融百年沧桑记忆 1》中介绍过此次并购），作为战利品，安东维内达银行由桑坦德银行接手，而桑坦德银行随即将其卖给了锡耶纳银行。同年，收购上瘾的锡耶纳银行再投资 3.99 亿欧元收购了意大利比耶拉和韦尔塞尔储蓄银行（Cassa de Risparmio de biella e vercell）。收购者沉浸在享用盛宴的喜悦中，一点儿也没有感觉到世纪难遇的金融危机已经黑云压顶。图 13–7 为比耶拉储蓄银行纪念铜章；铜章直径为 60 毫米。图 13–8 为韦尔塞尔储蓄银行纪念铜章，铜章直径为 80 毫米。

图 13–7　比耶拉储蓄银行纪念铜章

图 13–8　韦尔塞尔储蓄银行纪念铜章

锡耶纳银行迅速成长为仅次于意大利联合信贷银行和圣保罗银行

的意大利第三大银行，拥有 2 032 个意大利分行、41 个海外分行。锡耶纳银行是中国香港自回归后获准开业的第一家外资银行，还在北京和上海设立了代表处和分行。锡耶纳银行总资产超过 1 530 亿欧元。锡耶纳市居民仅有 5 万多人，而锡耶纳银行的全球雇员有 2.5 万多人。在锡耶纳流传着这样的说法："在锡耶纳的人，不是锡耶纳银行的雇员，就是其前雇员，或即将成为其雇员。"当地人们将锡耶纳银行视作城市的象征，为小城市能拥有全意大利颇具影响力的大银行而骄傲，也支持锡耶纳银行的扩张行为。锡耶纳银行享用收购兼并的饕餮盛宴确实很有快感，只是吃得太多、太快难免会噎着。人们赞赏购并带来的快速成长，但在其靓丽的外表下面，外界看不见的是其隐痛和内伤。购并会使失败者成功，但也会使成功者失败。特别是对安东维内达银行不计代价的收购使锡耶纳银行负债沉重，更遭霉运的是，收购完成时的 2008 年 5 月恰是全球金融危机来临之时。在众多因素的推动下，"疾病"终于暴发了。

病来如山倒，病去如抽丝

金融业是跑马拉松的行业，并不欣赏百米短跑冠军。跑了 540 多年马拉松的锡耶纳银行，按理说是业内好手，可惜最后耗尽了体能。虽然锡耶纳银行如愿以偿地成为意大利领先的大银行，但其实力大损，免疫功能下降。在 2008 年的金融危机及之后的欧洲主权债务危机中，意大利的银行还大规模向未能及时还款的贷款者提供宽松标准的借贷展期来进行"打捞"，期冀在经济上行后贷款者能顺利还款。然而，愿望很美好，现实却很骨感，经济持续不景气，意大利银行业坏账一直飙升。锡耶纳银行持有价值 250 亿欧元的意大利主权债券，原本认为这是最安全的资产，没料到危机后这笔债券价格大跌。2012 年上半年，锡耶纳银行亏损了 20 多亿美元。银行股东地方基金会怕摊薄股份，并不愿增发新股补充资本，以致危机加剧。面对亏损的财务报表，锡耶纳银行管理层只能饮鸩止渴，出售资产以渡难关。2007 年，锡耶纳银行被迫将它花费 3.99 亿欧元买入的比耶拉和韦尔塞尔储蓄银行以 2.055 亿欧元的低价抛出救急。

只是一病未消一病又起。2009 年，锡耶纳银行与德意志银行和野村证券签订的 3 年期衍生品合约出乎意料地损失了 7 亿欧元，更糟糕的是，当初签订的合同还未报告银行审计师及监管部门。在消息曝光后，2013 年 1 月 23 至 25 日，银行股价暴跌 20%，前行长朱塞佩・穆萨里（Giuseppe Mussari）引咎辞去了意大利银行协会主席的职务。在紧急状况下，意大利央行给予锡耶纳银行 41 亿欧元的国家救助，从而引发社会一片哗然。

尽管如此，每况愈下的状况未能改变，锡耶纳银行的亏损额和不良债务仍在增加。2014 年，锡耶纳银行亏损了 53.4 亿欧元，在该年欧洲所有银行的评估中，锡耶纳银行名落孙山。2016 年，锡耶纳银行再度亏损 33.8 亿欧元，其不良贷款率为 22%，其不良债务占意大利银行业的比例超过 10%。虽然锡耶纳银行组织了 700 人的团队来处理不良资产，但在 2016 年 7 月，欧洲央行在为了解欧洲银行业抵御极端环境冲击的能力而又一次进行银行业压力测试时，锡耶纳银行仍被判定为“不及格”。锡耶纳银行普通股权与一级资本的比例在不利经济情况下为 -2.2%，成为欧洲 51 家测试银行中唯一一家资本或许荡然无存的银行，甚至它可能出现 88 亿欧元的资本缺口。神经紧张的欧洲央行迅速要求耶纳银行整改，并要求其三年内削减约30%的不良债务，即不良贷款额从469亿欧元降至326亿欧元。处于风暴中心的锡耶纳银行董事长和首席执行官辞职，投资者出逃，一年内锡耶纳银行的客户取走了14%的存款。2007—2016年，锡耶纳银行的股价从每股近100欧元跌至每股不足0.3欧元，沦落为垃圾股，市净率仅为0.1倍。这一事件还连带冲击了整个银行业，意大利五大银行的平均市净率降至不足0.25倍。2016年12月，锡耶纳银行再次向意大利政府提出救援恳求，并四处寻找投资者，甚至通过欧洲央行探问中国的银行对其有无收购兴趣。同时，锡耶纳银行也积极出售资产自救，锡耶纳银行的比利时子公司（Banca Monte Paschi Belgio）以4 200万欧元的价格被出售给一家基金公司。2017年2月3日，锡耶纳银行也将其卡业务以5.2亿欧元的价格出售。不过，积重难返，颓势难扭。2017年，锡耶纳银行依然亏损35亿欧元。

为了应对危机，意大利政府曾想推出400亿欧元的银行业救助计划，通过发行国债、政府资产抵押等措施对银行进行债务重组，但这些计划均被驳回。欧盟反对成员国政府过早干预，要求受困银行的股东、债权人和部分储户应首先承担损失，而后才能获得纳税人的救助。为了防止危机扩大，欧盟要求意大利政府出面担保银行自行发债，严格限制其获得流动性援助对象的资格，但这一举措难以解决意大利银行危机。

因久拖不决，2016年上半年，意大利银行业不良资产总额已高达3 610亿欧元，占整个欧元区银行不良资产总额约40%，占意大利GDP的20%左右，不良贷款率4倍于欧盟国家的平均值。另据意大利央行调查，2011—2014年，意大利银行业所有不良贷款的收回率为

41%，那么3 600亿欧元不良贷款最终只能收回1 476亿欧元，损失2 124亿欧元——约为意大利GDP的13%。这使当时受英国脱欧震荡的意大利及欧洲经济“雪上加霜”，甚至有人认为意大利银行业危机更甚于英国“脱欧”的冲击。因为问题丛生的意大利银行业规模位居欧元区第四位，是欧盟金融最薄弱的环节之一。在意大利约500家银行机构中，已有114家银行的得州比率（一家银行的坏账与核心资本的比率）超过100%。其中，24家银行的得州比率超过200%，而锡耶纳银行的得州比率甚至高达269%。通常得州比率超过100%的银行已缺乏足够的资金来吸收不良债务损失，得州比率更高者甚至将面临破产。

意大利银行业已经到了“最危险的时刻”，仅锡耶纳银行就最少需要注入90亿欧元的资本，同时需拯救的还有意大利联合信贷银行、维琴察大众银行、威尼托银行、卡里格银行等。在锡耶纳银行通过私营部门进行资本重组的种种努力失败后，意大利政府掏钱为锡耶纳银行解困。2017年1月25日，锡耶纳银行发行了由国家担保的1~3年债券70亿欧元。2017年7月，欧盟批准意大利政府向锡耶纳银行注资54亿欧元作为预防性资本重组，同时强制债券持有人债转股。锡耶纳银行则承诺同意一项为期5年的重组计划，具体包括改变业务模式、提高效率、加强信用风险管理、对高管人员薪酬设限等。锡耶纳银行同意在5年内出售286亿欧元坏账，其中261亿欧元通过证券化项目出售，并裁减5 500名员工——占比约为20%。虽然意大利政府无意将锡耶纳银行国有化，但通过一次次的政府救助，意大利经济和财政部对锡耶纳银行的持股已经高达68.25%。原来的锡耶纳市基金会持股比例从危机前的55%降至低于2%。

锡耶纳银行侥幸地又一次死里逃生，其540多年的历史还能延续，这当然不是因为其“老”而不能倒，而是因为意大利政府担忧危机扩散外溢，从而引发多米诺骨牌效应，波及意大利金融和经济体系。这一救助也引起许多批评和抗议，人们认为政府动用“公共资源”挽救银行，只能缓解燃眉之急，对危机四伏的意大利银行业只是隔靴搔痒，并未涉及根本，也没有改变银行经营管理不善的状况，未来更大的“爆雷”风险依然存在。

追根寻源找病因

世界上尚存且至今仍在经营的前三家古老银行分别是1472年成立的意大利锡耶纳银行（见图13–9）、1590年成立的德国贝伦贝格银行（Berenberg Bank）和1668年成立的瑞典国家银行（Sveriges Riksbank）。

图13–9　意大利锡耶纳银行

其中，瑞典国家银行已经成为中央银行，安然摆脱了商业风险；贝伦贝格银行则专注于投资银行和私人银行领域。作为排名第一的商业银行——锡耶纳银行——漂浮商海 540 多年，历经残酷的宗教冲突和城邦战争，见证了黑死病瘟疫、文艺复兴、饥荒灾难、墨索里尼统治、两次世界大战，曾作为锡耶纳城市财富与荣耀的象征，被当地居民戏称为“牧山老爹”，一度还是意大利最安全的银行，然而其晚节不保、命悬一丝。2016 年 4 月，德国联邦银行一位董事会成员直言不讳地说：“一些希腊和意大利银行都是僵尸银行（zombie banks），只是出于政治原因才被保留。”虽然他没有直接评论锡耶纳银行是否包含其中，但作为意大利表现最糟糕的锡耶纳银行，人们十分明白他的所指，其病因是众多因素积累而成的。

首先，经济失衡造成了金融危机。意大利经历了数十年的经济繁荣，但繁荣背后是高企的债务率。2017 年，意大利国家债务已高达 2.26 万亿欧元，杠杆率为 131.8%，远超欧元区政府平均杠杆率 90%，其银行业的杠杠率也高。2015 年，意大利银行业资产规模达 3.91 万亿欧元，占 GDP 的 238%。此外，意大利主权风险高，意大利银行向本国政府提供的贷款和持有的政府债券占其银行业总资产的比重高达 18.5%。在金融危机前，意大利还向国际银行业借款 5 500 亿欧元。意大利银行负债高、规模大，金融风险一旦爆发，必然波及广、影响大。意大利长期以来经济结构失衡、基础设施落后和增长动力不足的深层次矛盾并没有得到解决。意大利内需不振、失业高企，为维持高福利又债台高筑，如欧盟国家在 2005 年至 2007 年老年社会保障支出占总社会保障支出的平均比重分别为 33.7% 和 33.5%，而意大利的此比重分别为 46.3% 和 47.2%。在金融危机后，意大利经济衰退，政府有心提振经济但财政发力空间狭窄。意大利 GDP 在一半时间为负增长，增长最高时只有 1%。2007—2013 年，意大利损失了四分之一的工业产能。2011 年，意大利 10.5 万家小企业倒闭，社会失业率超 10%，青年失业率高达 35%。意大利在 2017 年的 GDP 比 2007 年的 GDP 缩水近 5%，经济要恢复到金融危机之前的水平，估计需 15~20 年。意大利政治也不稳定。自 1946 年以来，意大利有过 64 届政府，平均每届政府执政 410 天。政府缺乏长远考虑，担忧失去眼前的选票，不愿深度改革和调整。政府无钱便靠发债和向银行融资，经济停滞又使银行风险递增、盈利疲软。政府也想从增税中找钱，但社会本已失业严重，增税物价攀升，经济和金融的复苏之路更加漫长。

其次，制度缺陷酿成银行风险。意大利是银行主导型金融体制，长期推行宽松的货币环境和低利率政策，挤压了银行的利润空间。银行业务以贷款为主，资产结构单一；金融市场不发达，理财和投行等中间业务收入占比低；银行业机构臃肿，成本过高。欧盟每 10 万居民有 28 家银行机构，而意大利每 10 万居民有 60 家银行机构。意大利银行业赢利水平在欧洲一直垫底，这制约了银行的资本补充和坏账核销能力。不良贷款在令资产负债表承压的同时，还面临着漫长的司法程序和复杂的核销流程，这使银行坏账平均冲销时间高达 6 年，导致坏账堆积。

再次，锡耶纳银行股东和管理层所犯的错误严重。储蓄银行起家的锡耶纳银行受政府的影响较大，政府对锡耶纳银行“父爱”倍至、全力支持。锡耶纳银行也一直赞助该市文化、教育和体育项目等公益项目。锡耶纳银行董事会 16 名董事中的 8 位是由锡耶纳市政府指定的，其余则由周边省、锡耶纳大学和教区提名。银行决策通常重视地方利益，忽视银行风险。在锡耶纳银行初遇危机时，基金会股东因担忧稀释地方股权和主导权而拒发新股（补充资本），进而导致银行危机升级。这家传统而谨慎的银行在经历了十几年的快速发展后，开始忘乎所以，管理层战略决策失误，风险控制措施缺失。锡耶纳银行盲目购并造成债台高筑，管理不善导致深陷风险泥淖，投资失误酿成巨额损失，衍生合约导致交易及合规风险，管理层的一连串错误导致银行积重难返。

最后，政策异见造成决策迟缓。欧元区统一的货币，与不那么统一的财政政策、财经纪律一直存在着尖锐矛盾。2014 年，欧盟实行银行业单一监管机制，129 家银行（包括锡耶纳银行）由欧洲央行直接监管，监管机构对危机银行处理方式、债务损失承担又产生了新的分歧。2016 年 1 月，欧盟出台银行复苏和清算指令，反对成员国全部用政府资金为坏账银行埋单。一家银行在接受公共资金注资之前，要求其股东和债权人至少承担银行债务损失的 8%，这种一刀切的做法引起了意大利的不满。意大利数百万小散户投资者持有约 2 000 亿欧元的银行债券。意大利银行将 30% 的次级债也卖给了他们，其中 4 万名小散户就持有锡耶纳银行次级债 21 亿欧元。这些盲目或被误导买入银行债券的普通投资者缺乏抗风险能力，一旦失去“刚兑”、遭受损失，必将示威闹事，导致金融市场动荡、经济衰退下滑；更令人担心的是，投资者会用脚投票，支持主张脱离欧盟的“五星运动”党。意大利政府和欧盟彼此扯皮以致危机久拖不决，修复资产负债表迟缓，银行坏账风险加剧，这些也使欧洲金融危机复苏远慢于美国。

不过，现在世界各国都强调“本国”优先，意大利政府不会因为欧盟监管指令而放弃对本国银行业的救助。欧洲也不想动摇欧元和欧盟的根基，毕竟欧洲的一体化更为重要。双方最终达成协议。2017 年，意大利政府处置了濒临倒闭的意大利威尼托银行和维琴察大众银行，将两家银行的好资产和坏资产分开，将质量最好的资产以象征性的 1 欧元价格卖给意大利联合圣保罗银行。同时，政府动用 172 亿欧元公款，向联合圣保罗银行支付 52 亿欧元，并提供 120 亿欧元担保。在意大利银行政府的支持下，该国银行危机在逐步缓解，但是解决方案还是政府买单，故曲重奏。意大利银行业依然是欧洲经济最薄弱的环节，整个 2018 年，意大利银行系统损失了近 30% 的市值。

“灰犀牛”并没有离去，危机并没有消失，世界上最古老的银行会不会离去和消失，人们还在拭目以待。

老树萌新枝，春深更著花

——古今私人银行纵横谈

一些欧洲人常以瑞士的银行、德国的工程师、意大利的美食、法国的情人和英国的警察来形容最棒的事物。瑞士的银行体系被认为是全球最安全的，尤其是瑞士的私人银行。在电影007系列中，詹姆斯·邦德说他只相信瑞士银行家和他自己。他有句名言："如果你不相信瑞士银行家，世界会怎么样？"图14–1中的铜章的一面展示了一位私人银行家，即头戴假发、身穿礼服、风度翩翩的让·康德·赫廷格（Jean Conrad Hottinger，1764—1841），他是瑞士著名的

图14–1　赫廷格银行成立200周年（1786—1986）纪念铜章

赫廷格银行（Banque Hottinger & Cie SA）的创始人。铜章的另一面是赫廷格银行及其家族的徽记——由创始人名字首个字母 J、C 组成 H。此铜章硕大，不同凡响。铜章重 287 克，直径为 86 毫米。该铜章是 1986 年为庆祝该赫廷格银行成立 200 周年（1786—1986）而发行的。

赫廷格银行的前世今生

赫廷格家族是商人世家。1779 年，让・康德・赫廷格被父亲派到米卢斯学习棉花交易。受邻居经济学家沃尔夫（Wolf）的影响，让・康德・赫廷格对金融情有独钟。1783 年，他来到了叔叔的居住地日内瓦，加入了家族好友——日内瓦银行家帕萨旺・德・康多勒・贝特朗（Passavant de Candolle Bertrand & Cie）——的团队。让・康德・赫廷格拼命地学习银行、社会和公共债务知识，尤为关注伦敦和巴黎的金融业，梦想追随他所崇拜的瑞士银行家先辈、后担任法国财政部部长的雅克・内克尔（Jacques Necker，1732—1804）的人生道路。图 14–2 是银行家雅克・内克尔纪念铜章。铜章重 30.2 克，直径为 41 毫米。

让・康德・赫廷格如愿以偿地来到巴黎任公司雇员。他是一名时时梦想当元帅的士兵，常与朋友们探讨在银行风口创业的机会。机缘巧合，一位巴黎银行家丹尼斯・德・鲁热蒙・德・查格洛伊斯（Denis de Rougemont de Chatellois）遇到了财务困境，收购其银行的机会被让・康德・赫廷格抓住了——可能在富有家族的帮助下。1786 年，22 岁的让・康德・赫廷格成为银行老板之一，银行名称“Rougemont, Hottinger & Cie”中列入了赫廷格的大名。这家银行位于繁华的香榭

图 14-2 银行家雅克·内克尔纪念铜章

丽舍大街十字路口。

可是，银行运营不久，三个投资人有了明显分歧。原股东丹尼斯·德·鲁日蒙·德·查格洛伊斯不赞同激进策略，也因财务困难退出了投资。朋友保罗也因病退出。让·康德·赫廷格成了独资股东。当时正值法国“大革命”动荡期，让·康德·赫廷格为了避乱去了美国。1798 年，他重返巴黎，将银行更名为“赫廷格公司”（Hottinger & Cie），并开设分支机构。他参与发行法国土地债券，担任法国外交部部长、总理塔列朗（Talleyrand）的金融顾问。他在美国开设了赫廷格分支机构，让好友亨利·埃舍（Henri Escher）担任负责人。亨利·埃舍家族也是满满的金融故事，其父汉斯·卡斯帕·埃舍·凯勒（1755—1831）的破产曾使苏黎世陷入了金融崩溃。其子阿尔弗雷德·埃舍（Alfred Escher）于 1856 年建立的瑞士信贷银行，最初是为自己的瑞士东北铁路融资，最终成为著名的跨国银行和私人银行。阿尔弗雷德还担任过苏黎世行政长官和瑞士国民议会主席。

当时，私人银行家在社会上受人尊崇。让·康德·赫廷格成为法兰西银行创始人之一，之后成为董事。他担任法国总贸易委员会成员、巴黎工商会主席。他因策划资助拿破仑政变有功于1810年9月受封为男爵。他创建了法国第一家保险公司。1818年，让·康拉德·赫廷格与本杰明·德莱塞特一起在巴黎创建了法国第一家储蓄银行——松鼠储蓄银行（我在《世界金融百年沧桑记忆1》中介绍过该银行），以及法国最早的养老基金。两个家族还喜结联姻，可谓亲上加亲。

让·康德·赫廷格依照惯例延续家族的商业血脉。长子让·亨利·赫廷格15岁就前往英格兰，23岁到美国新奥尔良从事贸易货运，负责家族的海外业务。1833年，让·亨利·赫廷格接管家族银行和企业，与本杰明·德莱塞特的侄女卡罗琳结婚。他的岳父弗朗索瓦·德莱塞特后来接任其兄长的法国储蓄银行的总裁职务，成为法国金融界的显赫人物。让·亨利·赫廷格参与了法国工业、电力、水务、铁路建设及法国在俄罗斯的投资和墨西哥的重组项目。在那风雨如晦的时代，战争、摧毁与重建此起彼伏，繁荣、危机与复苏周而复始，其间又逢两次世界大战爆发。赫廷格银行艰难地生存下来了。外部世界在悄然变化，但赫廷格家族的影响力一直没变。家族第五代男爵让·菲利普·赫廷格（Jean Philippe Hottinguer，1902—1985）担任巴黎工商会副主席、国际商会主席、欧洲银行联合会主席，担任法国银行协会主席长达35年，并在20世纪80年代担任法国众议院领袖。1985年，让·菲利普·赫廷格去世。四年后，赫廷格家族的后代弗朗索瓦和伊曼纽尔离开家族企业，在巴黎创建了自己的金融公司，这标志着在法国的赫廷格私人银行的终结。这家具有历史意义的家族企业于 1994 年被出售给了瑞士信贷银行，但家庭成员仍保留着在瑞士的赫廷格机构。

图 14–3 是 1969 年发行的赫廷格银行纪念铜章。此枚包浆厚重的铜章重 176 克，直径为 69 毫米。铜章上的人物即私人银行家让·菲利普·赫廷格，此章是为纪念他担任法国银行业协会主席 25 周年（1943—1968）而发行的。

图 14–3　赫廷格银行纪念铜章

赫廷格银行与中国有着千丝万缕的联系。1895 年 12 月成立的华俄道胜银行就是由俄国圣彼得堡万国商务银行与法国的赫廷格银行、巴黎荷兰银行、里昂信贷银行、巴黎国家贴现银行等合资成立，总行设在圣彼得堡，初始注册资本为 600 万卢布，法方银行投资占 62.5%，俄方银行投资占 37.5%。在清朝覆亡前，华俄道胜银行事实上充当了中国的国家银行，替清政府管理国库，总揽国家收支，负责中国金融、财政管理权，发行卢布（羌帖）纸币，代收关税、盐税，经营铁路建设，筑路，开矿，设公司，向清政府提供政治贷款和铁路贷款等，控制了中国国民经济命脉。至俄十月革命前，华俄道胜银行对中国已贷债款高达 1 亿数千万两库平银，从中获得巨额利益。1945 年，赫廷格参与创办德鲁奥保险公司（Drouot Insurance Company）。这家公司是法国最大的安盛保险（AXA）公司的前身之一。2010 年，安盛保险与中国工商银行在中国成立了工银安盛人寿保险公司。中国工商银行和安盛保险分别持股 60% 和 28%。工银安盛人寿保险公司是目前中国规模最大的中外合资保险公司之一。图 14–4 是工银安盛人寿保险公司成立 1 周年时发行的银章。银章重 1 盎司，直径为 40 毫米，发行 1 730 枚。银章上的爱心树图案，表达了工银安盛人寿保险公司对客户的感恩以及对公司欣欣向荣的美好祈愿。

图 14–4　工银安盛人寿保险公司成立 1 周年（2012—2013）纪念银章

私人银行的寻根溯源

私人银行的历史有起源于欧洲十字军东征之说。欧洲贵族带兵出征，把自己的财产托管给其他贵族保管，渐而衍生出私人银行业务。早期的私人银行家从事贸易融资、外汇买卖、票据交易和财富管理等业务。15世纪，意大利佛罗伦萨美第奇家族的发家就源于替教皇理财，给教廷和贵族办理私人金融业务，从而接管了遍布全球的教区汇款、贡款、善款和出售圣物款的资金往来。图14–5是一枚美第奇家族的银币。银币上的人物是将美第奇家族和银行推向顶峰的科西莫·美第奇，币中的镀金币系佛罗伦萨金币。该银币于2001年由荷兰乌得勒支皇家造币厂出品，发行了575枚。银币重31.1克，直径为40毫米。银币面值为10荷属安得列斯盾。

图14–5　美第奇家族纪念银币

17世纪，伦敦成为国际贸易和个人财富的中心，聚集了巨额财富。英国的顾资银行创建于1692年，被称为欧洲最好的私人银行，在英国的私人银行中排名第一、在世界的私人银行中名列前五，管理着世界各地9.8万名富豪客户的资产，为客户打理的总资产高达450亿美元。它为英国女王伊丽莎白二世全权管理着约4.5亿美元的资产。它的其他客户也都是权贵名流，包括乔治王三世，威灵顿公爵，作家查尔斯·狄更斯、简·奥斯汀，作曲家肖邦，歌手艾尔顿·约翰，以及其他重量级的王室成员。政治家、艺术家、企业家、体育明星和娱乐明星也成为该银行追逐的目标。在顾资银行，50万英镑是开户的底线。除了有财富的底线外，顾资银行对客户的社会地位和家庭背景也颇为挑剔。著名摇滚乐队Oasis（绿洲）的主唱利亚姆·加拉赫到该银行申请开户时遭到了拒绝。据称，顾资银行认为他的背景不好。2011年，顾资银行被苏格兰皇家银行收购，目前成为苏格兰皇家银行旗下唯一的私人银行。图14–6银章上的人物是著名的私人银行家安

图14–6　私人银行家安吉拉·伯德特·顾资纪念银章

吉拉·伯德特·顾资（Angela Burdett Coutts），她曾是英国最富有的女人。1881 年，这位 67 岁的顾资银行的继承人不顾家族及维多利亚女王的阻止，执意要嫁给比她年轻 37 岁的美国秘书，因此被剥夺了大部分财产继承权。银章重 31 克，直径为 38 毫米。此章是 1913 年至 1914 年顾资学校所发的奖章。图 14–7 为顾资银行 300 周年（1692—1992）历史书。

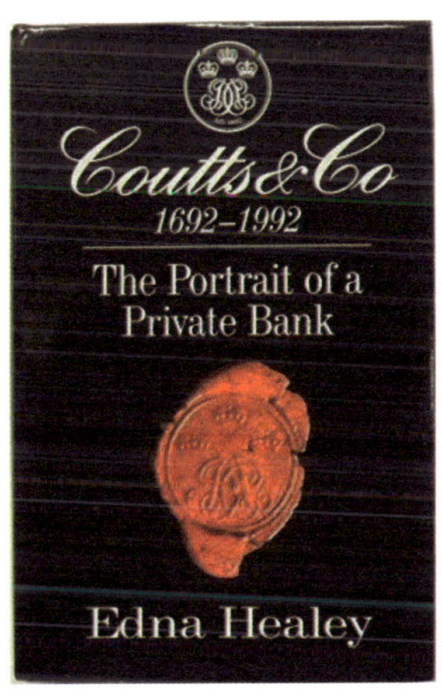

图 14–7　顾资银行 300 周年（1692—1992）历史书

私人银行注重的是信用。16 世纪，荷兰商人从事远洋贸易，困于冰海 8 个月，耗尽储存，但他们仍坚定履行对私人投资者的承诺，不动用船舱内的粮食货物。17 世纪，汉堡的雅各布·塞缪尔·沃伯格（Jacob Samuel Warburg，1627—1668）创建了私人银行，该银行因信誉卓著至今仍活跃于私人银行界。罗斯柴尔德家族曾为王公贵族和教廷理财。第一代的梅耶·阿姆歇尔·罗斯柴尔德（Mayer Amschel Rothschild，1744—1812）在德国成立了私人银行，此后在整个欧洲建立了金融王朝，并被奥地利和英国政府授予爵位。1825—1825 年，罗斯柴尔德家族帮助英格兰银行化解了市场清偿危机。图 14–8 是 1965 年发行的罗斯柴尔德家族纪念银章。银章中的大楼毗邻伦敦皇家交易所和英格兰银行，大楼系 1809 年第二代的内森·梅尔·罗斯柴尔德在伦敦购置并于 1965 年重建。银章的一面是著名的罗斯柴尔德家族“五箭”的徽记，代表兄弟同心、其利断金、坚不可破，其周边的文字是家族的价值观格言“团结、勤奋、诚信”。

图 14-8　罗斯柴尔德家族纪念银章

瑞士的私人银行业继承了欧洲的信用文化。16 世纪，法国一些经商的贵族由于宗教信仰问题被驱逐出境，迁徙到日内瓦。瑞士人说：“瑞士之所以成为瑞士，是因为有些德意志人不愿做德国人，有些法兰西人不愿做法国人，有些意大利人不愿做意大利人。”于是，这些人一起成了瑞士人，其中一些人成为私人银行家。他们为欧洲的皇室成员、高官显贵提供家族式的管家服务。其中的佼佼者是赫廷格、马利特和米腊博家族。1557 年，马利特家族追随欧洲著名的宗教改革领袖加尔文来到瑞士的日内瓦，并在商业和银行业领域发家致富。米腊博家族因为在 1799 年秘密资助拿破仑“雾月政变”而被拿破仑授权成立法兰西银行。三大银行家族被称作“瑞士银行家的泰斗”。

经历了危机、衰退和战争年代而沉沦的私人银行，伴随着 20 世纪 80 年代后财富管理的爆发而又一次复苏。今天全球近三分之一的离岸私人银行财富在瑞士。瑞士银行业协会（SBA）曾报告：金融行业贡献了瑞士 11% 的 GDP，其中 325 家银行贡献了 6.7%，保险业贡献了 4.3%；瑞士劳动人口中有 6%（约 20 万人）从事金融行业，还有 10 万余名海外雇员。

以私人银行业务著称的是瑞士联合银行（Union Bank of Switzerland，简称 UBS）与瑞士信贷银行（Credit Suisse），两家银行资产规模占瑞士境内全部银行资产的 50% 以上。图 14–9 是瑞士联合银行纪念金章。金章的一面是瑞士联合银行的行名和早在 1872 年它就开始使用的三把金钥匙的行徽。复古形式的金钥匙让人们想起保险箱，意味着信任、安全及慎重。瑞士联合银行的起源是 1747 年成立于瑞士的一所银行。1998 年，瑞士银行与瑞士联合银行合并，形成瑞银私人银行、瑞银资产管理与瑞银华宝三个机构，2016 年年底，其管理的资产高达 20 687 亿美元。图 14–10 是瑞士信贷银行纪念银章。银章重 16 克，直径为 37 毫米。银章的一面图案是该银行的徽记——银行名缩写 CS，银章的另一面是英、法、意、德四国文字的银行名。瑞士信贷银行成立于1856年，其私人银行居瑞士银行之后，列全球第二位。

图 14-9　瑞士联合银行纪念金章

图 14-10　瑞士信贷银行纪念银章

除少数大银行和一些州立银行外，瑞士存在大量传统合伙制的私人银行，其法律组织形式可以是个人独资、合伙、有限合伙。对客户资金承担无限责任的私人银行共有17家，它们将全部家族资产作抵押，对客户权益有绝对承诺。私人银行的合伙人是世袭银行家族，银行以家族名字命名——世代传承、延绵百年，维护家族名誉的责任格外沉重，开展业务非常谨慎和保守。银行家们基本来自基督教中的新教徒，崇尚节俭、勤奋、谦逊、诚信、自尊、低调，尊重隐私，反对奢靡腐败、背弃信义。图14–11是瑞士私人银行日内瓦银行（Banque Genevoise）发行的50克银条。银条上的天平图案表明银行的公正、可靠和可信。

图14–11 瑞士私人银行日内瓦银行发行的50克银条

瑞士私人银行业是业界的典范，塑造了良好的口碑，管理的巨额财富令人瞠目结舌。这类小型的专业私人银行服务私密、安全、专业、精致、个性化。除了上面介绍的赫廷格银行外，还有在全球私人银行业排名第二十四位的隆奥银行（Lombard Odier）。隆奥银行创办于1796年，历经220多年，已经传承至第七代，其历史比路易威登和爱马仕的历史还悠久。该银行创始人亨利家族也是法国移民，于1787年就在法国里昂从事货币兑换和银行业务。瑞士私人银行界流传着这样一句话："如果你没听说过隆奥银行的名字，最大的原因就是你还不够富有。"客户光富有还不行，隆奥银行更在乎客户长期的声誉和私人银行的价值观。2014年，该银行在从简单的有限合伙企业转变为公司合伙企业后，掀开了私人银行神秘的面纱。瑞士130多家外资银行中的大部分经营着私人银行业务。外资银行占有瑞士财富管理和私人银行近20%的市场份额，其管理资产占46%，其66%的客户来自国外。

通常意义上的私人银行并不是以法律所有权为划分的，而是以业务及服务为划分的。私人银行是指面向高净值人群，包括王公贵族、财富家族、成功企业家，具有社会名望和成就的富有人士提供高质量、高私密度的金融服务机构。它们为客户提供从财富增值、财富保管到财富消费和财富转移的完整服务体系，为私人客户提供财富规划、教育安排、移民计划、遗产咨询、税务报告和托管服务等，为客户提供基于风险的资产配置、投资组合、股权投资、保险信托、可转换债券和绝对回报策略等，为客户打理分布在货币市场、资本市场、保险市场、基金市场的房地产、大宗商品和私人股本等各类金融资产。它们可通过设立离岸公司、家族信托基金等方式为顾客节省税务和金融交易成本，还可以根据客户需要提供特殊服务，配备一对一的专职客户经理。私人银行家要有多元化的知识背景，熟悉法律、税务、文化、金融、市场、产品等，还要具有全球视角。私人银行强调私密性、专属性和专业性，保证财富及信息安全，提供专业化的专属产品、专属规划和专属服务。有些银行按客户和服务分类：第一类是大众银行（mass banking），不限制客户资产规模；第二类是贵宾银行（affluent banking，也就是国内银行所称的贵宾理财中心），要求客户资产在 10 万美元以上；第三类是私人银行（private banking），要求客户资产在 100 万美元以上；第四类是家族办公室（family office），要求客户资产在 8 000 万美元以上。

自 20 世纪 80 年代以来，私人银行受到了国际银行业的普遍重视并得以迅速发展，其业务增长快、收益率高，成为各家银行发展的重点领域和利润增长的重要来源。大型银行着手收购小型私人银行，以快速占领市场，但仍保留那些古老私人银行的原有传统和合伙人体制。

第二次世界大战后，美国成为世界头号强国，创造了巨额社会财富，造就了大量富裕阶层，人们对财富管理的需求剧增。以摩根大通银行和花旗银行为代表的美国私人银行快速发展。虽然在清朝末年中国就出现了私人银行的雏形，那一时期的李鸿章有自己的资产打理人和金融理财专家，但中国的私人银行业务起步较晚，2007 年 3 月 28 日，中国银行在北京成立了第一个私人银行部，开启了国内银行私人银行业务的先河。随着中国经济的发展，人们的财富管理需求扩大。在过去 10 年中，中国高净值人士的财富以约 20% 的年化增长率迅速积累。据波士顿咨询公司测算，2016 年，中国个人可投资金融资产的规模稳居世界第二，达到 126 万亿元。至 2016 年年底，共有 22 家商业银行机构开展了私人银行业务，具体包括五大行、十家股份制银行、六家城商行和一家农商行。在 2015 年全球私人银行 25 强中（见表 14–1），虽然中国仅招商银行和工商银行两家银行列入且排名比较靠后，但考虑到中国的私人银行业务起步较晚，其进步也是很快的。图 14–12 是中国工商银行私人银行部成立时的纪念银章。银章重 1 盎司，直径为 40 毫米。银章中的文字显示，中国工商银行私人银行部开业于 2008 年 3 月 27 日，在十几年的时间里已经比肩有数百年历史的私人银行。

表 14–1　全球私人银行 25 强排名（2015 年年末）

排名	国家	银行	资产（亿美元）
1	瑞士	瑞士联合银行	17 375
2	美国	美银美林	14 448
3	美国	摩根士丹利	14 394
4	瑞士	瑞士信贷	6 873
5	加拿大	加拿大皇家银行	6 209
6	美国	花旗银行	5 085
7	美国	摩根大通银行	4 370
8	美国	高盛集团	3 690
9	法国	法国巴黎银行	2 573
10	德国	德意志银行	3 114
11	瑞士	宝盛银行	2 975
12	加拿大	蒙特利尔银行集团	2 870
13	英国	汇丰银行集团	2 610
14	瑞士	百达银行	2 392
15	美国	北方信托银行	2 273
16	美国	富国银行	2 250

（续表）

排名	国家	银行	资产（亿美元）
17	荷兰	荷兰银行	2 174
18	西班牙	桑坦德银行	2 048
19	瑞士	萨福拉·萨拉辛银行集团	1 942
20	中国	招商银行	1 929
21	美国	纽约梅隆银行	1 918
22	法国	农业信贷银行	1 650
23	中国	中国工商银行	1 541
24	瑞士	隆奥银行	1 336
25	法国	工商信贷银行	1 333

图 14-12　中国工商银行私人银行部纪念银章

紧闭银行家的嘴唇

瑞士在两次世界大战中都是中立国，未加入欧盟，在 2002 年之前也未加入联合国。瑞士有金融“避税港”的美称，全球三分之一的离岸基金在瑞士银行体系内，瑞士成为世界最大的离岸金融中心。瑞士的银行保密制度为瑞士银行吸纳了来自全世界的存款，成为全球富人隐匿财富、逃避税收的首选地点。日内瓦的名言是："要想活得舒心，就要活得低调。"通常私人银行客户不喜欢炫耀，沉稳而节制的传统成为双方彼此合作的基础。

瑞士私人银行业的客户信息保密制度几乎成了瑞士银行业的代名词。银行保密制度源于1934年瑞士议会通过的《银行法》。针对当时德国纳粹在欧洲各国清查犹太人资产的间谍行为，这部《银行法》中特别加入了银行信息保密及泄密处罚等条款。瑞士历史学家罗伯特·福格勒（Robert Vogler）认为，1934年的《银行法》颁布背景是德国在纳粹上台后停止偿还外国银行的贷款，这导致对德国风险敞口极大的瑞士银行业陷入危机，而这部法律的主要内容是关于银行业监管和风险控制的，保密制度只是其中一个辅助性条款。该法律第47条明确规定银行职员需严格遵守保密原则，保守其与客户往来情况及客户财产状况等有关机密，保密协议终身生效，不因为银行职员离职、退休、解雇而失效。如果有人泄露客户和银行信息，那么他将面临高额罚金乃至牢狱之灾。瑞士的银行普遍采用了密码账户、化名代号、户名代码等保密措施，人们在银行里不可拍照、不讲姓名，一些银行甚至不挂招牌，只标有经营者的名字。

揭开银行厚重的帷幕

由于银行保密得力，瑞士一度被指责为全球"黑金天堂"。很多国家与政府指责瑞士在"影子经济"、"洗钱犯罪"和"国际恐怖主义”活动中成为保护伞。瑞士当局不得不听取国际社会的呼声，声称凡涉及各国政府追缉的毒品走私、贩卖武器、恐怖主义、严重贪污等罪犯，只要原告提供账户存在的有效证据，瑞士的银行必须予以配合。瑞士银行业面临越来越大的披露压力，保密法部分地失去了往日的威力，银行厚重的帷幕开始拉开。正如银行业智库瑞士金融行动（AFP）负责人安德烈·罗滕比勒（André Rothenbühler）所说：“在美国的压力下，绝对的银行保密制度已经不复存在。”其实，不论瑞士还是其他离岸金融中心都是如此。在信息技术高度发展的今天，银行保密制度的含义正在发生巨大的变化。税款的规定也使瑞士在国际上处于不利地位，全球流入瑞士的资金呈现减少趋势。从 2008 年 1 月至 2009 年 11 月，在瑞士拥有银行账户的外国人减少了 28.1%。同时，国际私人银行业的并购和竞争日趋激烈，国际大型银行集团的优势越来越明显，其他金融中心的崛起也促使瑞士的小型私人银行不得不做出变革。一些家族式私人银行已经进行了股权改革，还有更多私人银行走出瑞士和欧洲，来到新兴市场垦荒。

2010 年，美国国会通过了《外国账户税务合规法案》（FATCA），这项法案是美国打击美国公民海外逃税的一项“利器”。2014 年 7 月 1 日，该法案正式实施。该法案要求外国银行向美国税务部门提供美国公民的账户信息，不配合的外国金融机构将会面临罚款，甚至更严重的处罚。2013 年，瑞士最古老私人银行——威格林银行（Wegelin）——成为有史以来第一家遭美国起诉的海外银行。虽然该银行在美国境内无分支机构，但美国认为美国法律适用于任何有美国客户的外国银行。美国指责威格林银行在 2002 年至 2011 年协助美国富人在海外持有 12 亿美元的资产以逃税，因此判决威格林银行支付

5 780 万美元罚款，赔偿后的威格林银行必须关闭。外界视这一案件为美国全面打击私人银行私密性的一座里程碑。威格林银行拿瑞士法律为自己辩解："目前情形导致威格林银行处于一个明显的两难境地。如果我要拥护现行美国法律，这就意味着我必然要破坏本国的法律。"

2009 年，瑞士两大银行巨头——瑞士信贷银行和瑞士联合银行——也分别被美国罚款 26 亿美元和 7.8 亿美元，但逃脱了被关闭的厄运。美国指控瑞士联合银行帮助富人逃避征税，为了结束官司，瑞士议会同意向美国移交 4 450 个银行账户信息。此外，还有 10 余家瑞士的银行接受美国的刑事犯罪调查，其中包括瑞士最大的私人银行。在威压之下，100 多家瑞士银行同意和美国司法部合作，并说服美国籍客户加入自愿申报海外资产计划，从而避免银行被罚款。德国、法国、意大利等欧洲国家也以打击逃避税为由，要求瑞士银行交出客户信息。印度亦要求瑞士银行提供印度籍客户的信息，声称印度籍客户在全球避税天堂存有约 50 亿美元的非法资产。"银行间自动互换信息"（AEOI）计划和其他打击逃税措施接踵而至。美国国税局（IRS）推出"有限大赦计划"，鼓励拥有离岸账户的美国纳税人"主动自首"，除了补缴逃漏的税款之外，只要检举揭发那些曾帮助他们绕过监管、私藏账户资金的机构或个人，他们就可以免于被起诉。德国、法国、意大利、比利时都颁布了豁免措施，鼓励高端客户将资金汇回本国。美国著名的投资人沃伦·巴菲特主动爆出自己缴纳的税款尚不如秘书多的内幕，从而引起一片哗然。在法国，有些富人开始主动多纳税以帮助政府提高收入。以避税吸引客户的私人银行模式前景黯淡。

2009 年，瑞士接受经合组织（OECD）制定的银行间自动交换信息的标准。2013 年，瑞士签署了《多边税收征管互助公约》，承诺与 60 多个国家自愿互相交换银行客户信息。2014 年，瑞士承诺遵守经合组织的银行间信息互换“新标准”。但瑞士政府仍极力维护银行保密性这一长期建立的品牌，强调其“银行保密机制依然完整”，瑞士“严格惩处出卖银行客户信息行为”。瑞士私人银行业也辩解，服务的私密性与医生和患者、律师和代理人之间的关系相似，认为隐私权在民主国家是最基本的、理应受到保护的公民权利。被处罚的威格林银行总裁康纳拉德·赫姆勒（Konarad Hummler）则愤怒地称，这是美国自第二次世界大战以来最没有道义的侵略，避税是“公民非彻底地试图规避国家管理者在糟糕运行其社会福利体系后，通过财政政策来掌控财富的一种合法自卫行为”。威格林银行帮助外国人避税的行为是有一定哲学基础的。赫姆勒是葡萄牙哲学家费尔南多·佩索阿（Fernando Pessoa）的拥趸，十分推崇哲学家关于“银行家本身就不应是政府主义者”之说。在民众对社会公平缺失反映强烈时期，这样的声音是为人所唾弃的。贫富差异、阶层固化的观点将富人推向了民众情绪的对立面，逃税行为成为众矢之的。

脱去了银行保密的外衣，私人银行还能留住客户吗？前景有些暗淡不明。瑞士私人银行数量从 2005 年的 182 家下降到 2013 年的 139 家。进入 2014 年，由于监管改革带来高昂的合规成本、激烈的人才争夺，私人银行开始着眼于新兴市场。私人银行整体赢利水平受到挤压，没有特殊优势的小型机构的压力则更大。私人银行购并重组速度加快，大量资金流向跨国银行的私人银行。

在全球金融危机后，虽然全球银行业陷入了“战略迷茫期”，但专注私人用户和财富管理业务已成为业内共识。2017 年 6 月—2018 年 6 月，全球财富总额增长了 4.6%，达到 317 万亿美元，超过了全球人口的增长速度。全球人均财富增长了3.2%，达到了创纪录的63 100美元。其中，美国财富总额达为98万亿美元，居世界第一位；中国财富总额为52万亿美元，居世界第二位，这可能与中国的房地产市场乘数效应有关，但中国人均财富水平不及世界平均水平。私人银行这一贡献高、轻资本、高回报的业务受到青睐，众多金融机构都在拼抢这一“蓝海”市场，开始重视客户在银行的价值链延伸。然而，私人银行的发展模式、机构组成、业务定位、资产组合、风控管理、制度法规、队伍建设及数字化转型等方面仍需完善。未来，私人银行业务的竞争必然加剧，从“跑马圈地”走向行业分化，中外证券公司、信托公司、基金公司、财富管理公司和其他金融科技企业等将纷纷涌入，从重视机构品牌走向重视私人银行业绩品牌，重视投资经理的个人能力，以及重视对私人客户多产品、全领域、国内外综合服务的能力。

全球私人银行的发展老树萌新枝，春深更著花。

15

通货膨胀的实物教材

DES DEUTSCHEN VOLKES LEIDENSWEG

全球最大面额硬币和纸币

你见过全球面值最大的硬币吗？图 15–1 为你呈现的就是 1923 年德国的硬币。该硬币材质为锌白铜，即铜镍锌合金。硬币重 83 克，直径为 60 毫米。因为硬币一面的图案为前足跃起的奔马，故有“马币”之称。奔马周边的文字源自德国威斯特伐利亚州（又称威斯特法伦），它是德国历史上曾存在于西北部的一个州。这枚硬币的面值为

图 15–1　德国发行的 1 万亿马克硬币

1 万亿马克（1 billion marks）。这里需注意的是，1 billion 在英语中是 10 亿，而在德语中则是 1 万亿。硬币的另一面为德国政治家、时任德国财政部部长冯·施泰因的头像，周边文字为“施泰因大臣，德国困难时期的领袖（1757—1831）”。此币发行的背景是，1921 年至 1924 年，德国当时共发行了全套 23 枚的紧急状态币，这枚是其中面值最大的一枚。此币实际铸造于 1924 年，发行量为 11 113 枚，其中 500 枚为镀金币，并有少量铜锡合金样币。

这枚硬币可谓全世界最著名的记载通货膨胀历史的硬币。第一次世界大战后，战败国德国受到了欧洲列强主导的《凡尔赛和约》的严厉惩罚，共损失了 16% 的煤产地、50% 左右的钢铁工业、13.5% 的领土、12.5% 的人口和全部海外殖民地，并被罚以 2 000 多亿马克的巨额战争赔款。1923 年，法国联合比利时以德国不履行赔款义务为借口，出动 10 万军队占领德国的工业命脉鲁尔区，将其充当战争赔款，酿成“鲁尔危机”。除战败的沮丧和羞辱之外，当时德国的魏玛政府还面对失业剧增、货币急贬以及经济崩溃的恶况，无奈之下只能开动印钞机，狂印纸币以饮鸩止渴，于是恶性通货膨胀如脱缰的野马般狂驰。1923 年，德国的物价指数为 1919 年的 4 815 亿倍。1923 年 10 月，德国通货膨胀率达到 29 500%，每日平均通货膨胀率为 20.9%，即每隔 3.7 天物价翻番。德国市场商品奇缺，纸币泛滥，货币面值奇大无比。1923 年 11 月 17 日，德国的一份报纸售价高达 7 000 亿马克。

1923 年，《每日快报》刊登了一则逸闻。市政府为一对老夫妇金婚之喜发出贺信。市长按普鲁士风俗给老夫妇一笔礼金，面值为 1 万亿马克，然而它当时只相当于 0.24 美元。连印钞票的成本都要高过其面值了。于是，印钞厂改成单色油墨及单面印刷纸币，以节约成本和提高效率。有时，新钞不及晾干就匆匆投放市场了。孩子们把马克当成玩耍的积木来堆房子。有人干脆用纸币代替木柴来烧火取暖，觉得这样更经济划算。工人们的工资一天要分两次支付，工人拿到薪水后要以百米冲刺的速度奔向市场及杂货店购货。

德国威斯特伐利亚州这枚前无古人、后无来者的全球最大面值硬币就是在这个时期铸制的。这枚硬币以实物形式记载了这段奇特的金融史，不过获得此币的人并未拥有巨额财富，由于当时币值暴跌，此币在发行时的价值几乎为零。事后这些硬币仅作为纪念章出售，未售完的硬币被当作纪念品分赠给鲁尔区的一些小学校。但此硬币因雕版精美，之后深受国际金融界和钱币收藏界的关注。如今，这枚硬币已经升值到 500 多欧元了，且奇货可居。这是当时发行者始料未及的。

作为辅币的硬币面额就高达 1 万亿马克，那么当时德国的纸币面额有多大呢？我寻找到一张当时德国最大面值的 10 万亿马克的纸币（见图 15–2）。此币由德国巴伐利亚州银行发行于 1923 年 10 月 23 日。如同上述硬币一样，这种纸币在德语中被称作 Notgeld，意思是紧急

图 15–2　德国发行的 10 万亿马克纸币

状态货币，这张最大面值的纸币便是在慕尼黑市流通的。紧急状态货币大多由德国地方政府发行，一般在其本城使用。这些纸币和硬币通常都不被视作官方货币，不被收入常规钱币目录中。

然而，最大面值纸币的“冠军”还轮不上德国。图 15–3 中的纸币才是世界最大面值的纸币，它是 1946 年匈牙利的帕戈。帕戈是货币的名称，纸币上的 B 是 billion 的缩写。匈牙利也采用德系标准，billion 在德系中是万亿的意思，所以这张纸币的面值是 10^{21} 帕戈。若不计汇率和实际购买力，仅按纸币面值计算，2019 年中国工商银行的资产为 30 万亿元，中国的 GDP 是 100 万亿元，这枚货币面值相当于 3 333 个工商银行，或相当于 1 000 个中国的 GDP，真是令人眩晕

图 15–3　匈牙利的 10 垓帕戈纸币

的天文数字！这种数字或许在宇宙学中可用，不过也太难读计了。好在我们聪明的老祖宗早已经给出了简易的读法，《孙子算经》里就有"凡大数之法：万万曰亿，万万亿曰兆，万万兆曰京，万万京曰垓（读音 gāi，释义：荒远之地）"。垓者，数字后 20 个 0，因此那张匈牙利纸币面值为 10 垓。好在匈牙利的超级通胀后来被刹住了，不过《孙子算经》还有预备："万万垓曰秭，万万秭曰穰，万万穰曰沟，万万沟曰涧，万万涧曰正，万万正曰载。"之后还有："极恒河沙、阿僧只、那由他、不可思议、无量、大数……"没有中国人解决不了的问题啊！

这张纸币的发行经过是这样的。第二次世界大战后，匈牙利遭遇了严重的通货膨胀，匈牙利开始使用新货币帕戈，初始 1 帕戈折合老货币 12 500 克朗，3 800 帕戈等于 1 千克的黄金。1944 年，最大面值的货币仅为 1 000 帕戈。可是好景不长，通胀肆虐，帕戈暴跌，物价狂涨，在连续一年多的时间里，匈牙利平均每月通货膨胀率达 19 800%。1946 年 1 月，匈牙利制定了以零售价格为基准，按日浮动的税帕戈（Adópengő）。自 1946 年 7 月起，按每日公布比价，两种货币同步流通，税帕戈储税券实质性取代已等同废纸的帕戈。没想到税帕戈贬值速度竟比帕戈快，政府的愿望完全落空。在匈牙利通货膨胀率的最高峰期，大约每 15.6 小时物价就翻一番。1946 年，匈牙利最高月度通货膨胀率为 13 600 000 000 000 000%。事实上，匈牙利面值 10 垓帕戈的钞票在印出后并没有发行，它算是历史上最高面额的未发行钞票。已经发行面世的一枚 1 垓帕戈的流通纸币则成为历史上最高面额的已发行钞票。1 垓帕戈的价值不过 20 美分左右，那么 10 垓帕戈纸币最多值 2 美元了。愤怒的匈牙利人厌恶帕戈，把钱都扔到了马路上，这使清洁工恼怒不已。直至 1946 年 8 月，匈牙利政府推出了新货币福林，这场危机才宣告结束。

最新的恶性通胀的案例

虽然德国和匈牙利的货币危机已经是几十年前的事了，但老“病”新传的故事还在继续。图 15–4 中 5 000 亿面值的南斯拉夫第纳尔纸币发行于 1993 年。纸币票面为棕红色，一面印有 20 世纪四五十年代塞尔维亚著名儿童诗歌创作者约万·约万诺维奇·兹马仪的头像，另一面为塞尔维亚人民图书馆大楼。整个纸币遍布菱形方格水印。当时正处波黑战争时期，旷日持久的内战和国际社会制裁使南斯拉夫经济处于崩溃状态，物价飞涨，货币贬值。1992 年，南斯拉夫境内的通货膨胀水平达到每周约 1 520%。1993 年，南斯拉夫境内的通货膨胀水平上涨到每周约 3 050%，个别时候一周内货币贬值达 5 倍之多。至 1993 年 11 月，第纳尔每周贬值速度达 58 倍。在 1993 年最后一个月，第纳尔贬值已近狂颠，一周内贬值达百倍。当时人们买一个普通面包，需支付两张 5 000 亿第纳尔钞票。1994 年 1 月，南斯拉夫每天的通货膨胀率达 313 000 000%。人们对烫手的第纳尔极端恐惧，急迫地想在第一时间将其兑换成商品。商店售货员们则忙于及时更新货价标签。绝望的人们开始拒绝使用第纳尔，坚挺的德国马克成为该国的非官方货币。1993 年 11 月 12 日，1 德国马克等于 100 万新第纳尔。同年 12 月 15 日，1 德国马克已相当于 37 亿第纳尔，月底则爬升到 3 万亿第纳尔了。几年来，第纳尔先后经历了“旧第纳尔—新第纳尔—新新第纳尔—超级第纳尔”阶段。德国政府对纸币面值不断进行调整。例如，在第二次更换货币面值时，1“新新第纳尔”等于 10 亿“新第纳尔”。如此测算，最后的 1“超级第纳尔”等于 100 万万亿“旧第纳尔”，1 后面有 18 个 0，这种情形完全可以比肩于匈牙利的通胀了。这张 5 000 亿的纸币投放市场后使用一共还不到半年的时间。当初许多全新的纸币甚至还未来得及开始流通，至今已成为通胀纪念品了。今天梦想成为亿万富翁者，可以从得到一张 5 000 亿纸币的小目标开始。

图 15-4　南斯拉夫发行的 5 000 亿第纳尔纸币

前些年，非洲的津巴布韦也发生了类似的状况。图 15–5 是津巴布韦发行的银条，面值为 100 万亿津巴布韦元。银条的一面图案是埃普沃斯平衡石（Epworth Balancing Rocks）。由三块巨石叠垒而成的埃普沃斯平衡石位于哈拉雷市以南的一座公园，是津巴布韦国家的象征。津巴布韦以满布造化神奇的平衡石而闻名遐迩。奇石俊秀雄拔，鬼斧神工，令人叹为观止。银条的另一面是津巴布韦著名的野生动物水牛和维多利亚瀑布，后者为全球第一大瀑布，气势磅礴、雷霆万钧。除银条外，津巴布韦还发行了 100 万亿津巴布韦元面值的纸币，其币面内容同银条，如图 15–6 所示。

图 15–5　津巴布韦发行的 100 万亿津巴布韦元银条

其实，早期津巴布韦元的币值还是比较稳定的。在津巴布韦获得独立后的 1980 年至 1994 年，津巴布韦元兑美元汇率是 1∶6.8，纸币的最大面值为 20 津巴布韦元。后来因慢慢守不住通胀了，政府就采

图 15-6　津巴布韦发行的 100 万亿津巴布韦元纸币

取汇率管制和双轨汇率等措施。1999 年，津巴布韦官方实施固定汇率，黑市汇率开始野马脱缰。同年，政府突然一次调高官定汇率近 15 倍。由于来不及印制货币，2003 年，津巴布韦央行发行了一系列不同面额的无记名支票作为货币。2008 年年初，津巴布韦开始发行 100 万津巴布韦元的纸币，急速奔驰的通货膨胀超过了紧张运转的印钞机的速度。2008 年，津巴布韦月最高通货膨胀率为 79 600 000 000%，物价翻倍间隔期为 24.7 小时。因怕市场恐慌，政府停报了官方通货膨胀统计数据。津巴布韦储备银行发行了面值为 1 亿津巴布韦元的钞票，几天之后再度发行了面值为 2 亿津巴布韦元的钞票。津巴布韦储备银行还将银行取款限额设定在5万津巴布韦元，这在当时相当于0.25美元。市场愈加恐慌，一块面包一夜之间就由200万津巴布韦元上涨到了3 500万津巴布韦元。政府强硬宣布通货膨胀为“非法”，以提高价格为由拘捕商人，但这种措施扬汤止沸，无济于事。2008年7月，政府发行了面值为1 000亿津巴布韦元的钞票，但它还买不到一条面包。2009年1月，津巴布韦再度发行一套全球最大面值纸币，包括10万亿津巴布韦元、20万亿津巴布韦元、50万亿津巴布韦元和100万亿津巴布韦元4种匪夷所思的奇葩货币，如图15–7所示。面值最大的津巴布韦元贬到最低时只能买到半个面包。人们外出购物成为一个体力活，因为购物时货币是按堆和斤计量。人们真正体会到了货币的“时间”价值，货币贬值速度比时针走得更快。商店时时更换价格标签，同一件衣服甚至有从几百万到几万亿的十余个价标。人们乘坐出租车上车与下车的价格就会大有变化。人们真正有了鄙视金钱的勇气，纸币掉地无人捡，钞票糊墙的成本便宜过墙纸。但公厕严禁拿钞票当卫生纸使用，以避免阻塞下水道。恶性通胀宣告津巴布韦货币体系死亡。最终政府采取完全钉住美元的做法，局面才稳定下来。目前，津巴布韦无本国货币流通，市面交易用美元、英镑和南非兰特，还声称要使用人民币。

图15–7　津巴布韦发行的一套全球最大面值的纸币

通货膨胀反思

上述恶性通货膨胀都发生在20世纪。第一次世界大战后，奥地利、德国、匈牙利、波兰和苏联都陷入了恶性通货膨胀。通货膨胀带来的社会混乱和经济崩溃促成了纳粹党和希特勒登台，从而引发了更加灾难性的第二次世界大战。第二次世界大战时期，匈牙利、希腊都陷入了货币混乱中。20世纪40年代初，希腊在被德国占领时的物价每28小时上升一倍。1948年，中国的新疆银行曾发行中国面值最大的60亿元纸币，它在当时的上海市场上只能买到70粒大米。国民党政府的垮台与其金融的混乱有密切关联。1948年8月至1949年5月，金圆券的发行至增长了307 124.3倍，同期上海物价上涨了6 441 361.5倍。金圆券在发行9个月后就变成了废纸，这在世界货币史上是罕见的。20世纪80年代后，拉丁美洲国家因外债危机导致恶性通货膨胀和经济萧条，其通货膨胀率常居世界之冠。1985年，玻利维亚年通货膨胀率高达8 170.5%。1988年，尼加拉瓜年通货膨胀率达33 547.6%，名列世界前茅。1989年，全拉丁美洲年通货膨胀率高达1 212.6%，其中阿根廷的通货膨胀率为4 923.3%，巴西的通货膨胀率为1 863.6%，尼加拉瓜的通货膨胀率为1 689.1%，秘鲁的通货膨胀率为2 775.3%。在1989—1990年和1994—1995年，巴西的年通货膨胀率在200.0%以上。至今通货膨胀的魅影并未消失，近年来资源丰富的委内瑞拉仍深陷通货膨胀泥沼，2016年其通货膨胀率高达720%，2018年其通货膨胀率突破1 000 000%，这一通货膨胀水平差不多可以与当初的德国和津巴布韦相媲美了。

其实，通货膨胀的历史可以延伸至古罗马时代，古罗马皇帝尼禄

（公元 54—公元 68）曾发行不足值货币。对工资和价格的管制更可以提前至 4 000 年前的古埃及、苏美尔和古巴比伦。纸币的诞生是一项伟大的创新，但它更加依赖于政府的自我约束。由于财富诱惑的实现更加容易，成本也更加低廉，人类历史上最匪夷所思的恶性通货膨胀和纸币贬值都发生在近现代。恶性通货膨胀（hyperinflation）又称为“超通胀”，是指一种不能控制的通货膨胀，如物价疯狂上涨，货币价值暴跌，人民心态极度惊恐，争相追逐财产保值。恶性通货膨胀一般被界定为每月通货膨胀率为 50% 或更多，有时人们会采取宽松界定。现时国际会计标准定义恶性通货膨胀具有四项特征：一是公众不愿持有现金，宁可把金钱投放在外国货币或非货币资产上；二是公众利用外国货币，结算自己本国货币的资产；三是信贷是按借款期内的消费力损耗计算的，即使该时期不长久；四是利率、工资、物价与物价指数相挂钩，三年累积通胀率在 100% 以上。

尽管货币学派、理性预期学派、结构主义对通货膨胀的成因的看法有所差异，但人们普遍还是关注通货膨胀的货币现象。货币学派的代表人物弗里德曼说：“无论何时何地，物价都是货币现象。”通货膨胀的根源在于，不适当的货币政策和财政政策使得公共开支过大，出现了严重的财政赤字。政府为其巨额预算赤字融资，造成货币供给的大量增加，导致通货膨胀。预算赤字又与通货膨胀双向互动，这迫使政府为赤字融资滥发钞票，继而爆发了以比几何级数更快的指数模式飙升的恶性通货膨胀。恶性通货膨胀使国家信用破产、金融系统崩溃。财富的急剧缩水会严重影响国家的汇率水平，打乱进出口秩序，从而进一步削弱财政政策和货币政策的作用。恶性通货膨胀使中产阶级失去储蓄沦为赤贫，使社会处于绝望，使人民生活受到严重影响，导致国家间的竞争，使本国的国际声誉受损。人们明白了通货膨胀的原因，但对通货膨胀仍然难以控制。人们即使掌握了充分的经济学知识，还要有足够的勇气节制自我，这并非易事。归根结底，抑制通货膨胀是制约人性和欲望的挑战。通货膨胀的恶魔时时想掀掉压在身上的人类理性的“五行山”，再次造祸人类、肆虐大地。

近几十年来，世界主要经济体对货币政策的管控措施更加成熟，设计了独立的央行制度以防止滥发货币，这使通货膨胀发生态势似乎趋降。英国著名的金融史学者和畅销书作家尼尔·弗格森甚至认为，若有今天的知识和政策手段，当年德国的恶性通货膨胀完全可以避免，经济大萧条也可以避免，第二次世界大战也许不会发生。然而，人们跨过的不是同样的一条河了，在当前全球经济危机和通缩风险的多重因素压力之下，资产市场价格剧烈调整，PPI（生产价格指数）和 CPI（居民消费价格指数）等也都已经高位回落，全球范围内的信贷收缩，投资者和消费者的信心都急速下跌。为了避免金融危机向实体经济蔓延和进入全球通缩时代，各国都大幅度下调了基准利率。零利率和负利率时代来临，各央行普遍实行定量宽松的货币政策，一些国家甚至采取极度宽松的货币政策，频繁超发货币，加速开动印钞机，全球金融流动性明显过剩。有人曾幽默地调侃，就差用直升机撒钱了。然而，通货膨胀的痕迹还未见，好像通货紧缩的迹象更加明显了。世界怎么了？是传统的货币学派理论不适用了，是超发的货币又回到了央行体系，还是通货膨胀正在途中？过去通货膨胀的产生是发行过多的货币追逐较少的商品从而形成物价上涨。20 世纪五六十年代，中国曾经有货币发行量和商品流通量 1∶8 倍的经验公式。然而，现在人们的日用商品生产能力超强，甚至出现了大量商品过剩。这是否是货币超发而未发生通货膨胀的原因呢？学术理论界面对此现象也十分纳闷儿，观点差异逐渐扩大。自金融危机以来，全球各国央行注入数万亿美元的流动性资金，这使滋生通货膨胀的货币前提条件充分具备。不少人担忧一旦危机形势稍微稳定，恶性通货膨胀将卷土重来。相对更为稀缺的商品和资产会成为通货膨胀的主要推手，而输入型通货膨胀则将通货膨胀传播至全球。人们又处在经济、金融的十字街头，面临的是通货膨胀还是通货紧缩呢？货币超发了还是发行恰当呢？人们在面对经济衰退和通货膨胀时该如何选择呢？实施的经济政策重在治本还是治标呢？哪一条路才是正确之路呢？

通货膨胀给人类历史带来了深重灾难，这需要人们抚今思古，以往鉴来。图 15–8 和图 15–9 是德国为纪念 1923 年恶性通货膨胀而发行的两枚纪念铜章。铜章上瘦削的德国男人低垂着头，一手抚慰着悲伤的妻子，一手紧搂着饥饿得骨瘦如柴的孩子。铜章的背景是丛生的荆棘，币文是“德国人民的苦难历程”。两枚铜章上的日期分别为

图 15–8　德国 1923 年 11 月 1 日恶性通货膨胀纪念铜章

1923 年 11 月 1 日和 1923 年 11 月 15 日，与其对应的一磅面包的价格分别为 3 万亿马克、80 万亿马克，一磅肉的价格分别为 36 万亿马克、900 万亿马克，一杯啤酒的价格分别为 4 万亿马克、52 万亿马克。人们将对德国恶性通货膨胀的记忆永远铭刻在了这两枚铜章之中。

图 15-9　德国 1923 年 11 月 15 日恶性通货膨胀纪念铜章

16

是谁埋下的『连环炸弹』

——美国大陆银行危机始末

CONTINENTAL ILLINOIS NATIONAL BANK AND TRUST COMPANY OF CHICAGO
231 S. LA SALLE ST.

图16–1是1949年美国伊利诺伊大陆银行及信托公司（Continental Illinois National Bank and Trust Company，以下简称大陆银行）发行的铜章，此铜章是专为美国于1948年至1949年举行的芝加哥铁路博览会而发行的。铜章发行于1949年，直径为32毫米。铜章的一面是大陆银行名称及大楼，另一面是金峡谷银行（Bank of Gold Gulch）建筑。金峡谷位于美国西部采矿镇，堪称加利福尼亚州淘金热时代的缩影。19世纪的美国西部发展史是一部金融与铁路的合并史，古老的金峡谷银行反映了百年前筚路蓝缕的美国金融对西部开发的支持，它被列为铁路博览会的一项展示成果。为此，大陆银行还专门发行了金峡谷银行的明信片（见图16–2），画面中简陋的银行和彪悍的牛仔，记录了美国早期金融史的珍贵瞬间。

伊利诺伊州位于美国中西部，以印第安人伊利诺伊部落之名命名，该州工业主要集中在芝加哥。芝加哥早期名称的意思是“盛产野洋葱的地方”。1833年，印第安原住民在皮毛贸易站基础上建立了集镇。19世纪中期，芝加哥成为北美洲水陆交通中心及牲畜交易中心，之后成为美国铁路、航空枢纽城市，并成功地举办了1948年至1949年美国铁路博览会。这场成功的展览还留下了一段佳话，迪士尼乐园

图 16-1 大陆银行纪念铜章

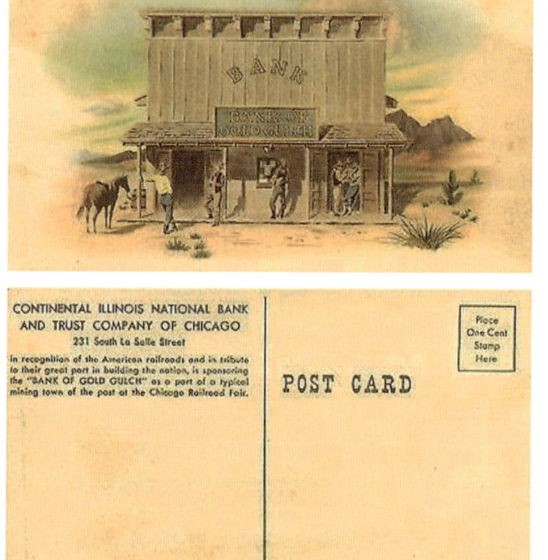

图 16-2 大陆银行发行的金峡谷银行明信片

创始人沃尔特因为参加了芝加哥铁路博览会，萌生了创办“迪士尼乐园”的想法并付诸实践。大陆银行曾是美国十大银行之一。自1869年伊利诺伊州大陆公司（CIC）创办以来，大陆银行就是该控股公司的附属公司，它幸运地持续经营超过了115年。直至1984年遇到银行危机，它不幸成为世界银行业风险史中的一个案例。

激进战略埋下的炸弹

俄国著名作家列夫·托尔斯泰在《安娜·卡列尼娜》一书中有这样一句话：“幸福的家庭总是相似的，不幸的家庭却各有各的不幸”。在经历了2007年全球金融危机后，人们开始熟知金融衍生产品，知道银行业过度涉及虚拟业务的危害。学者们也谆谆教诲银行从业者，不该偏离银行的传统业务领域。然而，从金融危机史的大数据统计来看，不幸的银行多数栽倒在传统业务领域。

大陆银行的危机起源于“竞争需要”。与花旗银行、大通曼哈顿银行一样，大陆银行也是大型银行，垂涎于美国前几名金融巨头的规模效应和影响力，20世纪70年代末至80年代初，大陆银行的管理层实施了“做大做强”的公司战略，宣称要成为对美国工商业的最大贷款者。当然，这意味着大陆银行要从其他银行巨头的虎口中夺食。

梦想还是要有的，万一实现了呢？大陆银行着手拓展国际业务，建立了为原油、公用事业和金融公司客户提供特别服务的部门，创立了单独经营商业和住宅贷款的不动产部门。为了弯道超车，从1977年至1981年，大陆银行实施信贷扩张，确定了19.82%的贷款增长速度，当时美国同等规模的银行贷款增长率为14.67%。为了接地气，大陆银行让“听得见枪炮声的人做决策”，扩大了信贷员的贷款权限，放宽了信贷监控和贷后检查。为了提高效率，大陆银行取消了信贷委员会贷款审批程序。为了赢得顾客，大陆银行的贷款利率往往低于其他竞争对手。这一系列战略果然见效，大陆银行的市场份额和贷款规模骤增，其利润增速高于可比银行的平均数。在1981年的巅峰期，大陆银行成为美国第六大银行及美国最大的商业和工业贷款人，雇用了超过12 000名员工。1976—1981年，大陆银行的总资产从215亿美元增长到450亿美元，贷款与资产比率从1977年的57.9%上升到1981年的68.8%，贷款集中于一些“优质”大户。1978年，大陆银行的能源贷款占贷款总额的20%。1981年，大陆银行的能源贷款余额又提高了50%。投资者和媒体都关注着这个银行界的新巨头，大陆银行得到的赞美与资产一样快速上升。虽然曾有人说，信贷过快增长是危机的前奏曲，急剧的资产扩张蕴藏着潜在的危机，但谁也不相信，舞曲会在自己在场的时候戛然停止。

信贷过快增长并不必然导致危机，但它埋下了延期爆炸的炸弹，燃爆危机还需点燃导火索。大陆银行埋下的是“连环炸弹”，其潜在危机反映在负债一端是“同业负债”。伊利诺伊州实行“单一银行制”（不允许银行在本州内设立分行），以至大陆银行在新建银行大楼以后，必须在芝加哥市区盖一座跨越街道的天桥来连接总行的两幢大楼，以便在法律上将其视为同一幢建筑。正是因为法律不允许设立分行，大陆银行吸收存款比较困难，而大陆银行的贷款需求大、增速快，存贷利差可观，决策层犹如百爪挠心。吸收个人储蓄和结算类的核心存款可谓“慢工细活”，于是大陆银行将揽存重点放在了大公司、货币市场互助基金和大额存户身上，以求立竿见影。1983年12

月，大陆银行的个人存款仅占总负债的 10%~12%。在大陆银行总额 300 亿美元的存款中，90% 以上是没有存款保险、利率更高的外国人存款，以及远超过 10 万美元保障上限的大额存款（联邦存款保险公司仅对 10 万美元以下的存款提供保险）。

大陆银行对自身的商业模式非常自信，认为自己有本事以更高的利率将借来的高息资金用出去。大陆银行还建立了一个庞大的代理银行关系网络，银行的大部分资金是向其他银行拆借而来的，并通过出售短期大额可转让定期存单，以及吸收欧洲美元和工商企业、金融机构的隔夜存款来提供资金支持。大陆银行通过控股公司发行商业票据，再将其转给自己，真乃“富贵险中求”啊！大陆银行的贷款与存款比率高达 79%，同类银行的贷款与存款比率为 67%，全美银行的平均贷款与存款比率为 56%。大陆银行认为，自己有能力追求风险大、收益高的贷款项目，并从中获得较高收益。大陆银行多年来的发展绩效也让人们“相信”其商业模式，一些咨询和评级公司还出面捧场、给予背书。1981 年，所罗门兄弟报告认为大陆银行是“最优秀的银行之一”，同年，穆迪给了大陆银行控股公司 AAA 的长期债务评级。

流动性！流动性！流动性！

导火索终于被点燃了！危机开端于一只蝴蝶翅膀的震动，那张首先倒下的多米诺骨牌是大陆银行一个重要的融资客户——宝恩广场银行（Penn Square Bank）。宝恩广场银行开设在俄克拉荷马市一处购物中心内，专门从事发放油气钻探贷款业务。在能源价格不断上涨的背景下，宝恩广场银行的日子过得不错。直至石油危机爆发，1982 年，宝恩广场银行倒闭。与宝恩广场银行交往的银行金融机构共计28家商业银行、44家存贷机构和221家信用合作社。大陆银行遇到的麻烦不小，由于宝恩广场银行当年“信用”尚佳，在日积月累之下，大陆银行持有的宝恩广场银行巨额债权达10亿美元。屋漏偏逢连夜雨，多年来宽松的信贷导致的不良贷款同时显现。1982年，大陆银行逾期90天还未付息的贷款占总资产的4.6%，比其他大银行的该比率高一倍以上。1984年3月，其问题贷款的总额已达到23亿美元，而净利息收入比同期减少了8 000万美元，大陆银行出现了亏损。激进的经营策略在负债端的恶果也同时显现，到了1983年，大陆银行的流动状况进一步恶化，其易变负债（受利率等外部经济环境因素影响较大，稍有变化就会有大量流失的负债）超过流动资产的数额，约占总资产的53%。

银行业属于外部性、公共性的行业，与许多银行或企业环环相连，因而金融危机爆发常现“多米诺骨牌”效应。当初，贪图高利率才将存款存放在大陆银行的存款人及债权人，在听到市场的噩耗后，纷纷跑路，迅速取走大量未保险存款，这就引爆了大陆银行负债端的炸弹。大陆银行因其核心存款不足而大量出售短期大额可转让定期存单，以及吸收欧洲美元和工商企业、金融机构的隔夜存款来维持。大额可转让定期存单占到了大陆银行存款的75%，借入资金的年增长率高达22%，其游资来源几乎是同等规模银行的两倍。由于大陆银行存款往往被立马提走，贷款无法收回，所以其负债结构的恶果凸显了。1984年年初，大陆银行的流动性危机更趋严重，投资者拒绝大陆银行要求客户存款展期的建议，或趁火打劫要求大幅提高存款利率。银行同业见死不救，还要提回存放资金，一些投资银行散布大陆银行被廉价出售的谣言，美国一些州的监管部门在到一些小型银行检查时，会质疑它们存放到大陆银行的资金是否安全。

于是，墙倒众人推，挤兑加速了！芝加哥商品交易所从大陆银行的账户中提回了5 000万美元。10天之内，大陆银行流失了60亿美元的资金。为了挽救大陆银行，芝加哥储备银行向大陆银行出借了36亿美元，并且强迫其他16家银行提供45亿美元的30天信用额度借给大陆银行。在“维稳”消息宣布三天后，大陆银行大部分的钱很快就被用光了，人们心理愈加紧张了。

流动性风险是银行的致命病症，系银行战略、经营、资产、负债和财务管理在单方面或多方面的病患积重难返并导致衰竭的急性并发症，大陆银行危机生动地演绎了流动性危机形成的过程。流动性管理通常是银行在降低流动性风险和争取高收益率之间做出困难的抉择。在第二次世界大战结束时，美国商业银行资产中的75%为现金和国债，但这类流动性资产的缺点是不生息或低生息，从而影响银行的赢利能力。20世纪60年代至80年代，银行流动性管理从资产管理向负债管理转变。许多存款替代品创新出笼，如大额可转让定期存单、货币基金、银行票据等，它们兼顾流动性和营利性。于是，美国银行业主动负债的比例不断提升，从1960年的0%上升至1974年的30%，其流动性风险也开始积累。银行流动性受资产负债两端影响，资产业务是银行主要的盈利来源，竞争一直激烈。信贷发放增加了银行收益，但同时也增加了银行流动性和期限错配压力。在遇到经济、产业周期或经营不善时，企业无法归还银行贷款，从而形成银行资产呆滞。危机期的不良资产无法被及时变现，导致银行大幅折现和巨额财务亏损。负债方的流动性取决于自身的负债结构。受季节和经济环境影响较小的、相对稳定的、不易波动的核心存款对稳定银行的流动性有利。而如果同业存款、同业存单融资及利率敏感性主动负债占比过高，那么一旦有风吹草动，银行存款就会大幅下降。危机时，银行难以从外部获得流动性补充，被迫高息融资，导致巨额财务损失。流动性风险如同感冒一样会在银企之间和银行之间传播，形成市场共振，造成市场流动性瞬间丧失。

这也是金融危机后巴塞尔委员会将流动性覆盖率和净稳定资金比例两项指标作为全球统一的流动性监管标准的原因，这一规定确立了流动性监管与资本监管几乎并驾齐驱的重要地位。

“大而不能倒”病症之首例

大陆银行的危机仍在扩散，越来越多的银行开始受到牵连。当时，美国政府和监管机构坐不住了，美联储主席沃尔克、联邦存款保险公司董事长艾沙克（图 16–3 是美国联邦存款保险公司纪念铜章）、金融机构检察署署长康诺瓦和美国七大银行中 6 家银行的首席执行官坐在一起，苦恼地商量对策。大家心里各打算盘，想法不尽相同，商业银行只想把自己拆借给大陆银行的钱收回来；而美联储强调，法律禁止自己贷款给丧失偿债能力的银行。协商结果是由联邦存款

图 16–3　美国联邦存款保险公司纪念铜章

保险公司拨出 20 亿美元，以保证存款户和一般债权人的权益。不过，谁都明白，美联储会成为最终买单人，因为美联储可以创造货币，而联邦存款保险公司不能。图 16–4 为美国联邦存款保险公司创立 50 周年（1934—1984）发行的首日纪念封。

图 16–4　美国联邦存款保险公司成立 50 周年（1934—1984）首日纪念封

出面拯救危机的美国联邦存款保险公司是美国国会在 20 世纪 30 年代大萧条时期，为了应对大量银行被挤兑而创立的，它是一家独立的联邦政府机构，通过为存款提供保险、监督金融机构以及接管倒闭机构，来维持美国金融体系的稳定性和公众信心。美国联邦存款保险公司成立于 1933 年，自 1934 年 1 月开始提供存款保险，总部位于华盛顿，在美国各地设有分支机构。联邦存款保险公司由理事会负责管理，理事会成员由 5 人组成，其中包括货币监理署总监、储蓄管理办公室主任以及总统任命的其他 3 名理事（含理事会主席）。美国法律要求国民银行、联邦储备体系成员银行必须参加存款保险，不是联邦储备体系成员的州立银行和其他金融机构可自愿参加保险，但实际上美国几乎所有的银行都参加了保险。联邦存款保险公司对每个账户的保险金额最高为 10 万美元。1982 年，美国政府通过的《加恩 – 圣杰曼法案》规定，只要联邦存款保险公司认为有必要——认为某银行倒闭会对银行体系造成重大损害，它就可以出钱拯救该银行，即便拯救成本远高于清算银行的成本。考虑到大陆银行在美国中西部大约有 2 000 家资金联行，其中大都是没有分行的单个银行，它们必须依靠其他银行的资金支持。如果联邦存款保险公司只清偿有保险的存款，其他的撒手不管，那么更多的银行将会倒闭。联邦存款保险公司不想看到这一幕，因而只能拯救大陆银行。

不过，当时联邦存款保险公司囊中羞涩，账上仅有 150 亿美元，只能向美联储借钱。联邦存款保险公司借机剥夺了大陆银行的控制权，将大陆银行对芝加哥联邦储备银行的 25 亿美元负债转变成自己向芝加哥联邦储备银行的 25 亿美元贷款。事实上，大陆银行成了国有银行。1984 年 5 月 17 日，临时金融援助协议签署，大陆银行的大额可转让定期存单在二级市场上没有买家，无法流通，只能通过美联储或其他商业银行拆借来满足其流动性需求。摩根信托组织了银团贷款 45 亿美元，大陆银行则将 170 亿美元资产存入了美联储以作抵押。无论金额大小，联邦存款保险公司一律对其提供担保，联邦存款保险公司和七大银行共注入 20 亿美元资本金。美联储将最初规定的私人银行借款限额扩大到 55 亿美元，由 28 家私人银行承担，美联储继续保持对其再贴现。

事实证明，这一揽子拯救措施只是权宜之计，大陆银行的存款仍在继续流失，仅两个月该银行的存款流失就达 150 亿美元左右。为了应对挤兑风险，联邦存款保险公司保证所有的存款人和其他普通债权人不会受到任何损失，即不再限于存款额度而对该行所有的存款给予保险，这才止住了存款人的提款。1984 年 7 月，美联储第二次采取措施，管理当局建议对大陆银行进行彻底的财务整顿，股东批准了这一计划，之后通过一系列复杂的交易使联邦存款保险公司成为该行的所有者：联邦存款保险公司购买大陆银行 20 亿美元的问题贷款（按账面价值），并承担该行在美联储的 20 亿美元的债务。联邦存款保险公司把 10 亿美元贷款作为损失冲销，相应地把该银行资本金的账面价值降低到 8 亿美元。大陆银行有权在以后 3 年内出售其另外的 15 亿美元非正常贷款。联邦存款保险公司购买大陆银行新发行的 10 亿美元的优先股，并将其转换成 1.6 亿股普通股。大陆银行 4 000 万股股票的持有者把股票换成新组建的持股公司的股票，这家公司持余下的 4 000 万股股票。这样，联邦存款保险公司就立即拥有了大陆银行 80% 的股份。联邦存款保险公司因购买问题贷款而利益受损，所以它有权购买新持股公司的 4 000 万股股票。联邦存款保险公司的总损失（包括支付给联储的利息费用和托收成本）将在 5 年以后计算，并自同年 9 月 26 日起转为持久金融援助。

政府在接管大陆银行后，撤换了大陆银行董事会和管理层，从外部聘请了专业的银行管理团队，大陆银行的任何决策（包括经营业务、人员聘用以及管理层薪酬）都需经过审批。这些强有力的措施取得了效果，大陆银行的危机平息了。1985—1986 年，大陆银行的报表上出现了盈利。1986 年年底，联邦存款保险公司制订了出售大陆银行股票的计划。7 年后，政府完成了这家银行的股权出售，使该银行重新成为私有制银行。1994 年，大陆银行最终被美国银行收购。美国银行的前身是 1904 年由意大利移民创立的意大利银行，初期主要经营太平洋沿岸各州意大利移民的存放款业务，后来逐渐吸收中下阶层的存款。20 世纪 20 年代，美国银行成为美国西部最大的银行，之后几十年成为美国最大的商业银行，直到 1980 年才被花旗银行超过。盘点大陆银行整个国有化过程，最终造成美国政府损失 16 亿美元，公司原股东损失 100%。图 16–5 为美国银行大铜章，铜章重 250 克，直径为 68 毫米。

图 16–5　美国银行纪念铜章

大陆银行事件是美国联邦存款保险公司成立半个世纪以来遇到的最大危机，大陆银行是被提供金融援助规模最大的一家银行。大陆银行的解决方案是由美国著名的企业律师亨利·罗基·科恩（Henry Rodgin Cohen）提出的。科恩之后任沙利文–克伦威尔律师事务所主席，是近几十年来解决美国大多数主要银行倒闭问题的关键人物，包括伊利诺斯银行、第一城市银行、东南银行、富兰克林国家银行和新英格兰银行，参与1980年解冻伊朗银行业资产，进而使在伊朗被劫的美国人质得以释放。他与他的团队还为房利美、雷曼兄弟、美联银行、巴克莱、美国国际集团、摩根大通和高盛公司的一连串并购、救助和注资活动提供了咨询服务。因此，他被称为“华尔街创伤外科医生”。他参与构建了美国的金融体系，催生了美国全国性超大银行的法规。20世纪90代初，他还参与了要求扩大美联储提供紧急贷款权的游说活动。据说，在1984年那个夏天，为了找出拯救大陆银行的方案，科恩曾在芝加哥一个闷热不透风的房间里连续待了好几天。在2011年的《大而不能倒》的影片中，人们可以从罗伯特·霍根的角色中找到科恩的影子。

1984年9月，当美国众议院银行委员会为救助大陆银行举行听证会时，实际上银行“大而不能倒”的序幕已经拉开了。美国康涅狄格州代表史都华·麦金尼（Stewart McKinney）说：“我们想出了一种新的银行组织形式，叫作‘大而不能倒’。大而不能倒真是一种奇妙的东西！”人们讽刺美国政府开创了新类别的银行——TBTF银行，即“大而不能倒”银行。直至2008年美国金融危机爆发，人们才明白大陆银行危机仅是一场预演。拯救大陆银行的案例就是一个危险、愚蠢的开端。有人认为，正是在大陆银行事件中拯救了不该拯救的投资人才导致了1990年至1991年的美国银行危机，甚至2008年美国金融危机也与此有关。次贷危机时，摩根士丹利分析师尼尔·麦克莱斯就说：“在雷曼事件之前，人们有一种几乎不可动摇的信念，认为具有系统重要性的大型金融机构的优先债权人和交易对手不会面临彻底违约的风险。在1984年大陆银行破产时，债券持有人得到了全额偿付。自那时起，这种信心就在人们心中树立起来了。”如果当年让大陆银行倒闭，那么几十家小型银行可能会受到波及。结果它们没有受到约束与惩罚，导致大银行的危机最终成为无法承受之重。权衡利弊，孰轻孰重呢？直至十多年后，曾任联邦存款保险公司董事长的艾沙克坦言，当初应该让大陆银行关门，而不应该对大陆银行进行援助。然而，后悔药去哪里买呢？

反思银行的战略风险

在金融危机后，书店里摆满了各类反思金融、银行危机的书。反思易，预见难。对于那些能被人们广泛预见的危机和风险来说，因为人们警觉在先，所以风险也就不那么大了。最大的风险是不确定性风险。银行家或企业家往往因麻木不仁、不以为然或侥幸心理最终被“黑天鹅”侵袭而措手不及。

战略选择，知易行难。在2008年的次贷危机中，许多著名的美国银行一夜间破产倒闭，不少新兴市场银行损失惨重。事后，许多评论将其归纳为银行家的贪婪。回顾这段历史，人们其实可以看到人性的脆弱。众所周知，美元在全球外汇储备和交易中一般占了60%的比例，大银行多数会有外汇资产，用于贸易、投资、信贷、交易或偿债。银行一般不会大量持有外汇现金（因为无收益），也不会持有大量股票（因为波动大），通常的选择是投资债券。

在金融危机前的国际资本市场上，可供人们选择的美元大宗流通债券有美国国债、美国房地产优质贷款债券和房地产次级贷款债券。债券的风险从低到高、利息收益从低到高，三类债券年利率分别为1%~2%，4%~5%和7%~8%。银行家对风险有不同偏好，会做出不同的投资抉择。在金融危机爆发前，那些投资策略谨慎且选择低收益、价格稳定、易变现的美国国债的银行家不会受到赞赏。在年末与收益率高出数倍的同行相比，垂头丧气的是那些谨慎的银行家，他们的收益率经常被讥讽。他们吸取教训，次年调整组合，增加了高风险权重的债券，他们的收益增加了。不过，笑得更大声的还是那些投资债券风险权重更高的银行家。年复一年，危机没有来临，冒险者赚得盆满钵满，成为英雄。声称"狼来了"的谨慎银行家为了迟迟没有来临的危机付出了巨大的收益代价。于是，一些银行家缺乏定力，逐渐增加了高风险、高收益债券的比重，开始还有些忐忑不安，但自我安慰后认为击鼓传花的最后一传不会落在自己手中。然而，危机就在人们不经意时来临了，债券市场交易瞬间停止，债券价格垂直下坠，人们争相抛售逃亡，次贷债券的价值损失殆尽，优质债券的价值几乎腰斩。其实扪心自问，在风险没有爆发的漫长阶段，多少人有战略定力呢？战略抉择如此艰难，历史上盛极而衰的银行比比皆是，经历惨痛。

阅尽沧桑，人们这才明白，降低风险就是要降低风险的不确定性。从这个意义上来说，风险偏好战略是商业银行经营管理的核心问题，它就像"定盘星"一样指引着银行前行的方向。一家银行能够在百年时间内基业长青，要靠正确、清晰、稳健的战略引领。战略谋划的关键在于"发展与风险"之间的权衡，"速度、效益与质量"之间的权衡，"短期目标与长期目标"之间的权衡，"做强、做优与做久"之间的权衡。战略执行的关键在于选择和取舍，"取"相对容易，而"舍"去近在眼前的利益则十分困难。

大陆银行的案例再次证明，追求规模扩张和市场份额，以及过量投放信贷和积累信用风险都会导致银行资产负债表和流动性的失衡。

在外部因素的激发下，流动性风险爆发，银行则坠入危机。大陆银行是一家普普通通的“邻家”银行，其行长是一个平平常常的“熟识”行长，他的过失也是司空见惯的传统银行的发展套路，却最终导致了银行的灭顶之灾。这是一个不那么惊心动魄的案例，却多么值得银行家们深思啊！

马车不放在马的前面

——从币章里窥探富国银行百年史

WELLS FARGO COACH

虽然美国富国银行的资产规模并不大，但多年来它经营稳健，绩效颇佳，受到全球“富强粉”的热捧，站在粉丝前排的就是80多岁老翁巴菲特。巴菲特多次扬言，如果我所有的钱只能买一只股票，我就买富国银行的股票。中国的“富强粉”对富国银行和中国银行也是褒贬分明。

然而，2016年，这个头顶耀眼光环的金融“模范生”被指责为造假欺诈的“元凶”。美国消费者金融保护局指控富国银行在客户未知情和未同意的情况下，私自开设的“幽灵账户”账户数量高达200多万个，其中包括存款账户150万个、信用卡账户56.5万个。富国银行擅自将客户资金挪至那些账户中，导致客户因账户余额不足而多缴纳银行费用200多万美元。在丑闻曝光后，这家百年老字号银行跌进了舆论旋涡。美国监管当局和州联邦检察官介入调查，富国银行被处以1.85亿美元罚款。但公众的怒火仍未扑灭，事件继续蔓延，美国参众两院举行了听证会，成功领导富国银行摆脱2008年金融危机的功臣、富国银行董事长兼首席执行官约翰·施通普夫惨淡下课，不仅未获得离职补偿金，还被扣收已获的4 100万美元股权奖励。这些不幸事件令巴菲特扼腕唏嘘，铁杆“富强粉”跺脚咬牙，恨铁不成钢。接下来，我就讲一讲这家银行的故事。

快递业的洋先驱

图 17–1 是富国银行成立 150 周年（1852—2002）纪念铜章。铜章重 26 克，直径为 30 毫米。铜章的一面是疾驰而来的马车和火车，富国银行成立 150 周年的文字，以及该银行两位创始人头像和象征银行业的钱箱；铜章的另一面则是放大的马车图案及“1852—2002”字样。

图 17–1　富国银行成立 150 周年（1852—2002）纪念铜章

这家古老银行的具象马车徽志，一目了然地向我们讲述了其从快递公司至商业银行的成长史，发家不忘草根出生（或许我们将来也会看到中国哪家快递公司会将“摩的”作为司徽）。图 17–2 为富国银行早期快递的一个线路图铜板，此铜板重 77 克，长为 250 毫米，宽为

图 17–2 富国银行早期快递线路图铜板

195 毫米。

富国银行的英文名称为 Wells Fargo，中文读音为韦尔斯·法戈，它与中文翻译名可谓风马牛不相及。富国银行的英文名源自两位创始人——亨利·韦尔斯（Henry Wells）和威廉·法戈（William Fargo）。当时，美国西部出现了金矿，人们蜂拥而至，亨利·韦尔斯和威廉·法戈从“黄金热”的繁荣景象中领悟到了商机，但他们没有跟随淘金潮，却另辟蹊径，开了一家为开发者提供快递和现金服务的公司。那时，美国国内的邮电业速度慢，分支机构少，价钱昂贵，不能运送比信函更大的物品，且信件丢失或被盗的事件时有发生，这为快递公司提供了施展拳脚的机会。这有点类似当初中国大妈在证券网点门口卖茶叶蛋的策略，稳赚不赔且没有金融风险。在新公司成立后不久，他们俩提议将业务延伸至美国西部，但被董事会否决。于是，他们俩决定自立门户，在纽约市成立富国公司（Wells Fargo Company）。图 17–3 为 1902 年富国银行铜带扣。

图 17–3　1902 年富国银行铜带扣

1852 年 3 月 18 日，富国公司成立，其初始资本为 30 万美元。1852 年 5 月 20 日，富国公司正式营业，公司名字由两位创始人的姓名组合而成，埃德温 · B. 摩根（Edwin B. Morgan）被任命为富国公司的第一任总裁。当时，从美国东部到西部的路途遥远，人们需走过沙漠、草原和山岭。1852—1865 年，富国公司推出驿站马车业务，垄断了加利福尼亚州往来东部的马车运输。一个熟练的马车夫从加利福尼亚州赶车到纽约，一般需要 12 天。早期的马车至今仍陈列在富国银行的博物馆内，为了不忘根本，富国公司还将马车作为银行的徽志。富国公司除提供快递服务外，还开办银行业务，收购生金并运送到加工地点制成金币，为银行运送小型包裹、股票凭证、支票、现金和其他金融工具等。提升物流和资金流的速度是富国银行早期成功的一个关键因素，其银行口号也引申为“我们跑得更快”（We’ll go far）。新技术很早就被运用，1864 年，富国公司开始电报电子交易服务。拓荒牛时代的幸运日子是短暂的，随着 1869 年美国洲际铁路的建成，火车车轮无情地碾压着马车之路，马车快递业务逐渐减少，富国公司的股票价格也随之下跌。为此，富国公司果断地调整经营模式。1867—1904 年，通过收购洲际铁路，富国公司转身成为以铁路为骨干、驿站马车为支线的运输业巨人。全盛时期，富国公司业务覆盖全美超过 1 万个城镇。银行业务也火红发展，银行和快递点从 1871 年的 436 个增加到 1890 年的 3 500 个。

随着银行业务和快递业务的发展，1905 年，富国公司将银行业务和运输业务分拆。著名的金融家和铁路大股东爱德华 · H. 哈里曼又将富国公司与成立于 1875 年的内华达国家银行合并，新银行名为富国内华达国家银行。1918 年，政府迫使富国公司将其国内运输业务与其他主要快递公司合并。这一战时措施促进了美国铁路快线（后来的铁路快线代理）的形成。

1924 年 1 月，富国内华达国家银行与 1859 年成立的霍尔曼联盟信托公司（I. W. Hellman）合并，成立富国银行和联盟信托公司。1954 年和 1955 年，它又收购安提阿第一国民银行和圣马特奥县的第一国民银行。1954 年，其银行名称缩写为富国银行。1960 年，富国银行与美国信托公司合并，又更名为富国银行和美国信托公司。1962 年，银行名称再次缩写为富国银行。然而，那时富国银行已经成为美国第十一大银行。该银行也开始国际化，先后在东京、首尔、香港、墨西哥城、圣保罗、加拉加斯、布宜诺斯艾利斯等地设立代表处和分公司。1966 年，富国银行联合 77 家银行成立了同业银行卡协会。1969 年，该协会改名为万事达集团。1979 年，该协会正式更名为万事达卡国际组织。图 17–4 为 1972 年发行的富国银行银章，银章重 1.1 盎司。

图 17–4　富国银行纪念银章

1968 年，帕萨迪纳银行、第一国民银行等也被纳入富国银行的囊中。1969 年，富国控股公司成立，富国银行作为其主要附属公司。1970—1980 年，富国银行的国内利润增长速度快于其他的美国银行。稳健保守的商业文化一直贯穿于富国银行血脉，其业务模式为竞争对手所羡慕。富国银行在 20 世纪 70 年代曾因持有西德一家银行股份而遭受损失，之后痛定思痛，放慢了海外扩张的步伐，关闭了欧洲办事处。至 1989 年，富国银行剥离掉最后一个国际办事处。区域聚焦、业务聚焦和技术聚焦是富国银行的经典战略。富国银行聚焦于美国国内业务，聚焦于商业零售和消费者金融。20 世纪 80 年代，富国银行已成为加利福尼亚州最大的社区银行、最大的按揭银行。富国银行重视精细管理，强调要向麦当劳学习，对成本和效率必须斤斤计较。富国银行在 ATM（自动取款机）和互联网金融领域引领行业之先。1995 年，富国银行成为世界上第一家允许线上查询账户往来的银行。富国银行从不忌讳自己的草根性，声称："富国银行首先是本地的，然后才是全国的。我们不是生来就是一家全国性的银行，我们出身于一家扎根于社区的小型地方银行，首先在社区的街头巷尾与客户打成一片；然后凭借自己的努力成为在社区银行业务上颇有心得的一家区域性银行；最后通过不断并购与扩张才成为一家全国性银行。回望历史，富国银行业务的每一个部分，比如结算业务、抵押贷款、投资理财、保险，都是从一个村、一个镇、一个州开始的，最后才扩展到整个国家的。我们来自民间，而非与此相反。"

驰向最大银行俱乐部

自 1982 年以后，美国银行业跨州兼并政策开始松动，富国银行着手在加利福尼亚州周边寻觅机会。20 世纪 80 年代至 90 年代初，富国银行收购的金融机构超过了 100 家。1986 年 5 月，富国银行花费 11 亿美元从英国米德兰银行手中购买了克罗克国民银行（Crocker National Bank）。在这次收购后，富国银行兴奋地看到其在南加利福尼亚州分行的数量扩大了 1 倍，消费贷款组合增加了 85%，跃居成为美国第十大银行。购并的成效在于整合，克罗克国民银行在被收购 1 年多后，裁减了 5 700 名员工，关闭了 120 个冗余分行，运营成本大幅下降。克罗克国民银行原班人马中受过高等教育、拘泥于经典银行经营模式的经理人多因理念不合而离去，苟且留着的也有些不适应富国银行的“清苦”文化。克罗克国民银行的高管们原来拥有富丽堂皇的专设饭厅、专业厨师和价值 50 万美元的餐具，而富国银行管理层就餐待遇与大学生食堂别无二致。1987 年，富国银行收购了美国银行的个人信托业务。1996 年，富国银行以 116 亿美元收购了第一洲际银行（First Interstate Bank），由于合并过程过急且两家银行的经营文化差距过大，曾有一段时期银行业绩大幅下滑。经过一连串的收购，富国银行与美国大型银行俱乐部渐行渐近。图 17–5 为 1978 年发行的富国银行纪念封。图 17–6 为富国银行于 1996 年收购的第一洲际银行（内华达）银条。银条重 1 盎司，长为 30 毫米，宽为 50 毫米。

图 17–5　1978 年发行的富国银行纪念封

美国诺贝尔经济学奖获得者斯蒂格勒曾说：“没有一家美国大公司不是通过某种方式的兼并实现的。”19 世纪的美国曾经历小型银行

图 17-6　第一洲际银行（内华达）银条

遍布、"野猫银行"盛行的年代。许多客户购买了"银行"发行的银行券，当想兑现时，千辛万苦才找到那家位居深山或密林中的银行，银行门口却不见麻雀，只见大型野兽游荡。在繁荣时代诞生的一大批小银行，往往在危机年代被无情摧残。1920—1929 年，美国西部就有 1 500 家银行破产。在大萧条期间的 1932 年，美国又有 700 家中西部小银行倒闭。总部位于美国明尼阿波利斯的西北银行（Norwest Bank），就是在小银行希望抱团取暖的背景下，成为管理体制松散的小银行联合体。1994 年 1 月至 1995 年 6 月，西北银行进行了 25 次收购，成为小银行的"收割机"。1997 年，西北银行成为美国第十一大银行，拥有 16 个州的银行分行。这家以零售银行见长的机构，擅长交叉销售。富国银行与西北银行理念相似，情趣相投。1998 年 6 月，富国银行与西北银行合并了，350 亿美元的购并额令人咋舌，富国银行拥有合并后银行约 52.5% 的股权。合并后的西北银行则因本身名称的地方色彩过重而富国银行在美国西部史的地位为人熟知，遂改名为富国银行，总部仍在旧金山。前富国银行总裁依旧担任新富国银行首席执行官，富国银行的马车继续奔跑在购并大道上：2000 年，它收购了阿拉斯加州国民银行和第一证券公司（First Security Corporation）；2007 年，它收购了美国银行控股公司（CIT）的建设单位，并换股收购了普莱瑟赛拉银行（Placer Sierra），还以 15 亿美元的交易额收购了拥有 74 亿美元资产的大湾银行；2008 年，它收购了怀俄明州的联合银行公司（United Bancorporation）和得克萨斯州的世纪银行（Century Bancshares）。图 17–7 为美国西北银行银章。银章重 1 盎司，直径为 39 毫米。

图 17–7　美国西北银行纪念银章

在 2006 年金融危机爆发前，富国银行位居美国银行业“第二阵营”，其资产总额是花旗银行的四分之一、美国银行的三分之一，其净收入不及花旗银行和美国银行各自的四分之一。不过，机会还是出现了。在2008年的美国金融危机中，雷曼兄弟和贝尔斯登遭到致命打击，花旗银行、美国银行和美国国际集团伤筋动骨，富国银行却因其业务传统未涉及衍生产品而受金融风暴影响不大，“剩者为王”了。美联银行濒临危机，富国银行则抓住了这个稍纵即逝的机会。

美联银行又称瓦霍维亚银行，起源于1879年。2001年，它与第一联合银行合并，新银行沿用了瓦霍维亚的名字。美联银行是美国零售、经纪与公司金融服务的大银行之一，在金融危机前，其总资产为5 208亿美元，其资本总额为823亿美元，位居花旗银行、摩根大通银行和美国银行等之后，是美国第五大银行。美联银行的董事长汤普森对其银行的成就颇为骄傲。我在华盛顿参加金融会议时，多次应汤普森之邀请赴美联银行位于乔治城的培训中心会面，记忆犹新的是他曾兴致勃勃地向我介绍他和银行取得的成就。在2006年的西班牙国际货币会议上，汤普森任会议主席，我们俩还约好见面。那时正是次贷危机肆虐期，汤普森突然缺席会议，之后遗憾地听到美联银行遭遇危机和汤普森为银行巨亏而“下台”的消息。再后来，我看到危机后的媒体报道，汤普森表示，“2006年美联银行花费250亿美元收购美国第二大房贷机构——金西金融集团（Golden West）——的时机选得不太好”。

美联银行收购案还曾引起花旗银行与富国银行的一场纠纷。花旗银行在2008年9月29日曾宣布收购美联银行，富国银行后发制人，于同年10月3日宣布以151亿美元换股收购美联银行，每股7美元的收购价比美联银行前日收盘价高出近79%，这一举措深受股东欢迎。收购方案为陷入困境的美联银行及员工带来了一缕曙光。由于美联银行又不需要向美国政府伸手要钱，这一方案当然得到了政府和员工的支持。当收购方案宣布时，美联银行总部大楼内 20 000 名员工在走廊上欢呼雀跃。一位美联银行员工称："即使在牛市，我也从未见过人们如此兴高采烈。"愤怒的花旗银行试图寻求法律诉讼，控告美联银行和富国银行违反干预合同，并向富国银行索取高达 600 亿美元的损害赔偿，但最终没了下文。富国银行经历了早期成长期、并购壮大期和快速扩展期，如愿以偿地迈进了美国大银行之列，在收购美联银行后以核心资本计算成为全球第六大银行。至 2015 年 12 月 31 日，富国银行共有 8 700 家零售分行和 13 000 台自动取款机，拥有 7 000 多万客户。图 17–8 为富国银行成立 125 周年（1852—1977）纪念铜章。

图 17–8　富国银行成立 125 周年（1852—1977）纪念铜章

金融模范生

富国银行的战略偏好和业务结构与其他美国银行有着鲜明的差

别，但它始终坚持自己的独特性战略。一是富国银行坚持突出以社区银行、批发银行为主，理财业务为辅的三大业务结构。社区银行的收入占比保持在 50% 以上，部分年份的收入高达 70%。二是富国银行深耕本土市场，注重规模效益。银行 97% 的资产、收入和 98% 的员工都来自美国本土，而花旗银行 50% 以上的收入来自海外。三是富国银行采取网点交叉营销，业务结构简单。富国银行推行“伟大的 8 战略”，希望平均每个客户拥有富国银行 8 个产品，而当时 6.29 个产品的完成数已经十分接近目标。当然，这个战略也是受质疑最多的。四是富国银行的业务围绕实体经济。富国银行虽然不是全美资产最大的银行，却是全美信贷最大的银行，是小微贷款和住房贷款最大的银行。富国银行存款的市场份额在美国的 17 个州都名列前茅，抵押贷款发放列美国第一，小企业贷款发放列美国第一。五是富国银行重视科技创新。富国银行拥有全美第一的网银体系，其自动取款机网络位居全美第四，通过网上银行、移动银行、电话银行、自动取款机配合线下网点，使美国客户从先进的产品和服务中获得优质体验。五是富国银行采取完善的风控机制，坚守信贷原则，不过度冒险，实行合理定价。由于坚守标准，2006 年，富国银行失去了 600 亿 ~1 200 亿美元抵押贷款机会，但塞翁失马，焉知非福。该银行 2007 年住房抵押贷款坏账率要比行业平均水平低 20%。富国银行也预见到了廉价资金引发的过度冒险，不介入高杠杆交易和复杂的抵押贷款，支持债券资产池，这使得富国银行安然度过了 2008 年的次贷危机。图 17–9 为富国银行成立 150 周年（1852—2002）纪念银章。银章重 1 盎司，直径为 39 毫米。该银章由美国西北地区造币厂（Northwest Territorial Mint）制作。

图 17-9　富国银行成立 150 周年（1852—2002）纪念银章

持稳健理念的巴菲特一直青睐富国银行，愿意为其背书。早在 1989 年至 1991 年，西海岸经济衰退，投资者抛售银行股票，巴菲特却力挺富国银行，首次购入该银行的股票，之后两年巴菲特继续增持富国银行的股票。富国银行一直是巴菲特的至爱，是其投资组合里唯一的商业银行，巴菲特的持股量达到了审批上限（9.9%）。美国次贷危机期间，巴菲特多次表态力挺富国银行。作为资本市场的风向标和不朽神话，巴菲特的态度对于稳定富国银行的股价和推行其战略起到了非常重要的作用。

富国银行能得到巴菲特的青睐是很不容易的。富国银行是美国唯一一家被穆迪评为 AAA 的银行。吉姆 · 柯林斯在其早期所著的《从优秀到卓越》一书中就讲述了富国银行的传奇故事。在 1983 年至 1998 年的 15 年间，富国银行的收益是同期大盘股指的 3.99 倍，是英特尔公司的 1.5 倍，是通用电器的 3 倍，是可口可乐的 4.5 倍。要知道那段时期金融行业远不如汽车及电器等明星行业那么景气。之后，富国银行依然持续了银行界的“神话”，20 年来，富国银行取得了 23% 的年股东复合回报率，股价大幅上升。2013 年 6 月 26 日，富国银行首次成为全球市值最大的银行，超过连续 7 年占据全球银行业市值第一地位的中国工商银行。2015 年，中国工商银行曾一度反超富国银行，夺回市值第一。我在华盛顿参加国际货币会议时，遇见了富国银行董事长约翰·施通普夫（John Stumpf），他与我见面第一句话就是对我表示祝贺。

马车不放在马的前面

富国银行是一个以马车为图腾的古老企业，它的口头禅是“我们永远不会把马车放在马的前面”，阐述的理念是“以客户为中心，而不是以产品为中心”，“运营的出发点是客户需要什么，而不是要卖给客户什么”。不过，富国银行事件表明马还是脱缰了，马车放到了马的前面，本末倒置了。

富国银行事件是引起全球各家银行深思的典型案例。在商业银行的航行过程中，有太多的惊涛骇浪、暗礁险滩和飓风漩涡，危机时时刻刻伴随。富国银行在 160 多年的历史中，挺过了多少江海风浪，却在小阴沟里翻了船。自从丑闻曝光后，富国银行已损失超过 200 亿美元的市值，失去了全球银行市值第一的位置。丑闻事件对富国银行品牌声誉和客户关系造成的损害更是不可估量，它还面临来自前员工、客户和股东源源不断的诉讼。图 17–10 为黯然离开富国银行的约翰·施通普夫。图 17–11 为富国银行。

图 17-10　黯然离开富国银行的约翰·施通普夫

图 17-11　富国银行

富国银行经历过诸多重大危机的洗礼，有着优秀的企业文化、清晰的价值追求和市场定位。富国银行董事长坚称，“本行的公司文化没有问题”。但深思之，在富国银行 26.5 万名全职雇员中，近年来有 5 300 多名员工因违规被开除，其中涉嫌伪造账户而离职的员工约占 2%。如此高比例和长达 5 年的违规过程，反映出银行管理和内控环节的漏洞十分明显。银行是经营风险的行业，而风险管理是银行业的永恒主题。信用风险、市场风险与操作风险是并列的三大风险，富国银行比较重视防范前两方面的风险，而操作风险却被明显忽略了。上述风险的发生主要是人为因素，其风险无法度量、难以管理，有时发生的频率低但损失巨大——甚至有可能掀起没顶的海啸，危及银行存亡。

马车需要缰绳，汽车需要刹车，银行则需要管理和内控。企业内部案件的高发与久发，说明企业的合规文化环境出现了严重的“雾霾”。美国注册舞弊审核师协会（ACFE）的调查结果表明，压力、机会和行为合理化机制是导致企业欺诈的三个原因。在任何一家机构中，5%~10% 的员工永远不会有不端行为，5%~10% 的员工会为了达到个人目的而不择手段，而剩下大部分员工的个人道德易受外界影响——他们在面临压力、拥有违法机会并且能说服自己采取行动时，则会突破道德底线。银行是具有极强外部性的行业，如果发生道德风险，那么有时这会引发“多米诺骨牌”效应，对一国经济造成重大冲击。

我们对这一事件的更深层次思考还涉及激励问题。激励指通过影响员工个人需要的实现来提高他们工作的积极性。激励理论在西方十分盛行，已经形成如马斯洛需求层次理论、双因素理论、X 理论、Y 理论、期望理论和需求理论等庞大的体系，它们都在研究人的需要、动机、目标和行为之间的关系。富国银行被开除的雇员反映，为了完成考核指标，他们不得不违法，甚至状告管理层明知并默认他们的违规形为。社会媒体也广泛质疑富国银行奉为圭臬的“交叉销售”与营销激励挂钩。再前溯至金融危机时人们对华尔街精英高薪的指责，这些都涉及人们对激励问题的反思。激励是“持续激发发动机的心理过程”，是企业管理最重要的工具。在市场经济的环境下，合理的激励是鼓励员工进行创造性工作的必要条件，这一点已达成社会共识，当然在何谓“合理”这一问题上见仁见智。商业机构要讲求效益和考核，将考核压力与违法犯罪列为因果关系是不合理和不公正的。但如何使激励同时发挥短期和长期效用，防止员工急功近利，避免短期和单一激励导致的道德风险和逆向选择等负面效应，统一协调银行的文化、愿景、战略定位、目标和考核，注意营利目标的科学设置和考核压力的合理可行，是管理层理应思考的。为此，管理者需要提升激励的需求层次，推行综合激励措施，诸如成就、情感、文化、心智等保健因素，善用批评、惩罚等负激励措施，以修补激励中存在的短期化、单一化、物质化的弊端。

银行绝大多数的资产来自负债，银行管理层负有社会信托责任。审慎、保守是银行业的行业特征、行业优点和道德遵循，那些经历百年风雨依然存在的金融机构就是对它们审慎、保守文化的最好褒奖。银行业风险后移的特性决定了这个行业属于马拉松长跑性质，那些希望跑 100 米、1 000 米甚至 10 000 米时就掌声响起来的人，大多数不可能跑完全程。银行要想发展，必须注重稳健、平衡和可持续，必须关注资产与负债的平衡，短期绩效与长期绩效的平衡，数量与质量的平衡，以及风险与收益的平衡，切忌过分追求短期功利。对于银行来说，凡短期有利长期不利的事情不能干，而短期不利长期有利的事情则要干。富国银行事件对全球银行业（包括正在转型中的中国银行业）来说是一次警醒。

『大而不能倒』的悖论

——从高度集中的加拿大银行业谈起

SIR·JOHN·GRAY·1817·ROBERT·GRIFFIN
PRESIDENT · CASHIER
CONCORDIA SALUS
BANK OF MONTREAL
PRESIDENT · GENERAL·MANAGER
SIR·VINCENT·MEREDITH·BARONET·1917·SIR·FREDERICK·WILLIAMS-TAYLOR

若问哪一个国家的银行体系集中度高，那么人们大概会说加拿大。加拿大五家大银行占全国银行业的市场份额一直维持在90%左右。若再问哪一个国家的银行体系比较安全、可靠，那么人们大概也会说加拿大。乍看加拿大国家的银行业风格给人们以保守刻板的印象，但人不可貌相，在全球金融危机后，世界经济论坛发布的全球银行业“健康”报告显示，加拿大银行体系在全球健康银行体系中排名第一。美、德、英三国银行体系同次排名分别为第40、39和44位，素以金融安全著称的瑞士也屈居第6位。2013年，加拿大央行行长马克·卡尼（Mark Carney）作为“外援”被聘任英国央行的行长，这相当于为加拿大国家金融监管的审慎稳健做了一个绝佳的广告。本章试图解密在全球银行业批评“大而不能倒”的同时银行业集中度却不断提高的悖论。

“五大”的起源

人们熟知非洲“五大”（Big Five）是指遨驰非洲草原的狮子、花豹、大象、犀牛和野牛。而加拿大的“五大”则指加拿大的五家大银行。图 18–1 是 1917 年加拿大最古老的银行——蒙特利尔银行（Bank of Montreal）——成立 100 周年（1817—1917）时发行的纪念铜章。该铜章重 87 克，直径为 63 毫米。铜章的一面是蒙特利尔银行的行徽，周边的文字是“蒙特利尔银行百年纪念”，铜章上印有“和谐引致繁荣”的文字，铜章上的一串人名是该银行的董事和行长名；铜章的另一面是蒙特利尔银行古老而庄重的总行大楼。

图 18–1　加拿大蒙特利尔银行成立 100 周年（1817—1917）纪念铜章

加拿大于 1642 年成为法国的殖民地，于 1867 年建国，而蒙特利尔银行建行还早于加拿大建国。1817 年，约翰 · 理查森（John Richardson）和 8 名加拿大商人签署了“公司章程”，将 15 万加元作为银行资本金，在加拿大蒙特利尔创立了银行。该银行于 1817 年 11 月 3 日正式营业，成为加拿大最古老的银行。1822 年，蒙特利尔银行使用现名（通常简称为 BMO）。蒙特利尔银行是加拿大最早的发钞银行，在 1817 年至 1942 年发行了本行的纸币。蒙特利尔银行是政府指定办理业务的银行，履行加拿大央行功能，管理公债、发行货币、维持汇率等，也从事商业银行经营。该银行一身两任直至 1934 年加拿大中央银行成立。图 18–2 为 1915 年发行的蒙特利尔银行大楼明信片。

图 18–2　1915 年发行的蒙特利尔银行大楼明信片

蒙特利尔银行总部于 1977 年搬迁至多伦多湾街的第一加拿大广场。但其悠久的历史令人难以忘怀，银行原址大楼仍为其法定总部。该银行还设立了博物馆，以展示其 200 年的光辉历史。值得一提的是，蒙特利尔银行自 1829 年以来始终坚持股利支付，在 180 多年中，虽经历了第一、二次世界大战，大萧条的困难岁月，以及 2008 年的金融危机，但银行回报股东的初心不变，每年派发红利，成为全球公司股利支付历史最长的一家银行。与其对比，那些股市的“铁公鸡”们真应该感到羞愧。图 18–3 为 1963 年为庆祝蒙特利尔银行博物馆开馆而发行的纪念铜章。铜章直径为 37 毫米。

图 18-3　蒙特利尔银行博物馆开馆纪念铜章

不过，近百年来加拿大最大的银行已让位给加拿大皇家银行（Royal Bank of Canada）。图 18-4 是加拿大皇家银行本拿比分行成立 100 周年（1892—1992）时发行的白铜章。铜章重 18 克，直径为 33 毫米。铜章的一面上方是“本拿比——百年荣耀”的文字，下方小字

图 18-4　加拿大皇家银行本拿比分行成立 100 周年（1892—1992）纪念铜章

是“江河湖海旁崛起的本拿比”。本拿比是加拿大不列颠哥伦比亚省的一个城市，紧挨着美国温哥华。铜章的另一面是银行名及百年纪念的文字。

加拿大皇家银行的历史源于1864年成立的哈利法克斯招商银行。1869年，加拿大皇家银行获得联邦章程批准成立，最初其总部在新斯科舍省哈利法克斯。银行初期服务于捕渔业、木材业，还经营进出口业务。银行因为银行创始人中有海运商家，所以三桅帆船成了银行的早期行徽。创业初期艰难困苦，员工们在刺骨的寒风中坐雪橇、骑马穿过灌木和冷冻的湖泊，当时气温为-49℃。1901年，银行改名为加拿大皇家银行并一直沿用至今，后来总部搬迁至蒙特利尔市。1908年，加拿大皇家银行超越蒙特利尔银行成为加拿大最大的银行。至今该银行在资产、收入、盈利和市值方面都居加拿大银行业首位，在加拿大享有很高的声誉。

图18–5是一枚有趣的加拿大皇家银行发行的丁亥年中文白铜章。

图18–5　加拿大皇家银行中文纪念铜章

铜章重 19 克，直径为 43 毫米。铜章上有银行名、生肖图案及中文，可见华人客户在加拿大皇家银行占有相当重要的地位。

加拿大皇家银行还有一件值得一提的趣事。近几年在中国火热的互联网金融其实在 20 多年前的美国就有了。1995 年，诞生于美国亚特兰大的全球第一家纯互联网银行是安全第一网络银行（Security First Network Bank）。当时，美国和其他海外报刊连篇累牍，满眼都是“传统银行业是 21 世纪的恐龙”“鼠标一定打败砖头（银行分行）”的评论，银行界人士都忧心忡忡。安全第一网络银行确实不负众望，两年后吸揽账户 1 万余个，吸收存款 4 亿多美元，赢得社会交口称赞。然而，银行通过金融科技将银行业务从线下搬到线上并没有改变金融业的本质。资产转化和风险控制才是金融业的核心竞争力。安全第一网络银行没能笑到最后。1998 年，加拿大皇家银行以 2 000 万美元收购了安全第一网络银行除技术部门以外的所有部分。昙花一现的首家网络银行仅留下了美丽的传说。

加拿大丰业银行（The Bank of Nova Scotia，简称 Scotiaban）是一家独具特色的银行。图 18–6 是该银行创立 130 周年（1832—1962）时为多伦多首届邮币展发行的纪念铜章。丰业银行于 1832 年 3 月 30 日成立于加拿大新斯科舍省哈利法克斯。创始人威廉·劳森（William Lawson，1772—1848）成为丰业银行的首任行长。丰业银行在初创时为省银行，于 1900 年将总部迁至多伦多市。丰业银行标榜自己为“加拿大的国际化银行”，其早期国际业务以促进跨大西洋贸易为目标，追随着客户的海外食糖、朗姆酒甚至牙买加鱼类贸易。1885 年，丰业银行就在拉丁美洲开设了第一家海外机构，该银行值得一提的特色业务是贵金属业务。丰业银行是伦敦金银市场协会的成员，也是全球金融五巨头（中国工商银行也跻身其中）的黄金定价行之一，它在贵金属业务领域笑傲国际大型银行。图 18–7 为丰业银行发行的 5 盎司大银章。

图 18–6　多伦多首届邮币展纪念铜章

图 18–7　加拿大丰业银行纪念银章

多伦多道明银行（The Toronto Dominion Bank，简称 TD）是一家年轻的“老银行”。该银行于 1955 年才成立，但追溯其历史，该银行由古老的多伦多银行（Bank of Toronto）和多米尼加银行（Dominion Bank）合并而成。多伦多银行的创始人是加拿大西部的一些商人，他们为了粮食购销贸易及连带的金融服务需求成立了银行。1856 年 7 月，多伦多银行在多伦多教堂街 78 号开业，其初始资本为 50 万英镑，工作人员仅 3 人。多米尼加银行在 1869 年成立。1954 年，为了抱团取暖，多伦多银行和多米尼加银行两家百岁的老银行联姻。合并后的银行行名显得冗长，于是简称为多伦多道明银行。图 18–8 为多伦多道明银行发行的银章。银章重 1 盎司，直径为 38 毫米。

图 18–8　多伦多道明银行纪念银章

图 18–9 中精美异常的古银章是加拿大商业银行于 1917 年发行的。银章重 99 克，直径为 58 毫米。银章的一面是火山、草原和悠闲的牛马羊群，周边环绕着谷穗和瓜果。银章另一面的文字是“祝贺 O. C.

Miller 公司的猪肉产品在 1917 年萨斯卡通工业展获奖”。银行为客户的成就发行银章纪念，真是令人感动。加拿大商业银行于 1867 年创建于加拿大多伦多市，当时银行的名称中没有“帝国”二字。之后改为现名——加拿大帝国商业银行。

图 18-9 加拿大商业银行纪念银章

成长与稳健

加拿大五大银行是伴随着加拿大经济一起成长的。例如，蒙特利尔银行参加了加拿大早期几乎所有的重大经济事件，参与了最早的运河、铁路、电报局、大型水电站、能源和矿业的发展，其他银行也都与其相似。第一次世界大战后，全球经济格局变化，资本市场的中心移向纽约，欧洲经济恢复和贸易机遇促进了加拿大银行业的发展。加拿大国土广阔，但其经济规模和企业资源有限，其五大银行早就走出了国门，涉足国际市场——发行国际债券和推动国际贸易。20 世纪

20年代中期，加拿大皇家银行在古巴就有65家分行，成为古巴最大的银行。没有一家外国银行不是依靠购并扩大的，加拿大的五大银行也是如此。它们的银行收购名单可以列出一个长长的清单，其中一些重要的收购促进了银行成长。图18–10为1992年蒙特利尔银行成立175周年（1817—1992）发行的纪念铜章。铜章重22克，直径为38毫米。

图18–10　蒙特利尔银行成立175周年（1817—1992）纪念铜章

1984年，蒙特利尔银行收购了美国哈里斯银行（Harris Bank-corp）。图18–11是哈里斯银行纪念铜章。该铜章重206克，直径为77毫米。铜章的一面是蒙特利尔银行行徽。哈里斯早在1882年创立了一家市政债券经纪公司——哈里斯公司。1907年，他又成立了哈里斯信托和储蓄银行。1960年，哈里斯信托和储蓄银行与芝加哥国家银行合并，并于1972年改名为哈里斯银行。1984年，蒙特利尔银行收购了哈里斯银行。2010年12月，蒙特利尔银行又以哈里斯银行为平台，斥资 41 亿美元收购了 M&I 银行——美国威斯康星州最大银行。蒙特利尔银行通过控股公司拥有及运营哈里斯银行。2005 年，蒙特利尔银行改名为蒙特利尔哈里斯银行。2015 年 12 月，在收购通用电气公司的交通金融业务后，蒙特利尔哈里斯银行成为按总资产列美国第十六大商业银行和美国中西部最大的银行之一。

图 18-11　美国哈里斯银行纪念铜章

加拿大有银行 80 多家，包括本国银行 22 家、外国银行附属机构 20 多家、外国银行分行 30 多家。加拿大五大银行拥有广泛的分支机构，为客户提供综合金融服务。加拿大五大银行多数已有 150 年以上的历史了，但老而弥壮，仍活跃在国内外银行界。加拿大五大银行在加拿大国民经济中发挥着举足轻重的作用，拥有稳固的市场垄断地位且集中度极高。加拿大五大银行的垄断和集中并未影响加拿大银行业的形象，还被业界视为世界上“最健康”的银行业。

稳健、审慎是加拿大银行业共同的特点。加拿大银行业的经营风格普遍谨慎保守，重视客户关系。加拿大银行业一直保持着银行高股价，人们不太担心其增长缓慢。在经济不景气的20世纪30年代，银行慎贷曾受到社会指责，但银行默默承受且仍坚守风险底线。银行并非不知社会责任，第二次世界大战期间，各家银行积极支持战争金融措施。另外，一些银行一半的员工参加了武装部队服役。当然，人们衡量银行业绩及稳健状况，不是看其在经济高增长期的辉煌，而是看其在经济下行、市场动荡时的表现。加拿大银行业平安渡过了20世纪80年代发展中国家的债务风波、20世纪90年代初期房地产滑坡和1997年的亚洲金融危机。在10年前的全球金融危机中，加拿大银行业又奇迹般地"一枝独秀"，没有一家银行倒闭，没有出现政府向银行业注资的情况，其债务率和赤字率是八国集团中最低的，其金融体系整体运行良好。2000年6月，国际货币基金组织和世界银行共同开展了"金融部门评估计划"，结论是"加拿大的金融监管结构良好，符合主要的国际标准和原则要求，在许多方面可以作为国际典范"。普华永道公司对加拿大消费者进行过一项调查，调查结果显示：85%的消费者对本国银行系统具有信心，84%的消费者认为本国银行系统是世界上最强大的，92%的消费者认为本国的银行业运作良好，78%的消费者认为本国政府对银行业监管恰当，91%的消费者认为本国银行存款安全。在市场信心风声鹤唳的危机时期，消费者还能对加拿大银行业有如此高的评价，显然不能用偶然和侥幸来解释。

灰色的理论

我读过一位记者对一位百岁老人的采访记，令记者和读者吃惊和尴尬的是，那位老人喝酒、抽烟、吃肥肉，一点儿不遵循“长寿指南”的要求，他的行为颠覆了社会对健康长寿的经典教条。这不禁让人联想到金融危机期间，美国记者安德鲁·罗斯·索尔金所著的《大而不能倒》，它表述了金融巨头由于过分庞大，一旦破产倒闭会对社会造成巨大伤害及连锁影响，因而政府投鼠忌器，被迫投入公款相救。2011 年 5 月，美国 HBO 有线电视还将其拍成剧情片（见图 18–12）。《大而不能倒》为社会大众所耳熟能详，从而引发了一场关于银行业集中度与金融稳定性关系的讨论。无奈，中国的大银行又成了讨论的靶子。眨眼 2008 年金融危机已过 10 多年，没想到率先提出

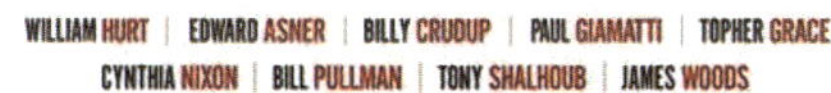

图 18–12 《大而不能倒》剧情片海报

这一命题的欧美金融界却“南辕北辙”，持续提高本国银行业的集中度。全球主要经济体前五大银行的市场占比齐刷刷地提高到 50% 以上，银行业集中度一贯较低的美国也大幅提升这一比率。只有中国孤独地将前五大银行的市场占比降低到 37%（2018 年数据），比金融危机前的 2007 年降低了 15 个百分点。

记得在《西方经济学》的教科书中，人们曾把市场竞争形态从完全垄断、寡头垄断、垄断竞争到完全竞争做了排列。产业组织学告诉我们如何鉴定垄断——去看看市场上（同类）企业和数量。行业集中度通常统计最大的几家企业的市场份额占比。美国经济学家贝恩和日本通产省还对产业集中度做了数量划分——分为极高寡头垄断型（前 8 家合计大于 70%）、低集中寡头垄断型（前 8 家合计 40%~70%）、低集中竞争型（前 8 家合计 20%~40%）和分散竞争型（前 8 家合计小于 20%）。若少数几家银行占有本国半壁以上的市场份额，毋庸置疑，它们就是垄断。不幸的是，若以此分析世界各国银行业的集中度，那么总体上银行业都处于“寡头垄断”型。继而对其他产业竞争状况做些分析，你会惊奇地发现不仅银行，各国的石油、汽车、钢铁、电信、重工、造船、航运，以及金融服务业的信用卡组织、保险公司、投资银行、会计征询、清算机构等也无一例外，甚至新兴的电商业、快递、第三方支付和即时通信行业都在“大而不能倒”的道路一往直前，这是怎么了？

古典经济学将垄断与竞争作为对立两端。垄断几乎一无是处，控制市场，垄断定价，不利于社会福利，弱化竞争，不思进取，降低企业效率。在人们心目中，寡头更是负面的形象，学术理论还在一定程度上影响了监管政策和社会认知。不少学者强调“大而不能倒”的危害：银行道德风险加大，影响社会稳定性；银行规模大，经营不透明，监管难度高，导致社会效率和福利减损；银行业集中度高，导致金融业脆弱。然而奇怪的是，为何信奉自由市场经济政策的西方国家在企业竞争中会形成寡头垄断模式呢？为何全球各国处于不同的金融发展阶段，并且存在巨大差异的政府监管、货币政策和公司治理却相同地走上了银行寡头垄断的道路呢？

古典经济学的完全竞争理论确实形式优美、逻辑严密，但古典经济学提出的完全竞争具有帕累托效率的结论过于理想化，其现实性不强，其依赖于严格的假设前提，即要求市场存在大量中小竞争者（厂商）。事实上，市场因规模不经济不可能存在大量中小厂商，从而形成规模经济与竞争效率的矛盾，即著名的“马歇尔冲突”。近几十年来，市场实践推动竞争理论不断发展（如熊彼特的动态竞争观点、克拉克的有效竞争理论等），逐步完善了现代竞争理论体系。熊彼特指出，“垄断导致资源配置低效率”的传统观点缺乏现实性，它是建立在不可能的完全竞争假设前提下的。寡头垄断改变的是竞争形式，而非竞争本身。20 世纪 70 年代的芝加哥学派竞争理论强调，反垄断的目的是保护竞争而不是单纯保护竞争者。国家应为市场竞争确立法规制度，保证资源配置效率和消费者权益最大化，而不是通过人为的竞争政策来实现市场均衡。如果市场上的竞争者过多，那么这不利于规模经济效益的提高，国家应鼓励兼并。欧美 20 世纪 70 年代经济滞胀，引发了社会对凯恩斯主义的全面反思，供给学派、货币主义、理性预期等一大批新的理论派别崛起。20 世纪 80 年代，美国威廉·鲍莫尔提出的“可竞争市场理论”在价格理论、产业组织理论等方面都提出了极具创新意义的见解，这在西方学术界引起较大反响，也对西方政府规制体制改革产生了相当大的影响。可竞争市场理论认为，垄断并不必然导致福利损失，竞争存在与否不取决于现有厂商的数量，可竞争市场不应存在严重的进入和退出障碍。来自潜在进入者的竞争会有力地约束现有厂商行为，并迫使其提高效率。“看不见的手”起到优化资源配置、调节市场供求平衡的作用，竞争最终形成的是平均利润而不是垄断利润。由于可竞争的存在，寡头垄断变成了无害甚至会产生更高效率的，这不是颠覆“三观”吗？

从名词解释来看，寡头垄断是指一种由少数卖方（寡头）主导的市场状态。该词源于希腊语中“很少的卖者”。在现实中，市场集中度是由诸多因素决定的。一些行业市场集中度低，是由于其产品特性不宜集中，如保质期低、储运成本高、企业均等化等，这些行业难以规模化成长，饮食业就是如此。除了一些政府法定的行政垄断外，如供水、管道煤气等公用事业，多数的寡头垄断往往是市场选择的结果，高效率企业通过竞争及创新最终占有了较大的市场份额。在现实的市场格局中，《西方经济学》教科书所论述的四种市场结构中的完全垄断型市场与完全竞争型市场都比较少见，大多数是两者的折中，即寡头垄断型市场和垄断竞争型市场。占据市场领先地位的几家巨头之间激烈竞争，同时都在防范新进入者。因为激烈竞争使寡头垄断企业重视创新，所以企业通过降低成本、提升效率、确立品牌以保持市场优势，有时还提升了其市场集中度。新的竞争学说对此做了理论阐述，这些理论听起来有些晦涩，但反映了市场竞争“物竞天择、适者生存”的残酷现实。

大而不能倒

银行是经营货币的特殊企业，有很强的外部性和公共性。政府与监管机构既要处理好银行市场的垄断与竞争关系，又要兼顾金融效率、风险与实体经济的发展，还要保障金融安全和社会稳定。因而，银行集中度问题一直备受关注。近百年来，全球银行业总体趋势在走向集中。19 世纪前半叶，英国分散的银行体系遭受了多次金融危机。19 世纪末，英国开始进行大规模合并。在经历了 20 世纪 30 年代经济危机和 20 世纪 80 年代储贷机构危机后，美国大量中小银行被兼并。20 年前，美国尚存 14 000 家法人银行，目前仅剩 4 000 多家。百年前，法国有成千上万家法人储蓄银行和信用合作银行，如今它们归并为法国大众储蓄银行一家。早期的加拿大银行业也是地方性小银行居多，它们于 19 世纪后期合并重组，从而形成今天的银行格局。金融危机成为中小银行的“收割机”，腥风血雨使人们认识到“一根筷子比十根筷子易折”的道理。千千万万银行的小舢板被捆绑成了大船，欧美的法人银行越来越少。在危机时刻，政府也鼓励大银行出面解救问题银行。在过去 10 年间，美国银行收购了投行巨擘美林，摩根大通银行收购了美国储蓄银行，富国银行收购了美联银行，德国商业银行收购了德累斯顿银行，德意志银行收购了德国邮政储蓄银行。在日本金融危机期，十五六家巨头银行归拢为三家大行。金融科技效应也备受关注。近 20 年来，金融科技在银行业的广泛应用对银行的组织机构、作业流程产生了巨大影响，去机构、去人工和去中介的趋势明显。大银行有实力通过扩大科技投资和创新优势来增强银行数据能力，从而提升竞争优势。不少中小金融机构因规模效应小而导致成本重负，只能通过银行并购整合，降成本，提绩效。

理论是实践的归纳。可竞争市场理论在提出后得到迅速传播，并为越来越多的经济学家所接受，它还对政策的制定产生了较大影响。毋庸置疑，当前欧美银行业处于“寡头垄断”体制，反对“大而不能倒”的观点被放置一边。赞成观点认为：银行业集中度高，有利于规模经济效应，提高银行抵御风险的能力和监管效率，规避金融过度竞争，降低冒险激励。不过，相左的意见是：可竞争市场理论的前提是市场的进入、退出是完全自由的，企业进出市场的沉没成本低，并且进入的技术等要求低。因而，企业通过市场快速、自由地进出，以供求关系形成社会平均利润率，以潜在竞争达到市场均衡。但在现实中，银行进出市场无沉没成本是不现实的。强调因资产专用性使“无损失退出”“快速退出”的说法更为可疑。例如，金融业是社会外部性高和杠杆率高的信用行业，准入门槛高、标准严，其进出市场不仅时间冗长且因资本、设施、技术、人员、品牌等要求而成本高昂，退出市场的代价同样巨大。虽然可竞争市场理论对古典经济学的完全竞争学说的不现实性做了纠正，但是钟摆又摆向了另外一边。它刻画的同样是现实世界的一种理想情形，并不能无条件地应用和解释许多现实问题。它在强调竞争效率的同时对寡头垄断等的弊病讲述较少，对寡头垄断的合理边界在哪里以及如何防止寡头间合谋垄断定价和其他不合理竞争等问题并没有进行深刻的分析。

从 10 年前那场金融危机的现实来看，大型金融机构与公众利益密切相关，一旦发生危机，后果及连带效应巨大。对此，全球金融稳定委员会达成了统一看法并通过《巴塞尔协议（Ⅲ）》对全球系统有重要性影响的银行予以更高的附加资本要求及特别严格的监管，以防范“大而不能倒”的情况发生。

大型银行依然活跃于世界金融舞台，就像世界上之所以没有取消特大型飞机，是因为其效率、成本优势一样。但特大型飞机一旦出现问题，就会造成极其严重的后果。因此，要想使用特大型飞机，我们就必须有更高标准的机场，更高水平的驾驶员，更严监管的航班管理、设备设施、空中管制要求，等等。即便如此，人们认识到特大银行的资产、资本的扩张也是有极限的，主动调整资产和收益结构，以及走轻资产、轻资本的道路开始成为全球银行业的共识。加之金融科技周期的冲击，全球银行业“减负瘦身”，去杠杆、去机构、去人工成为新一轮趋势。应该指出的是，金融业的竞争效率和服务普惠不能偏废。从现实来看，一个科学合理的金融结构，应该是具有市场导向、商业运作的银行寡头竞争机制与诸多中小银行合作共生的金融架构，并鼓励新型金融机构发挥潜在的市场竞争作用，进一步促进金融业的竞争活力和创新动力，从而共同支持实体经济的发展。同时，我们要防范金融业和实体经济的过度杠杆化，保持金融业的适度竞争、稳健发展和审慎监管。当前，金融业跨国界、跨市场、跨行业的创新发展趋势明显，人们基于区域市场、单一产业、金融机构等角度出发的市场竞争研究会遇到越来越多的困惑，也许全球竞争力、金融功能融合、金融生态演化等是动态审视银行业市场竞争的理论和实践发展的又一视角。我相信，随着全球和中国金融改革的不断深化，竞争的实践和理论将不断发展，新的竞争实践必然会推动新的竞争理论创新。

19

百年剧变的捷克银行业

100 LET ČESKO-SLOVENSKÉ KORUNY
1919 2019

图19–1是一枚精美的捷克国家银行（Czech National Bank）银币。此银币是为纪念捷克国家银行成立20周年（1993—2013）发行的。银币重13克，直径为31毫米，面值为200克朗。银币的一面是波希米亚狮及捷克国家银行的缩写，银币周边环绕着国家名和货币面值；银币的另一面是1克朗捷克硬币虚图及银行大楼外墙、大门，银币周边是捷克国家银行成立20周年（1993—2013）纪念的文字。银币由捷克著名雕塑家弗拉迪米尔·奥普尔（Vladimír Oppl）设计。

图19–1　捷克国家银行成立20周年（1993—2013）纪念银币

他出生于 1953 年 1 月 19 日，毕业于布拉格艺术工业学院，在担任大学教授期间创作了大量雕塑，并为捷克国家造币厂设计了流通硬币和许多纪念金银币。

在捷克，你会在不少场合看到波希米亚狮的图案。图 19–2 为印有捷克波希米亚狮图案的流通硬币。欧洲有不少国家把狮子作为国家的标志，这些狮子略有不同。英格兰的标志是红底黄三狮，爱沙尼亚的标志是黄底蓝三狮，丹麦的标志是黄底蓝狮，卢森堡的标志是蓝底红白横杠狮，保加利亚的标志是红底金狮，捷克的标志则是红底白狮。捷克人的故乡是古老的波希米亚王国，历史上由波希米亚、摩拉维亚和西里西亚组成。图 19–3 是印有波希米亚狮图案的捷克国徽。国徽左上角和右下角的图案相同，红底上有一头白色双尾狮口吐金舌、前伸双爪、威风凛凛，这是波希米亚（捷克）的徽记；国徽左下角黄底上有一只头戴金冠、胸前有月牙状徽记的黑色雄鹰在舒展双翼，代表着西里西亚；国徽右上角蓝底上是一只与黑鹰形状相似的雄

图 19–2 印有捷克波希米亚狮图案的流通硬币

鹰，雄鹰身上呈红白相间的方格状花纹，代表着摩拉维亚。这枚盾徽形象地揭示了捷克的历史渊源。

图 19–3 印有波希米亚狮图案的捷克国徽

命运多舛的捷克国家银行

捷克国家银行是捷克中央银行。在图 19–1 中的银币发行时，捷克国家银行仅有 20 年的短暂历史，这缘于捷克复杂动荡的历史。虽然凯尔特人从公元前 5 世纪左右开始定居于此，但波希米亚因波伊人（Boii）的居住而得名。公元 623 年，波希米亚以摩拉维亚为中心建立萨摩公国，大致相当于 20 世纪捷克斯洛伐克的领土。公元 830 年，大摩拉维亚公国兼并波希米亚，达到鼎盛时期。在摩拉维亚公国瓦解后，波希米亚王国逐步扩大疆域。公元929年被视为捷克的建国年代。之后，波希米亚成为神圣罗马帝国和波兰王国争夺的地区，波兰国王曾一度兼任其国王，卢森堡家族于1436年统治了捷克的领土。布拉格是当时欧洲领先的大都市，查理四世建立了布拉格新城、查理大学、查理大桥等，如今这些地方是旅游者的打卡地。15世纪，哈布斯堡家族入主波希米亚，但王国仍保持独立。1806年，神圣罗马帝国解体，波希米亚国王由奥地利皇帝兼任。

在奥匈帝国时期，捷克只是哈布斯堡王朝统治下的一个区域，没有完整意义上的政治、经济权，其金融领域也由奥地利国家银行来发挥部分中央银行功能（见《世界金融百年沧桑记忆2》中的《奥地利国家银行200年》一文）。1847年，奥地利国家银行成立了布拉格分行，这是第一家在捷克营业的股份制银行。1865年成立的捷克王国抵押银行（Hypotecni Banka Kralovstvi Ceskeho）是一家公共银行，它通过接受土地抵押发放长期贷款来支持农业。1890年，捷克王国国家银行（Zemská Banka Království Českého）成立了，它也不具备中央银行功能。1914年年底，有25家银行在捷克运营，其中14家是捷克银行（资本为2.27亿克朗），11家是德国银行（资本为1.346亿克朗）。上述银行的分支机构为171家，其中125家位于捷克。此外，外国银行在捷克有94家分行。可见在奥匈帝国时期，捷克金融资本的实力已不断增强。1873年，在捷克银行业资本中，捷克资本与奥地利资本比例为1∶22，到了1913年，两者的比例已大致相等。到1918年第一次世界大战结束时，奥匈帝国解体，波希米亚始得独立。1918年10月28日，捷克与斯洛伐克合并，捷克斯洛伐克共和国诞生。

捷克斯洛伐克在脱离奥匈帝国后百废待兴，其领土分割与货币分灶同样迫在眉睫，匆忙间于1919年成立了财政部银行管理局——暂行中央银行金融及货币主权职责，接管外汇管理。1919年，捷克斯洛伐克还急迫需要发行本国货币——克朗，谁都明白货币独立是国家政治和经济独立的重要基础。2019年恰是克朗发行100周年，捷克国家银行在布拉格城堡举办了货币和银行主题展览，展览的重头戏是捷克国家银行特制了一枚重达130千克的特大纪念金币（见图19–4）。该金币面额为1亿克朗，直径为53.5厘米，厚度为4.8厘米。该金币是目前欧洲最大、世界第二大的金币（全球最大的金币是2017年由澳大利亚造币厂铸造的，重1 000千克，直径为80厘米，厚度为12厘米，面值为100万澳元）。该金币也是由雕刻师弗拉迪米尔·奥普尔设计的。金币的一面是发行于1919年的1克朗邮票的局部图案，以及捷克中央银行的标志；金币的另一面是捷克国徽上的狮子。

图19–4　捷克克朗发行100周年（1919—2019）特大纪念金币

奥匈帝国时代的工业布局主要位于捷克地区，捷克以奥匈帝国

21% 的人口继承了奥匈帝国 80% 的工业产值。但捷克的老东家奥地利金融很弱，滥发货币是痼疾，通货膨胀是常态。独立后的捷克斯洛伐克货币贬值和通货膨胀压力山大，最初两年其通货膨胀率都超过 50%。为了治理通货膨胀，捷克斯洛伐克坚定地实行信贷紧缩政策。捷克斯洛伐克首任财政部部长阿洛伊斯·拉辛（Alois Rasin）在哈布斯堡时代曾被判处死刑而后获大赦，后因履职铁腕而被刺受伤。令人可喜的结果是，捷克斯洛伐克货币成为第一次世界大战后中欧最有价值的货币，邻国大都遭受到天文数字般的通货膨胀冲击。不幸的是，银行业出现危机，大量银行破产倒闭，银行数量急剧下降。捷克斯洛伐克忙完了火烧眉毛的金融稳定和经济发展等大事，至独立后的第 8 个年头才腾出手来成立中央银行。1926 年 4 月 1 日，捷克斯洛伐克国家银行（National Bank of Czechoslovakia）成立。捷克斯洛伐克国家银行按股份制公司的方式设立，具有 1 200 万美元股本（分为 120 000 股，每股 100 美元）。股本的三分之二由私人投资者持有，其余系各州投资。

分家独立，百业待举，动荡的欧洲哪有安宁的小日子过。20 世纪 30 年代初，全球经济危机及奥地利信贷银行的破产，给捷克斯洛伐克银行业带来巨大冲击。捷克斯洛伐克银行遭到储户挤兑，股票价格大跌，西方资本撤离，海外资产冻结。捷克斯洛伐克工业生产总值降至危机前 60% 的水平。同期，捷克斯洛伐克的两次货币贬值使国家的货币诚信严重受损。命运多舛的捷克斯洛伐克银行业好不容易渡过了这场危机，更大的灾难接连降临。1938 年 9 月，欧洲列强对德国采取绥靖政策，捷克斯洛伐克被迫割让苏台德地区领土，此后捷克斯洛伐克的全境被德国占领。捷克斯洛伐克成为德国的“波希米亚和摩拉维亚保护国”。1939 年 3 月 15 日，德帝国银行特别代表弗里德里希・米勒（Friedrich Müller）趾高气扬地来到捷克斯洛伐克国家银行宣布接管这家银行。捷克斯洛伐克国家银行被迫改名为波希米亚和摩拉维亚国家银行，隶属于德国中央银行。德国强迫捷克斯洛伐克国家银行将黄金储备转移到德国中央银行，纳粹德国先后强征硬抢了捷克斯洛伐克 45.5 吨黄金。德国指定了 8.33 捷克斯洛伐克克朗兑换 1 德国马克的不平等汇率，以近似掠夺的价格购买捷克斯洛伐克货物。纳粹德国占领捷克斯洛伐克，严格限制捷克资本流动，剥夺其外汇管理权，使捷克斯洛伐克的货币名存实亡。纳粹德国采取恐怖手段，剥夺了犹太人的股权，解雇犹太籍雇员，犹太人被迫将所有贵重物品存放在捷克斯洛伐克国家银行，由德国使用。此外，德国的军队、公司及个人购买捷克斯洛伐克货物或服务，抑或捷克斯洛伐克公司出售货物或劳务，只将“白条”记账于德国国家银行。德国强行要求捷克斯洛伐克银行购买德国的债券，至 1944 年中期，捷克斯洛伐克银行账户上的德国证券数量已近 140 亿克朗，几乎占捷克银行业资产负债表总额（约 495 亿克朗）的三分之一。纳粹德国还在捷克斯洛伐克滥发货币。1938 年秋，仅有 140 亿克朗在捷克斯洛伐克流通，到 1945 年 4 月 30 日，流通货币达 944 440 亿克朗，增长了 6 746 倍。捷克斯洛伐克物价飞涨，黑市盛行，外汇枯竭，财政金融悲苦至极。据 1948 年捷克斯洛伐克国家银行的统计，纳粹德国在占领捷克斯洛伐克期间仅对捷克斯洛伐克金融业造成的经济损失就达到令人恐怖的 649 亿克朗。

盖世太保强行控制银行，开始由弗里德里希・米勒担任特别专员，后由德国经济部赫伯特・温克勒（Herbert Winkler）接管。自 1942 年起，捷克斯洛伐克金融部门被授权给由德国人瓦尔特・贝尔奇

（Walter Bertsch）领导的经济和劳工部管理，以利于德国金融当局渗透进捷克斯洛伐克银行。银行董事会被迫改组并补充德国籍人士，捷克斯洛伐克国家银行公认的专家罗伯特·曼德利克（Robert Mandelík）和埃米尔·劳斯蒂格（Emil Lustig）被强制辞去董事会职务。管理层的德裔捷克人埃里希·施图尔姆（Erich Sturm）凌驾于银行的首席执行官之上，他招募了德国官员（包括纳粹成员），并强制捷克斯洛伐克银行家执行他们的命令，迫使银行资助纳粹政府及其镇压活动。银行副首席执行官瓦茨拉夫·瓦内克（Väclav Vanék）因不服从交出黄金的命令，于 1940 年春被捕，两年后被处决。1943 年，银行前董事长维莱姆·波斯皮西尔（Vilém Pospíšil）因盖世太保审讯的后遗症而死亡。1945 年 4 月，捷克斯洛伐克国家银行董事长弗兰季舍克·拉迪斯拉夫·德弗拉克（František Ladislav Dvorák）和首席执行官弗兰季舍克·佩鲁特卡（František Peroutka）也被拘留，他们因战争混乱而逃于一死。整个德国占领期间，捷克斯洛伐克国家银行共有 11 名高管被处决或被折磨致死。1939 年，捷克斯洛伐克有 20 家股份制商业银行，至 1945 年，只剩 8 家在苟延残喘。捷克斯洛伐克经济中重要的银行被德国资本兼并或控制。图 19–5 为 1939 年纳粹德国期间德意志银行银章。银章直径为 56 毫米。

1945 年，捷克斯洛伐克领土被苏联军队解放，其银行业全部被收归国有。1948 年，捷克斯洛伐克仿照苏联的单一银行模式，首先实行国有化的是捷克工商银行（Živnostenská Banka）。1950 年，捷克斯洛伐克国家银行国有化。在纪念捷克斯洛伐克国家银行 25 周年而出版的小册子的标题页曾写着列宁的一句话："只有银行国有化才能确保国家知道成万上亿的资金在什么时间以什么方式从哪来到哪去。"这

图 19-5 1939 年纳粹德国期间德意志银行银章

或许是计划经济时代人们对社会主义金融的认识。几年之内，捷克斯洛伐克的银行最后合并成四家：捷克斯洛伐克国家银行——兼有中央银行和商业银行功能；在斯洛伐克地区保留的斯洛伐克塔特拉银行；在捷克地区仅保留两家商业银行，一家是提供短期贷款的贸易银行——捷克工商银行，另一家是新成立的提供长期信贷的投资银行。政府在立法上并没有将储蓄银行和信用社看作银行，而是将其作为特殊性质的金融机构进行了整合。在计划经济体制下，国家银行成为国家财政的一部分。1965 年前，捷克斯洛伐克国家银行的首席执行官由财政部任命。计划经济的低效率和不平衡使社会产生了对金融改革的需求。1965 年后，国家银行的功能受到了重视。1989 年 11 月，在捷克斯洛伐克政治变革后，捷克与斯洛伐克的关系逐步产生裂痕。虽然两者边界清晰，彼此没有积怨，文化和种族也有亲缘，但在经济利益、产业结构、政策方面的分歧导致双方矛盾加大、渐行渐远，最终破镜难圆。自 1992 年 9 月起，捷克斯洛伐克国家银行开始为“离婚”做准备。1993 年 1 月 1 日，捷克与斯洛伐克正式解体，国家银行的资产、存贷款在两个继承国之间被分配。两国的国际货币基金组织资产负债和联邦预算应收款、外汇储备分别按 2.29∶1 和 2∶1 的比例划分。捷克多次分家的经验使这次分家十分平稳。捷克中央银行的历史又从头开始，总部设在布拉格，并设 6 个分支机构。捷克国家银行的最高管理机构是银行董事会，其成员包括 1 名行长、两名副行长和 4 名执行董事。捷克的中央银行基本仿照西欧模式。捷克银行董事会的所有成员都由国家总统任命，任期为 6 年。捷克银行体系包括中央银行和商业银行，商业银行包括综合性商业银行、专业银行（政策银行、投资银行、抵押银行、建筑互助协会等）、储蓄银行和信用合作社。捷克是银行主导型金融体系，银行业在捷克经济中发挥着重要作用。2004 年 5 月，捷克加入欧盟。捷克国家银行成为欧洲中央银行及欧洲金融监管体系的一部分。2006 年，捷克被世界银行列入发达国家行列，进入了“新欧洲追赶老欧洲”的时期。

最早的捷克商业银行

图 19–1 那枚捷克中央银行成立 20 周年的银币是我在捷克国家银行造币厂门市部买下的，花费了我 20 多欧元。然而，服务员又拿出了一枚银行题材银币，居然要价 200 多欧元，我十分吃惊这两枚发行期相差不远的银币居然价差近 10 倍。究竟是什么原因呢？图 19–6 就是这枚捷克工商银行成立 146 周年（1868—2014）的纪念银章。银章重 1 盎司，直径为 37 毫米。这枚银章是为纪念捷克第一家商业银行而发行的。其价格昂贵的原因就是发行量稀少，此银章仅发行了 39

枚。顺便介绍一下，中东欧国家中央银行发行纪念币章的发行频率低，发行数量少，发行量在 3 000 枚之内的一般售价为 200 多元一枚。银行有时会发行一些缩量银币以吸引收藏者，如发行量控制在 250 枚之内的，其售价可能提高到 1 000 元左右，从而保持着银行良好的纪念币发行声誉。

图 19-6 捷克工商银行成立 146 周年（1868—2014）纪念银章

19 世纪下半叶，捷克初创工业企业的信贷需求激增，商业银行快速扩张。奥地利和德国的银行到捷克开设了分支机构。随着捷克民族资本的崛起，捷克首家信用合作社（Schulze-Delitsch）于 1858 年在维拉斯姆（Vlašim）成立。1868 年 12 月，首家捷克资本的股份制商业银行——捷克工商银行——在布拉格成立，该银行注册的全称为波希米亚和摩拉维亚贸易银行。1868 年，其首批股东为 537 人，资本为 100 万兹罗提，次年其资本提高到 200 万兹罗提。该银行管理委员会由捷克著名的政治家弗兰季舍克·拉迪斯拉夫·列格尔（František

Ladislav Rieger）博士、费迪南德·乌尔巴内克（Ferdinand Urbánek）和 J. S. 斯科雷伊绍夫斯基（J. S. Skrejšovský）组成，捷克著名的企业家阿洛伊斯·奥利瓦（Alois Oliva）担任首任董事会主席。1869 年，帕维尔·库兹玛尼（Pavel Kuzmány）担任首任行长。捷克工商银行专注于为捷克中小型企业融资服务。1872 年 5 月，捷克工商银行在维也纳成立了分行。1872 年 5 月，金融危机导致银行业损失惨重，布拉格 19 家银行机构中只有 5 家银行幸存，而捷克工商银行未能幸免，它直到 20 年后才爬出泥潭。图 19–7 为第一次世界大战时期捷克工商银行发行的战争融资海报。海报上的人物是希腊智慧女神雅典娜，雅典娜被认为是最仁慈的神灵，具有外交官或调停者的特长。

图 19–7　第一次世界大战时期捷克工商银行发行的战争融资海报

捷克工商银行没有气馁，仍在寻求新的增长机会。在第一次世界大战前后，捷克工商银行的业务不仅着眼于捷克本土，还扩展到维也纳、克拉科夫、利沃夫和的里雅斯特，它甚至在塞尔维亚信贷银行（Serbian Credit Bank）也有少数股权，且其资本占捷克银行业的三分之一。一些捷克银行家也过度自信，甚至想通过建立"斯拉夫银行"来服务整个斯拉夫区域经济。不过，矮檐下的银行岂能直腰。当时，奥匈帝国正处战争之中，多达40%的战争成本由债务融资解决。由于捷克工商银行不愿认购战争债券，银行的副总经理安东宁·蒂尔（Antonín Tille）遭到奥地利军事当局的逮捕，直至战争结束才停止审判。1918年，捷克斯洛伐克共和国成立，捷克工商银行依然是新国家最重要的银行，并成为中欧和东欧最主要的银行。捷克工商银行在支持捷克工业化和大型企业方面发挥了重要作用。银行资本控股了60家大型企业，还大量回购外国投资者握有的捷克企业股份。银行与政府保持着良好的关系，银行的一些高管还成为政府的高官。银行拒绝外国投资者入股，希望保持自己的本土性和独立性。

悲惨的中东欧国家的地理位置正处于欧洲列强的砧板上，覆巢之下，焉有完卵。1938年，德累斯顿银行接管了捷克工商银行在苏台德的分行。在德国完全占领捷克斯洛伐克后，虽然捷克工商银行是唯一没有被纳粹吞并的捷克银行，但在纳粹的暴力胁迫下，捷克工商银行被迫购买了将近10亿克朗的德国战争国债，相当于银行资本总额的3倍。捷克工商银行小心翼翼地经营着捷克斯洛伐克中小企业客户，避免与德国银行发生竞争冲突。捷克工商银行被迫接受来自占领当局的"托管"，屈辱地在阴影下生存。

第二次世界大战后，捷克工商银行被国有化，成为仅存的信贷银行。1948年，布拉格信贷银行（Prague Credit Bank）包括其纽约办公室被并入该银行。在冷战的铁幕下，捷克工商银行在伦敦等其他海外机构的业务经验得以发挥，成为捷克斯洛伐克与西方社会之间仅存的贸易和外汇往来的微细血管。随着中东欧银行改革的推进，捷克工商银行基于其海外业务经历，于1992年成为中东欧地区首家私有化银行，德国BHF银行入股占比40%，国际金融公司（IFC）入股占比12%，捷克的投资基金和个人投资占比48%。之后，德国银行公司（Bankgesellschaft Berlin）成为捷克工商银行的大股东。再后来，捷克工商银行的股权几经变化。2002年，意大利联合信贷银行（UniCredito Italianocho）成为捷克工商银行的老板。2006年，意大利联合信贷银行收购了捷克另一家银行，从而将控股的两家捷克银行合并，并改名为捷克意大利联合信贷银行。有着130多年历史的捷克工商银行寿终正寝，唯留下难以磨灭的金属记忆。

捷克工商银行的银章上有其总部大楼的图案。自1869年创建后，捷克工商银行最初租用大楼营业。1972年，它搬迁到另一幢大楼上。在银行业务蓬勃发展后，人们新建办公大楼的想法开始实施。设计师奥斯瓦尔德（Osvald）提供了设计方案，大楼的外观和内部装饰由著名雕塑家安东宁·波帕（Antonín Popp）等人完成。建筑最具特色的是精美异常的神像和狮子雕像，它们是天才雕塑家博胡斯拉夫·施尼奇（Bohuslav Schnirch）和安东宁·波帕（Antonín Popp）的作品。大楼具有捷克现代功能主义风格，是完美的建筑艺术，成为布拉格城市和捷克工商银行的象征（见图19–8）。有意思的是，中国一家华信公司在捷克大肆购并的那段时期，曾将捷克工商银行总行的那幢大楼纳入囊中，一度想将其作为捷克国宝水晶艺术的展示馆。

图 19–8　捷克工商银行总部大楼

图 19–9 是捷克储蓄银行（Česká spořitelna）成立 180 周年（1825—2005）纪念铜章。铜章重 14 克，直径为 29 毫米。铜章的一面是刻有从种植到丰收的图案的捷克硬币，铜章的另一面是捷克储蓄银行大楼及 180 周年纪念文字。储蓄银行的诞生与欧洲互助合作运动密不可分。18 至 19 世纪，储蓄银行从德国、瑞士起步，到英国兴起。1819 年 10 月，奥地利诞生了储蓄银行。储蓄银行鼓励贫穷人群节俭自立、进行小额储蓄以备不时之需，并筹集零星储蓄资金为社会提供短期、中期贷款。19 世纪上半叶，捷克活跃着不少私人兑换所，它们以高息出借资金。受市场需求和奥地利储蓄银行的启示，1824 年，捷克储蓄银行在布拉格创建，于 1825 年 2 月 12 日开业经营，成为捷克首家储蓄银行。1844 年，储蓄银行法规出台。1883 年，捷克邮政储蓄机构（Poštovní spořitelní ústav）成立。储蓄银行专注于小额存款人和发展

非现金支付业务，因为独立后的捷克斯洛伐克不同于哈布斯堡王朝，它没有传统的私人银行可以依靠，没有富裕贵族和王室财富提供资金，只能依靠小型企业和个人储户的存款来支持其经济发展。在捷克银行业国有化及撤并时，捷克储蓄银行却被保留了下来，区域储蓄银行和信用合作社由其接管。在社会主义时期，捷克储蓄银行与捷克国家银行一起，成为国家信贷资金的主要提供者。1991 年年末，捷克储蓄银行成为股份制银行。经过近 200 年的发展，它成为捷克客户、员工、消费贷款和存款规模最大的银行，其 700 家分行和 1 500 台自助设备遍布捷克全国。2012 年，捷克储蓄银行总资产为 485 亿美元，股东权益为 49 亿美元。

图 19-9 捷克储蓄银行成立 180 周年（1825—2005）纪念铜章

东欧剧变后，中东欧出现了银行私有化的热潮，由于长久计划经济体制下运行的国有银行体制僵硬，观念和技术落后，不少银行出现了巨额亏损，政府及社会公众对银行失去了信心。1996 年，捷克储蓄银行受金融危机影响濒临破产，捷克政府被迫出售储蓄银行的股权。2000 年，奥地利第一储蓄银行趁机收购了捷克储蓄银行 52% 的股权，随后两年，奥地利第一储蓄银行将捷克储蓄银行的股权增至 98%，捷克储蓄银行成为奥地利第一储蓄银行的组成部分。2018 年，奥地利第一储蓄银行成为捷克储蓄银行的唯一股东。有个故事值得说一下。20 世纪 90 年代，中国工商银行成为世界储蓄协会成员，一度与一些国外储蓄银行有交往。1998 年，我在任中国工商银行上海市分行行长期间，接待了来华访问的捷克储蓄银行代表团，并在上海大厦宾馆招待了该银行行长。在大厦阳台眺望对岸浦东正在建设的高楼集群时，该银行行长喃喃地对我说："（看到这么多大楼），我知道你们（中国）是很有钱的。"他又说："你们千万不要开放，你们是弄不过他们（西方）的。"我回答说："邓小平教育我们，只有开放才能取得进步。"2001 年，我在任中国工商银行行长期间，去捷克参加世界银行和国际货币基金组织年会，其间我约见了捷克储蓄银行行长。当时，有一位年轻人一起前来，原来捷克储蓄银行刚被奥地利第一储蓄银行收购。会面中只见捷克储蓄银行行长举止谨慎、言谈嗫嚅，而奥地利第一储蓄银行派驻的年轻人则趾高气扬、言语轻飘。见此场景，联想起那位行长曾说的话，我十分感叹。20 世纪 90 年代早期，中东欧政府应西欧的劝说和指引，将大量国有银行控股股权出售。至今人们对此见仁见智，争议不绝。

艰难的捷克银行业改革

在"布拉格之春"被扼杀后，捷克的经济体制更加僵化。1989

年，捷克私营企业领域仅有1.25%的劳动力和2%的注册资本。银行结构高度集中，四大银行占捷克银行业总存款的80%和总贷款的70%。1989年，捷克银行业不良贷款率达20%，资本充足率仅为0.85%。20世纪90年代初，捷克计划经济解体，原有苏联东欧间的贸易体系被打破，来自国际及市场的冲击加剧，导致社会经济危机凸现，恶性通胀和严重失业并行。1991年，捷克通货膨胀率高达58%。1990年后，捷克银行业遵循了欧洲银行业的模式，将单一银行分解为中央银行与多家商业银行，其贷款从中央银行转移到商业银行。但国有商业银行在继承了垄断性的资金和信贷市场的同时，继承了历史遗留坏账和传统经营体制。集权放松与惯性经营并没能缓解银行积淀的不良资产，相反因约束软化和缺乏风控及监管，银行的状况加速恶化，加之捷克的资本市场不发达，银行融资压力大。政府又希望捷克国有银行发挥金融维稳的作用，自1990年起，两家国有大型银行为捷克银行系统提供将近6 000亿克朗救助。

为了摆脱银行危机，捷克先对原国有银行存在的巨额不良资产进行了清理和整顿，企图为国有银行的民营化改革提供条件。1991年，捷克成立国有的“坏账银行”（Consolidation Bank），国家注入了50亿美元，承接了1 220亿国有企业长期拖欠的债务，并设立国家财产基金（National Property Fund, 简称NPF），发行了500亿克朗5年期无息债券，其中380亿克朗用于核销银行坏账，120亿克朗作为资本注入银行。这使银行的资本充足率从1.5%提高到了4.5%。国家财产基金还负责管理国有企业的股份，“稳定计划”的另一措施是通过捷克金融公司接受小银行和金融企业的不良资产，帮助它们提高自身的资本充足率。随后，捷克推出了银行业改革方案，期冀建立有效的市场竞争激励机制，完善公司的治理和外部约束。中东欧银行业的转型变革一直受到中国金融界的关注。其实，中东欧银行业最初改制各有不同，具体有三种国有银行产权改革方式：一是首次公开上市，如波兰模式；二是以私募方式引入国内外战略投资者，如匈牙利模式；三是股权凭证分配，如捷克模式。

在计划经济体制下，运行僵硬的国有银行体制、观念、人才及技术都不适应转变中的市场经济，企业大批倒闭，多数银行出现巨亏，政府遂将国有股权易主以卸掉包袱。西方跨国公司和银行得以廉价收购中东欧核心企业。当时，捷克的国家财政状况相对较好。除1991 年外，之后几年，捷克的通货膨胀率为 10%~20%，财政赤字不高，外债也较少。捷克社会民主主义传统浓厚，平等观念深入人心。捷克国民不愿意国有资产被外资收购，而本国人又没有能力购买国有资产，于是捷克实行了“只分不卖”的“证券私有化”政策。这一政策比较透明与公正，降低了政治成本，也避免了敏感和复杂的定价问题。当时，捷克的总理克劳斯提出：“在起点平等的基础上找到最初的所有者，在（竞争）规则平等的原则下产生最终的所有者。”捷克选择的私有化道路是把国有资产的价值主体以投资券的形式在国民中进行平均分配，再由民众在开放性的股市中选购国企股票。

第一波证券私有化是捷克在 1992 年 5 月发起的。年龄超过 18 周岁且长期居住于捷克的公民在支付约 35 美元的登记费后可以获得股权凭证簿（一般值 1 000 个投资点）。当时，多数捷克民众对于资本市场的运作并不熟悉，在资本实力、信息资源上都处于明显劣势，捷克政府设置和发展了多个私有化投资基金（IPF）来帮助民众进行投资。个人投资者通常不直接投资公司股票，而是通过投资不同的基金进行间接投资。为了避免股权过分集中，捷克政府对基金持股做了限定：每个投资基金对任何一家银行（企业）的总投资份额都不得超过这家银行（企业）股份的 20%。

捷克主要的国有银行是其股权凭证分配的对象。经过两波证券私有化之后，1993 年，捷克银行体系的资本充足率达到 12.21%。国有银行股权结构产生了变化。一是股权分散化，大部分股份被投资基金持有，少部分股份被数量众多的公众持有，外资银行的进入程度较低。二是国有大银行既是国家产权改革的对象，又可以通过投资基金成为持股的主体，从而形成交叉持股，有的银行股份甚至被自己发起设立的投资基金掌握。在第一波证券私有化过程中，捷克银行的投资基金占其总发行证券的 71%，其余则为个体投资者所持有。投资基金中有 11 个基金是由银行发起设立的。而捷克的大银行在国有企业转型过程中发挥了很大作用，参与第一波私有化计划的三大国有银行——捷克商业银行（Komercni Banka）、捷克储蓄银行、捷克投资和邮政银行——所设立的三大基金的持股总量占 25%。在第二波证券私有化过程中，捷克银行的基金持有证券为其发行总量的 63.5%，其中由银行基金构成的前五大基金的持有量为 21.1%。银行同时成为企业的股权和债权拥有者，存在着利益冲突。三是国有股仍占控制地位。至 1995 年年底，捷克政府经由国家财产基金在四大银行中仍保持着“核心投资者规模”的股权份额。在两个最大的银行中，国家保留了主要的所有者权益。

至 1994 年，捷克有 4 800 余家国有企业完成了改革，私营部门产值占 GDP 的 75%~80%。其中，小型企业（包括小型银行）基本被出售给了国内外投资者。但捷克对大中型国有企业和银行的股份制改革更为谨慎，至1995年，上述企业股份以价值计，50%是通过股权凭证平均分配民众的，40%保持国有，出售给外部所有者的仅5%。由于证券是平均分给所有人的，从而造成了股权分散，没有一个基金持有超过10%的股份。虽然这样防止了外部对公司治理的影响，但银行没有形成良好的公司治理结构，没有建立市场化的激励机制。经营绩效改变不明显，甚至出现了受内部人控制的现象，软约束问题没有得到根本解决。捷克银行不对资金进行商业借贷，也不关注私有企业的重组和竞争力，而是将主要精力放在投机性的收购兼并上，这导致经济因失去了发展动力而停滞不前。在剥离了大量不良贷款后，1994年，捷克的不良贷款率仍高达35.8%。20世纪90年代中后期，捷克银行系统又陷入危机，危机开始主要涉及小银行（如波希米亚银行），随后波及两家国有资本控股的大银行——捷克储蓄银行和捷克商业银行。捷克储蓄银行接近破产，捷克政府宣布向国外战略投资者出售银行业中的国有股权，希望可以引入西方资本和技术，通过市场化道路来解决捷克银行业存在的问题。同时，捷克政府鼓励国内银行业整合重组以增强竞争力，此时外资银行借机进入。1997年7月后，日本野村投资银行曾一度购买了捷克投资和邮政银行46%的股权，但它想绝对控股的愿望落空，最终又将股权卖给了比利时联合银行（KBC）控股的捷克斯洛伐克贸易银行（CSOB）。捷克的第四大国有银行也被卖给了比利时联合银行。2001年，捷克最后一家大型国有银行——捷克商业银行——60.4%的国有股全部被出售给了法国兴业银行（Societe Generale）。捷克单一国有产权产生了多元化、社会化和国际化的变化。1995年，外资银行总资产占比为16.6%。2002年，外资银行总资产占比为85.9%。在37家捷克银行中，外资银行已占26家。图

19–10 为 2009 年捷克加入欧盟的纪念银章，该银章由捷克造币厂制造。银章重 13 克，直径为 31 毫米，面值为 200 克朗。

图 19–10 捷克加入欧盟纪念银章

中东欧国家的金融结构不甚合理，信贷结构明显短期化，社会投资和资本形成不足，利率、汇率波动又大，商业银行一般不愿意发放长期信贷。在中东欧国家加入欧盟后，其经济发展对欧盟资金依赖大。在 2007 年至 2013 年的欧盟预算年度内，中东欧的欧盟成员国接收欧盟资金占年均 GDP 比例为 11%~25%。其中，包括捷克在内的维谢格拉德集团四国获得了 1 390 亿欧元的欧盟基金。在 2014 年至 2020 年的欧盟预算年度内，维谢格拉德集团四国又获得欧盟 1 503 亿欧元的资助。中东欧国家外商投资中来自欧盟的占比在 80% 左右。中东欧国家很多重点产业或大型企业被西方国家资本控制或主导。在中东欧地区 500 强企业中，外资持股比例普遍偏高，其中波兰为 57%，捷克为 63%。长期以来，中东欧国家习惯于欧洲复兴开发银行、欧洲投资银行、世界银行等多边资金支持。2007—2013年，欧盟结构基金对中东欧地区交通基础设施领域投资超过800亿欧元，并配套当地政府及其他资金共同投资。上述资金虽然期限长、利率低，但难以满足中东欧国家的建设需求。不少中东欧国家的公路、铁路、机场、港口等基础设施面临老化的问题，急需改造更新。但欧盟资金对中东欧地区基础设施投资中的商业化投资具有较强的挤出效应，中东欧国家有些不习惯，它们不擅长利用商业性资金。世界通用的PPP（政府和社会资本合作）和BOT（建设—经营—转让）等成熟模式在中东欧地区推广并不顺利，因其回报低、期限长、商业性金融资本介入较少，同期投向交通基础设施领域的私募投资仅13亿欧元。英国脱欧导致未来欧盟的扶持资金递减，可能会对中东欧的金融业带来挑战。

在中东欧银行业转型时，欧洲倡导或要求其银行业私有化。然而，在出售本国银行股份的“蜜月期”过去后，中东欧银行业开始感到不适。外资银行逐利优先，喜好为管理良好、符合国际会计准则的企业融资，中东欧中小企业难以从外资银行得到金融服务，金融逐利性和包容性产生冲突。当一国金融体系以外资银行为主时，独立货币政策的传导开始失效，逆周期调节政策受到欧洲银行信贷政策的阻挠，宏观调控和防范金融危机方面的能力降低。在欧洲主权债务危机期间，欧洲银行自顾不暇，还要求在中东欧的子行限贷，放贷规模不得超过其在当地所吸收的存款规模，甚至紧缩贷款、退出投资、撤回资本，使其所在国家“无病吃药”。一些国家抱怨它们是在为欧洲银行的贪婪和失误买单。因此，一些中东欧国家（如波兰等）又在适度地进行国有化，希望降低对西欧资本的依赖。它们鼓励国内储蓄，鼓励本币贷款，适当限制外币贷款，以期调整本国金融结构。

2019年，捷克在举办克朗货币100周年纪念展时，引用了公元前1世纪著名的罗马政治家马库斯·图留斯·西塞罗（Marcus Tullius Cicero）的一句话："历史是生命的导师。"（Historia est magistra vitae.）回顾历史，展望未来，转型过程中的新兴市场经济国家既要提升国有银行效率、效益和质量，又要发挥国有银行宏观调控、扶持薄弱环节和提供社会福利方面的效用。两者如何协调平衡、统筹兼顾，以及国家对银行体系的股权如何参与，确实是迫切而又两难的命题。

20

大珠小珠落玉盘

——东方明珠背后的银团故事

东方明珠

忽如一夜春风来，千树万树梨花开。图 20–1 和图 20–2 是两枚 20 世纪 90 年代初期上海造币厂发行的大铜章。大铜章一套两枚，两枚大铜章的一面是相同的图案，视角是站在浦东眺望浦西。468 米高的东方明珠广播电视塔矗立在铜章中间偏右的位置，映现出“大珠小珠落玉盘”的俊秀身姿，图案上方“东方明珠”系江泽民的题词。两枚铜章另一面的文字是不同的。图 20–1 中的文字是“东方明珠广播电视塔，3 760 万美元银团贷款纪念，发起行——人民银行上海市

图 20–1　东方明珠广播电视塔美元银团贷款纪念铜章

分行，牵头行——工商银行上海市浦东分行、建设银行上海市浦东分行”。图 20–2 中的文字呈现了两者贷款币种的差别，即“29 000 万人民币银团贷款纪念”，两家牵头行的位置也更换了一下。这两枚大铜章均重 120 克，直径均为 60 毫米，各自发行了 2 500 枚。

图 20–2　东方明珠广播电视塔人民币银团贷款纪念铜章

东方明珠银团贷款的由来

早在 1983 年，上海就设想将广播电视塔选址在浦东陆家嘴。1985—1987 年，这一设想分别经上海市规划部门和上海市计委批准。当初人们确定的电视塔高度为 450 米，目的是改善因高楼阻挡的上海远郊地区的视听条件。1986 年，上海市政府确定电视塔及其附属公共游乐设施总建筑面积为 2.7 万平方米，项目总投资为 5 000 万美元，其中 1 000 万美元为项目配套资金，准备由上海久事公司筹措，另外 4 000 万美元原考虑使用加拿大政府提供的混合贷款（70% 是 10 年期的出口信贷，30% 是 50 年期无息贷款)。1987 年，加拿大政府也已对此做出初步承诺。然而，两年后，由于一些政治性因素，加拿大单方面毁约了。“东方明珠”项目建设资金卡壳了，项目建设也因此延缓了。1990 年，中央宣布浦东开发开放，早已规划好的东方明珠广播电视塔项目又成为浦东开发最早的标志性工程，如何克服困难并自力更生建成这一世纪性的工程，国内外对此格外瞩目。上海广播电视局领导频繁地找中国人民银行和国有商业银行上海市分行的领导商量对策。

浦东开发开放的过程，是改革创新、敢闯敢干的过程，这一精神也充分体现在了东方明珠银团贷款的项目中。面对国际环境的变化，我们筹措外资遇到障碍，那么我们的眼睛就向内看吧！上海广播电视局大胆地提出依据自筹、自建、自还的思路来建设通常由财政拨款解决的广播电视塔项目。时任中国人民银行上海市分行的领导为此召开了会议，专题研究资金解决方案。中国工商银行等银行大胆提出利用国内银团贷款来替代国际融资，经过一番争论后，这一方案被认同了。提出银团贷款方式筹集东方明珠建设资金也是无奈之举。上海市广播电视塔最初投资概算为 5 000 万美元，后因规划批准时间已久、物价变动，加之建筑面积扩大、标准提高，投资总额于 1993 年调整为 6.2 亿元，于 1994 年再次调整为 8.3 亿元，其中银行贷款分别为 3 760 万美元和 29 000 万元。在贷款决策的那年，这可不是一笔小数额。

在浦东开发的早期几年，中国工商银行浦东分行与上海统计局、浦东新区统计局合作编著了《上海浦东新区统计年报》。查阅此书，我们会发现：1990 年，浦东新区的贷款余额只有 28 亿元。同年，作为上海市最大的银行，中国工商银行上海市分行当年新增人民币贷款额为 66.5 亿元，仅承担上海市工商业的发展和技改建设就已经捉襟见肘。电视塔的电梯和播视等关键设备等都需要进口，那时银行的外汇贷款规模更小，中国工商银行上海市分行 1990 年新增的外汇贷款仅 1 114 万美元。因此，面对规模巨大、期限又长的东方明珠贷款，哪一家银行都无法单独承担，只能依靠各家银行齐心合力。图 20–3 为 1991 年 4 月 10 日东方明珠广播电视塔银团贷款签字仪式。

图 20–3　1991 年 4 月 10 日东方明珠广播电视塔银团贷款签字仪式

在银团贷款的方案确定后，上海市各家银行的参与热情很高。刚成立不久的中国工商银行上海市浦东分行和中国建设银行上海市浦东分行被确定为东方明珠银团贷款的牵头行，分别担任外汇和人民币银团的代理行，一共 12 家银行和金融机构参加了此银团贷款。中国工商银行浦东分行参与外汇贷款 890 万美元和 6 250 万元。中国建设银行浦东分行参与外汇贷款610万美元和6 250万元，两家银行是银团贷款最大份额的参加行。上海城市信用联社虽没有外汇业务，但也积极参与了2 000万元的银团贷款。令人感动的是，这2 000万元的贷款还是由30多家城市信用社凑齐份额的。全部银团贷款分三期发放完毕，银团的首期贷款于1991年4月10日在上海银河宾馆签约，贷款额为1 000万美元和15 000万元，借款人系上海广播电视局下属单位——上海广播电视发展公司。上海浦东发展银行于1993年1月9日才开业，虽赶不上首期贷款，但也参与了后期的银团贷款。东方明珠银团贷款项目充分体现了上海金融业积极支持浦东开发开放、团结一心的精神。东方明珠广播电视塔银团贷款成员名单如图20–4所示。

参加上海东方明珠广播电视塔银团贷款成员：

单位	美元份额（单位：万美元）	人民币份额（单位：万元）
中国工商银行上海市浦东分行	890	6 250
中国人民建设银行上海市浦东分行	610	6 250
中国农业银行上海市浦东分行	420	3 000
中国银行上海市浦东分行	420	2 500
交通银行上海市浦东分行	300	3 000
中信实业银行与上海分行	340	2 300
上海爱建信托投资公司	260	1 000
上海信托投资公司上海市浦东分公司	200	1 200
中国投资银行上海浦东分行	160	500
上海市城市信用联社		2 000
招商银行上海分行	160	
上海浦东发展银行		1 000

图20–4　东方明珠广播电视塔银团贷款成员名单

做“敢吃螃蟹的第一人”

东方明珠广播电视塔是浦东开发过程中第一个被确定的标志性项目、第一个创新的银团贷款项目，中国工商银行浦东分行作为牵头行和代理行，感到沉甸甸的压力。银团贷款改变了传统的单一借款人对应单一贷款人的方式，而是由中国工商银行牵头，联合上海多家银行及非银行金融机构，采用同一贷款协议，按商定的相同期限和利率等条件向同一借款人提供贷款的方式。各家贷款人在贷款业务中独自承担权利、义务和风险，这在中国可是一个“新生事物”。在这之前，我们从来没有办理过本外币银团贷款，没有银团贷款的合同文本和运作规程，加之其涉及外汇贷款，我们还得考虑汇率风险。记得有一次，我与中国工商银行浦东分行信贷部经理金介予去北京出差，在王府井新华书店寻得一本国内少见的关于“银团贷款”专业书。当时，我喜出望外，如获至宝。我们还查阅了大量国际银团资料，对起草文本反复推敲、字斟句酌，终于拿出一份结构严谨、规范，且符合国际惯例的银团贷款合同。以龚学平局长为首的上海广播电视局十分谨慎，召开党委会多次讨论银团贷款合同，提出修改意见，并与我们商榷。在贷款审查时，我们也十分谨慎，东方明珠银团贷款主要使用技改贷款方式，而当时的技改贷款一般期限为 5 年，最长期限为 7 年。上海广播电视局在最初的项目可行性报告中，按 6 元的登塔门票预测，需要 11 年才能还清贷款本息。我们也对东方明珠电视塔建成后的主要财务来源——登塔门票收入——进行了财务分析，分别按登塔门票每人每次 5 元、8 元和 12 元进行预测，得出贷款归还期分别为 12 年、8 年和 5 年三种结果。在银团贷款分析讨论时，银行几乎没有人相信高达 12 元的登塔费会被人接受。有人甚至说，就算登塔费为 5 元，他也不会去。我们犹豫了许久，心里有些忐忑不安。虽然出于对浦东开发开放前景的坚定信念，贷款被通过了，但我们内心也做好了贷款延期归还的准备。

东方明珠广播电视塔于 1991 年 7 月 30 日举行奠基仪式，于 1995 年 5 月 1 日竣工。不过，颇有戏剧性的是，电视塔建成后 4 年多，银团贷款全部提前还清了。虽然现在登塔门票价格不菲，但还是人头攒动，游客如潮。2015 年，东方明珠广播电视塔的游客数已超 500 万人，年观光人数和旅游收入在世界各高塔中仅次于法国的埃菲尔铁塔。回顾历史，我们只能自嘲当初缺乏“远见”。图 20–5 为 1995 年 5 月 1 日东方明珠广播电视塔竣工纪念铜章。

图 20–5　东方明珠广播电视塔竣工纪念铜章

东方明珠银团贷款是中国工商银行牵头主办的第一个本外币银团贷款，它的创新作用和示范意义远超过了项目本身。正是它的引路，之后中国工商银行浦东分行又与兄弟银行牵头了 35 000 万元的杨浦大桥银团贷款。1993 年，浦东基础设施建设全面铺开，建设资金短缺情况日渐严重，基建规模也成滞碍。我提出，利用外资银行银团贷款来推进浦东杨高路等七条道路建设。在浦东新区赵启正和黄奇帆的支持下，以陆家嘴、金桥和外高桥三家开发区公司为承借单位，由中国工商银行浦东分行任牵头银行，由16家外资银行分行组成1.5亿美元的三个银团，开启了当时最大规模的浦东主干道建设。之后，浦东新区的银团贷款更是呈现蓬勃发展之势，内环线浦东段建设、浦东国际机场建设、轨道交通、“上海中心”大厦、上海迪士尼、前滩项目开发等都是通过银团贷款的方式筹措资金，这充分反映出在浦东开发开放进程中金融的现代化和国际化。图20–6为杨浦大桥银团贷款纪念首日封，是由银行自制的。

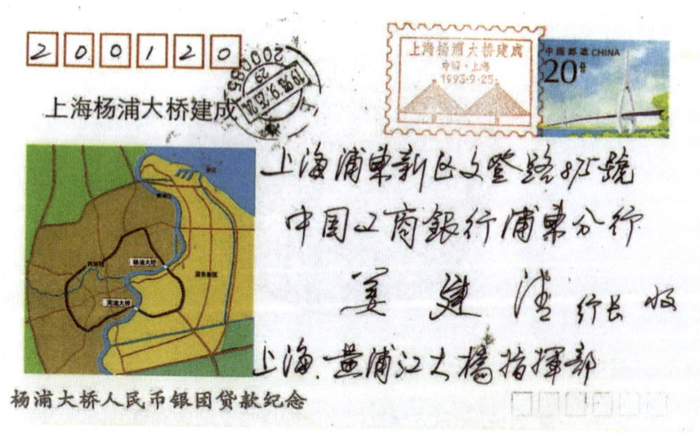

图20–6 杨浦大桥人民币银团贷款纪念首日封

银团贷款的发展和展望

银团贷款的历史仅50多年，据传世界上首笔银团贷款于1967年出现在美国纽约，也被称为“辛迪加贷款”。近几十年来，现代化大生产、经济全球化和金融国际化快速发展，随着经济的发展，巨额贷款需求问题不断产生，单家银行很难承担且风险巨大，任何银行都不愿独自承担。为了分散风险，加强同业合作，避免恶性竞争，银团贷款便应运而生。作为国际信贷市场新兴起的融资方式，银团贷款在20世纪下半叶开始迅速发展，一般划分为三个历史发展阶段：第一阶段是从20世纪60年代至80年代中期，这一阶段的银团贷款以支持基础设施项目融资为主；第二阶段是从20世纪80年代中期至20世纪末，这一阶段的银团贷款以并购杠杆交易为主；第三阶段是从21世纪初至今，银团贷款二级交易市场得到快速发展。在《巴塞尔协议》颁布后，政府加强了对商业银行资本和风险的监管，商业银行对同一借款人的贷款额有了最高限额，单一银行难以满足大型企业或者项目的巨额资金需求，于是银团贷款成为国际银行业普遍采用的信贷方式。资产证券化又刺激了各国银团贷款二级市场的发展，并且带动了银团贷款一级市场的成长。当前，银团贷款不仅成为全球债务市场的主流业务，还显示出与全球资本市场融合的趋势，被大量应用于收购、兼并和投资银行领域。

中国的银团贷款起步较晚，20世纪80年代下半叶只有极少数的个案。1986年，由中国银行牵头的大亚湾核电站和北京香格里拉酒店项目被认为是中国最早的外汇银团贷款，当初的参加银行多数是外资银行。而20世纪90年代初浦东新区的银团贷款领域的金融创新，无论在开办时间、银团的件数和规模上，还是银团的规范性方面，都创风气之先。东方明珠广播电视塔银团贷款成为全国第一个全部由中国银行业参与的本外币银团贷款。浦东新区的银团贷款符合国际银团贷款发展的历史规律，帮助大型项目和基建进行融资，扩大利用外资渠道，分散金融风险，这对中国银团贷款的发展起到了重要的示范引路作用。这些早期银团贷款的创新、探索之路，将永远被记载在中国银团贷款的历史中。

由于资本、风险监管压力不足和受狭隘的竞争观局限，中国的银团贷款在整个20世纪90年代步履迟缓，市场环境未完全形成，市场参与主体不成熟，市场规则不完善。2004年，我在《金融时报》上发表了一篇题为《从双边贷款走向银团贷款——中国金融市场发展的巨大空间》的文章，文中也以东方明珠广播电视塔银团贷款为例（见图20–7），呼吁加快发展银团贷款。2004年年末，中国国内金融机构本外币贷款余额达到18.9万亿元，但其中99%左右仍是双边贷款，各家银行习惯于一对一的贷款方式。而当时国内信用环境和企业信息披

金融时报 理论周刊 THEORETICS WEEKLY 第249期 2004.2.16 5

从双边贷款走向银团贷款

——中国金融市场发展的巨大空间

图20–7 姜建清于《金融时报》发表文章《从双边贷款走向银团贷款——中国金融市场发展的巨大空间》

露制度不甚健全，双边贷款容易形成多头授信，借款人容易利用信息不对称和银行间信息沟通不畅获得超额授信，并利用银行间非理性竞争放松贷款条件，从而放大了金融风险。在双边贷款模式下，还存在债权资产难以分割和转让，以及债权人之间的地位不平等问题。银团贷款则能有效克服上述弊病，通过多方信息识别并分散风险，防止不正当竞争，促进市场化的贷款利率机制形成。中国工商银行思而行之，在业内率先建立起银团贷款分析、统计和考核指标。2005 年，中国工商银行还与同业开展银团贷款合作，相互推荐银团贷款，在银团筹组、角色安排、份额分销方面加强合作，加强信息沟通和知识交流，共同维护金融市场秩序，为银团贷款业务的发展创造了良好的市场环境。

2000 年，我在担任首届中国银行业协会会长后，一直呼吁建立完善的银团贷款机制。我和银行业同人都十分欣喜地看到中国发展银团贷款的法律环境逐步趋好。2006 年 8 月 28 日，中国银行业协会成立了银团贷款与交易专业委员会，承担起银团贷款市场参与者和政府监管者之间联系的纽带功能，开始搜集、整理和公布银团贷款数据统计。1997 年 10 月 28 日，中国人民银行制定了第一部全国性《银团贷款暂行办法》。2007 年 8 月 11 日，当时的中国银监会制定了更为规范、完善的《银团贷款业务指引》（下文简称《指引》），并在 2011 年再次对其进行修订。《指引》规范了银团贷款操作，强调了分散授信风险的好处，提高了贷款流动性，鼓励同业合作和有序竞争，以维护银团贷款与交易市场秩序健康发展。《指引》进一步明确了银团贷款的细则，规范了牵头行、成员行的职责。银团贷款概念也延伸至更广泛的票据、保函领域。中国的银团贷款进入了一个快速发展的新阶段，金融业合作、发展、共赢的理念日渐深入人心。2005 年，中国的银团贷款仅为 2 336 亿元；而到 2017 年，中国 21 家全国性银行的银团贷款增加到了 73 139 亿元。银团贷款占银行对公贷款的比重从 2006 年的 1.72% 提升到了 2017 年的 11.45%。

随着中国金融业的发展和成熟，银行监管、资本约束和风险管理在持续加强，银行业的经营意识、核算能力和行业自律能力在不断提升。通过组建银团为大型项目、大型并购和大型融资筹措资金的方式已经被中国银行业普遍接受和使用。银团贷款在助力银行尽可能维系客户关系的同时，又灵活配置了信贷资源，维护了资本的充足率。银团贷款有利于银行对双边贷款进行置换，还有利于银行调整、优化信贷布局。同时，对资金进行流动性管理的需求推动了银团贷款二级交易市场的发展。银团贷款日益呈现证券化态势，交易的透明度、流动性和标准化水平在快速进步。众多成熟和多元的机构投资者积极参与银团贷款交易市场，中介服务市场也随之繁荣。金融科技相伴其成长，组合分解技术被引入银团贷款设计中，大量创新的金融产品（如复合选择权等）伴之诞生。银行在把握市场风险敞口、优化配置资产结构方面有了更多的选择。中国银团贷款市场的深度和广度不断扩展并取得了巨大进步，从交易规模和频率来看，银团贷款市场已经成为中国最重要的金融市场之一。在金融结构去杠杆、防风险和支持实体经济发展的调整过程中，中国的银团贷款发展还会出现新的高潮。在“一带一路”的建设发展中，中国银行业更多地采取国际银团的方式筹集全球资金来支持沿线各国的项目，这将会使信息更加对称、风险更加分散，从而有利于实现合作共赢、利益分享的根本目标，有利于推动人民币国际银团贷款业务发展和本外币国际银团交易市场的形成。